搭地鐵
玩遍釜山

U0123386

太雅

世界主題之旅 **搭地鐵玩遍釜山**(附慶州・鎮海・濟州島)

作　　　者	Helena
攝　　　影	Helena
協力攝影	姚喬翊(Joey Yao)
韓文校對	權完珍(권완진)、段亭羽(단정우)、王淨嬪(왕정빈)、黃千華(황천화)

總 編 輯	張芳玲
書系企劃	taiya旅遊研究室
編輯室主任	張焙宜
企畫編輯	張焙宜
主責編輯	邱律婷
修訂主編	鄧鈺澐
封面設計	許志忠
美術設計	何仙玲
地圖繪製	林惠群

太雅出版社
TEL：(02)2836-0755　FAX：(02)2882-1500
E-MAIL：taiya@morningstar.com.tw
郵政信箱：台北市郵政53-1291號信箱
太雅網址：http://www.taiya.morningstar.com.tw
購書網址：http://www.morningstar.com.tw
讀者專線：(04)2359-5819 分機230

出 版 者	太雅出版有限公司
	台北市11167劍潭路13號2樓
	行政院新聞局局版台業字第五〇〇四號

法律顧問	陳思成律師

印　　　刷	上好印刷股份有限公司　TEL：(04)2315-0280
裝　　　訂	東宏製本有限公司　TEL：(04)2452-2977

三　　　版	西元2016年11月10日
定　　　價	430元

(本書如有破損或缺頁，退換書請寄至：台中市工業30路1號　太雅出版倉儲部收)

ISBN 978-986-336-139-8
Published by TAIYA Publishing Co.,Ltd.
Printed in Taiwan

編輯室：本書內容為作者實地採訪資料，書本發行後，開放時間、服務內容、票價費用、商店餐廳營業狀況等，均有變動的可能，建議讀者多利用書中網址查詢最新的資訊，也歡迎實地旅行或居住的讀者，不吝提供最新資訊，以幫助我們下一次的增修。聯絡信箱：taiya@morningstar.com.tw

國家圖書館出版品預行編目(CIP)資料

搭地鐵玩遍釜山 / Helena作. -- 三版. -- 臺北市：
　　　太雅, 2016.11
　　面；　公分. -- (世界主題之旅；82)
　　ISBN 978-986-336-139-8(平裝)

1.火車旅行 2.地下鐵路 3.韓國釜山市

732.7899　　　　　　　　　105016421

→左邊高樓為釜山國際金融中心(P.141)

我的第二個故鄉：釜山

　　在時光飛逝中，《搭地鐵玩遍釜山》已經更新到第三版，感謝各位讀者的支持與鼓勵，才能一路走到現在。從2010年的首次到訪，經歷多數外國人有「釜山到底在哪裡？」疑惑的那個年代，我和最喜歡的釜山一起成長至今；近年透過韓劇、電影、綜藝節目等多元管道，讓很多人認識韓國第二大城「釜山」的獨特魅力，當年初版的理念「把釜山當首爾寫」，是不想委屈釜山的豐富，首爾有的、釜山也不會缺少，如今則是持續不斷修訂資訊，希望讓大家可以更了解釜山，把不會韓文的恐懼感降到最低，親自來到釜山、享受釜山！

　　此次修訂的日程緊湊，特別想謝謝一個人，在這段時間當我傾訴的垃圾桶，抒發排解工作壓力，還有感謝陪我一路走來、給予我許多實際協助的朋友：小呆姐、姐夫、Joey、亭羽、完珍、승연 씨、潘同學、王同學、婉婷、詩珊、Kelly Chen……，

協助三版修訂的慶州許弼景社長、釜山金美善老師，很照顧我的總編芳玲姐，還有盡心讓整本書既實用又美觀的編輯焙宜、鈺澐，美編仙玲、惠群、忠哥，和一路支持鼓勵我的各位，點滴我都牢記在心！這本書是獻給我鍾愛的釜山，還有最愛我的雙親。

Helena

作者簡介

Helena (海蓮娜)

　　喜歡走訪韓國的大小城市，深入體驗當地生活、品嘗美食和結交朋友，熱愛旅遊文章創作，以及替大家解答韓國旅遊的疑難雜症，時常在旅遊論壇「背包客棧」(ID：helena1004)發表文章和回覆問題，旅程中也常會貼即時照片訊息，和網友分享韓國的現場連線。現職為SOHO族文字工作者，秉持著實事求是的精神，著有《搭地鐵玩遍釜山(附慶州、鎮海、濟州島)》、《首爾旅行家：跟著海蓮娜直闖經典玩樂動線》、《遊韓國行程規劃指南》(太雅出版社)等旅遊書。

個人網站：關鍵字搜尋「Helena.海蓮娜的韓國大世界」
部落格：helena1004.pixnet.net/blog
粉絲團：www.facebook.com/Helena.KoreaWorld

背包客棧棧長 小眼睛先生

　　曾經因為亞洲職棒大賽造訪釜山。釜山極佳的無線網路服務、便捷的交通、平價的美食與各具特色的觀光景點，讓人充滿驚喜。我至今還經常想起看完球賽，在路邊的燒肉店酒足飯飽後，拎著啤酒到海灘吹風的舒暢。

　　要我形容釜山，我想那是我所去過的地方中，在保留當地特色和大步邁向國際化間找到適當平衡，充滿自信又不浮誇的一座亞洲城市。

　　之後，因緣際會接觸到這本釜山的旅遊指南，在閱讀過程中不但重溫了過去的旅行回憶，發現許多當初因不知而遺漏的地點，更驚訝於書中內容的貼心與仔細。從兌換、機場交通、無線網路使用，到依照地鐵路線安排的景點介紹、購物及餐廳推薦，甚至附有菜單的韓文對照表，以我自己對旅行資訊的需要程度，這絕對是本一書在手，即可釜山走透透的好指南。

　　釜山絕對是個值得再度造訪的城市，下次的釜山旅行，我一定會帶著這本書暢遊釜山。

背包客棧韓國版版主 小呆(small_dai)

　　用視死如歸般的信念，堅持每個寫出來的地方都要自己親自吃過、住過、去過、看過，不接受贊助和招待，堅持花自己辛苦賺來的錢去取得的第一手資訊寫書的Helena(海蓮娜)，在我眼中真是每一次都在完成不可能的任務！

　　這些年來，心疼又感動地一路陪產，陸續成了她這「兩個孩子」的乾媽！暑假直接把老公跟姪子一起帶到釜山去和她會合，當她的攝影師和苦力，但其實海蓮娜為了把書寫好的拼勁，連攝影功力都在幾個月內瞬間具有專業的水準，我們說連最頂級的燈光師──上帝都親自替整個釜山用清透的陽光藍天白雲相挺，真的是「當你真心想完成某件事時，整個宇宙都會聯合起來幫你。」

　　釜山是個好地方，Helena(海蓮娜)這本《搭地鐵玩遍釜山》實用且值得信賴，小呆拍胸脯掛保證推薦！^_^

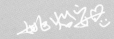

目錄
CONTENTS

如何使用本書

本書希望讓讀者能在行前充分的準備，了解當地的生活文化、基本資訊，以及自行規畫旅遊行程，從賞美景、嘗美食、買特產，還能住得舒適，擁有一趟最深度、最優質、最精采的自助旅行。書中規畫簡介如下：

地圖資訊符號

旅遊景點　　餐廳　　購物商店百貨公司　　住宿

資訊符號

地址　　一人用餐　　http 網址

電話　　座位樣式　　@ E-mail

時間　　WIFI 店家WiFi　　注意事項

價錢　　交通指引　　MAP Map

旅遊基本資訊

從簽證、班機、貨幣匯率、氣候等，以及當地的入出境流程、交通、營業時間、緊急電話等資訊一應俱全。

釜山印象

透過一望無際的藍色大海、日景夜景風景、道地的美食饗宴、好逛好買的購物天堂、體驗在地人生活等5大印象，全面勾勒出釜山風情。

地鐵快易通

了解釜山的地鐵系統以及如何購票和搭乘步驟，Step by Step圖文對照，輕鬆成為地鐵通，自由穿梭釜山。

邊欄索引

顯示各單元主題、地鐵站的顏色、站名及編號等，讓你一目了然。

地鐵路線簡圖：
不僅有前一站、下一站的相對位置，還包含轉乘路線、交通工具及每站編號，輕鬆掌握你的地鐵動線。

釜山達人3大推薦：
從遊客必訪、Helena最愛、在地人推薦三個角度推選出必遊必玩之處。

地鐵站周邊街道圖：
將該站景點、購物、美食的地點位置全都標示在地圖上。

DATA
除了提供詳盡的地址、電話、營業時間，交通指引更是標出左轉右轉、第幾個路口等貼心資訊，獨行不用問路都能抵達。

主題景點與購物美食
依照地鐵站介紹值得遊賞的景點、購物血拼的好所在、附近的特色美食，分成三大主題引領你進入釜山這個城市。

中韓對照Menu
除了實用的韓文句子，還有中韓菜單對照表，指指點點也能吃遍釜山美食。

Special Area專題報導
特別企劃影島、機張、從下端站搭公車順遊等專題，暢遊市區之餘，也能輕鬆自在賞玩郊區。

住宿情報
針對釜山各地，介紹不同等級的住宿好所在，滿足不同的住宿需求。

釜山旅遊黃頁簿

生活旅遊資訊

簽證、飛行時間

台灣護照(有效期6個月以上)可90天免簽在韓國旅遊；台韓飛行時間約2小時30分，建議攜帶電子機票(截圖或紙本)備用。

釜山簡史、地理位置

釜山廣域市，簡稱「釜山」、舊稱「東萊」，是韓國僅次首爾的第二大城市，南部最主要的海空港口；位於朝鮮半島東南端，東和南面與大海相接，韓國最長的河流洛東江流經西部地區，在乙淑島附近注入大韓海峽(南海)，總面積756.94平方公里，有15區1郡，占全韓國總領土0.8%。

因金海港泥沙淤積嚴重，釜山在1876年開港後迅速發展，1905年連接首爾和釜山的火車京釜線通車，釜山港腹地擴及全韓國，港口吞吐量也逐年擴大，韓戰(西元1950～1953年)時為臨時首都，1963年升格直轄市，1995年擴大市區範圍並升格廣域市；釜山擁有豐富的歷史背景、多元發展和重要地理位置，是韓國經濟的引航燈塔，也成為韓國近代發展的歷程中，重要且不可抹滅的關鍵。

人口、宗教、語言

人口約為382萬人，宗教以佛教、天主教、基督教為主；語言以韓語和慶尚道方言為主，無須太過於擔心，亦可試著使用簡單英日語和肢體語言來表達溝通。

天氣服裝、櫻花楓葉

釜山為四季分明的副熱帶季風氣候，受到海洋影響，相較於首爾，夏季稍涼爽、冬季較暖和，雨季為6～7月，年中氣溫零下約53天，沒想像中的冷。釜山早晚溫差偏大，冬季尤其明顯，天冷時室內外溫度亦差距過大，建議洋蔥式層層穿法，方便穿脫並有較

韓國全圖

好的保暖功效，春秋兩季也建議攜帶薄外套備用；韓國氣候乾燥，雖然釜山因靠海而較為和緩，但仍需要多喝水和注意保溼，夏天除了需注意防曬，因為是雨季，建議隨身攜帶雨具備用。釜山櫻花楓葉的時間，櫻花約為每年4月初開花，楓葉從10月底到11月初陸續變紅。

WEATHER UNDERGROUND

未來一週氣象、日出日落時間查詢

http www.wunderground.com(中文網頁，輸入「釜山」或「Busan」查詢)

釜山查詢天氣網站

日出日落

以釜山中區、每月15日為大略基準，詳細時間會略有差異，屆時可使用上述的天氣網站查詢。

日期	日出	日落	日期	日出	日落
1／15	07:32	17:35	7／15	05:21	19:38
2／15	07:10	18:06	8／15	05:44	19:12
3／15	06:35	18:31	9／15	06:07	18:31
4／15	05:52	18:56	10／15	06:30	17:49
5／15	05:20	19:21	11／15	06:58	17:18
6／15	05:09	19:40	12／15	07:25	17:13

時差、營業時間

韓國比台灣快1小時；公家單位上班時間09:00～18:00，銀行為週一～五09:00～16:30，而商場店面以中午到晚上10:00之間為主。

電壓

韓國電壓220伏特(V)，直徑4.7公厘圓柱形插座，可自動變壓100V～240V的電器和3C產品，有轉換插頭即可使用；轉換插頭建議自備為佳，台灣的大賣場、網拍通路和五金行等有販售。

轉換插頭
(멀티 플러그 아답터)

貨幣與匯率

貨幣單位韓圜(W)，紙鈔有5萬、1萬、5千和1千，常用硬幣有500、100、50和10等4種，本書所有金額皆以韓圜(W)為單位。

換匯、匯率查詢

約1新台幣：35韓幣，建議出發前上網查詢最新匯率，匯率好壞由高到低排序大約是：韓國民間換錢所→韓國的機場、市區銀行→台灣的銀行。

背包客棧：韓國版論壇置頂區的匯率討論主題，看網友回報的最新換錢所匯率，是值得參考的依據。

關鍵字 背包客棧 韓幣兌換 🔍

臺灣銀行：網站上可查詢匯率(現金、賣出)，含歷史資料。

關鍵字 臺灣銀行牌告匯率 🔍

在韓國兌換韓幣

國際機場的銀行櫃檯：無論幾點抵達，行李轉盤附近都有窗口可兌換，釜山金海機場國際線大廳的換匯櫃檯營業時間為06:00～21:00。

市區銀行：各分行多有提供外幣兌換，請攜帶護照前往，韓國銀行的營業時間為週一～五09:00～16:30。

民間換錢所：主要集中在南浦洞和釜山火車站對面上海門內，不收旅行支票，匯率比銀行好，招牌上有「換錢」或「兩替」等字樣；請務必在櫃檯前當場確認鈔票的張數和面額。

物價

在韓國購物，韓系的美妝品和服飾類會較便宜，餐飲的價格比台灣高，以正餐來說，建議每餐的基本預算是5,000～10,000₩(約143～286元新台幣)。

消費方式、提領現金

韓國多數店家可使用信用卡，部分規模較小的商家攤販除外，或是刷卡需外加手續費(수수료)。在貼有跨國提款標誌的提款機，可

香蕉牛奶1,300₩

杯裝泡麵 800～1,000₩／個

各式瓶裝茶飲 1,100～1,500₩／500CC

各式咖啡 3,500～6,500₩

辣炒年糕 3,000₩

速食店漢堡 套餐5,500～7,500₩

韓式炸雞 16,000₩／盒

三角飯糰900～1,200₩／個

以台灣的金融卡提領韓幣，韓國提款機是使用磁條功能，出國前請先聯絡發卡銀行，確認是否開通跨國提款、取得4位數磁條密碼和了解相關手續費。

索取收據(영수증)

在韓國的商店消費，店家會用機器列印感熱紙的收據給消費者，部分店家會省略，若有報帳、記帳等需求，可以向店家索取。

請給我收據。

영수증 주세요.

藥局(약국)

韓國的藥局感覺上和便利商店一樣多，韓國人也習慣在有輕微小病痛時先去藥局

韓國的藥局，外觀都會有「藥」(약)這個字，很容易辨識

買藥來服用，旅遊時若有需要也可以先去詢問藥師喔！

廁所(화장실)

釜山的地下街、各種車站和百貨公司等都可以輕易地找到廁所，和台灣不同的是，韓國滿多公廁並非每個馬桶旁都有衛生紙，而是在入口處附近集中設置，「來匆匆」之前，記得先看一下有無衛生紙喔！

實用韓文

發燒	열나다	藥水	물약	消化不良	소화불량
感冒	감기	藥膏	연고	胃痛	위통
咳嗽	기침	止痛藥	진통제	想吐	구역질
頭痛	두통	暈車藥	멀미약	嘔吐	구토
牙痛	치통	眼藥	안약	呼吸困難	호흡곤란
腹瀉	설사	護腕	손목 보호대	Ok繃	일회용밴드
扭到腳	다리를 삐다	生理食鹽水	생리 식염수	飯前	식전
肌肉酸痛	근육통	人工淚液	인공 눈물	飯後	식후
燙傷	화상	貼布	파스	一天三次	하루에 세 번
頭暈	어지럽다	口罩	마스크	一天兩次	하루에 두 번

治安

釜山治安大致良好，但深夜在外仍有風險，並需隨時注意隨身物品和自身安全。

撥打電話

國際電話

台灣3G手機可在韓國使用，但國際漫遊費率頗高，建議用智慧型手機、平板電腦上網，撥打免費通訊軟體電話，例如LINE、Kakao Talk、Skype等。

台灣國碼886，韓國國碼82

撥打工具	市內電話	公共電話	手機	Skype網路電話
台灣直撥韓國	002-82-區域號碼(去掉0)-電話號碼		+82-電話號碼(去掉第一碼0)	
韓國直撥台灣	001-886-區域號碼(去掉0)-電話號碼		+886-電話號碼(去掉第一碼0)	

製表：Helena

例如：台灣直撥韓國

從台灣打電話給在釜山的「台北代表部釜山辦事處」：

電話：(051)463-7965

市話、公共電話：002-82-51-463-7965

手機、Skype網路電話：+82-51-463-7965

例如：韓國直撥台灣

從韓國打電話給在台灣的「太雅編輯部」

電話：(02)2882-0755

市話、公共電話：001-886-2-2882-0755

手機、Skype網路電話：+886-2-2882-0755

手機漫遊或租借手機

❶ **手機漫遊**：一般台灣的3G手機可在韓國原機原卡漫遊，部分業者提供台灣門號SIM卡到韓國機場的電信公司櫃檯原卡換機漫遊，需以卡號為凸字的信用卡或VISA金融卡預刷押金，此外行動上網也是國際漫遊，建議出國前先辦理暫停，避免誤開而費用過高，部分業者有短期國際漫遊上網的專案，詳情請洽詢各電信公司。

❷ **租借手機**：可在釜山金海機場國際線大廳的SK、KT、LG等電信公司櫃檯租借手機，需攜帶護照和信用卡，以刷信用卡空卡當做抵押(部分手機需付押金)，通話費於還手機時計算繳費，出國前先在網站預約租手機，可節省現場的辦理時間或得到不定期的優惠，相關費用請參考各家電信業者的網站說明。

Wi-Fi上網

雖然韓國常有免費網路可用，但若想隨時都能上網，可租行動基地臺，或購買可打電話及行動上網的EG Sim卡，建議提早預約，部分台灣電信業者也有國際漫遊上網專案。多人合租行動基地臺，一起分攤更划算，但若只有1～2人，或旅行天數較長，則購買EG Sim卡也是不錯的選擇。

SK電信：(韓、中、英、日)

www.skroaming.com/cn_t/main.asp

KT電信：(韓、中、英、日)

roaming.kt.com

EG Sim卡：(韓、中、英、日)

www.egsimcard.co.kr

赫徠森行動上網：(中，台灣租機)

horizon-wifi.com

Wi-Ho行動上網：(中，台灣租機)

www.telecomsquare.tw

本書兩點距離、步行時間換算

本書DATA資訊的步行時間，約1分鐘62.5公尺，因4捨5入會有些許差距，但可作為兩點間的距離換算參考。

釜山的觀光案內所(관광안내소)：

製表：Helena

觀光案內所	位置	電話	服務時間
釜山外國人服務中心 (1330觀光服務電話)	釜山火車站內	(051)1330	09:00～18:00 (其餘時間轉接到首爾1330)
金海機場	國際線1樓大廳	(051)973-2800	09:00～18:00
	國內線1樓大廳	(051)973-4607	08:00～21:00
釜山火車站	釜山火車站正面手扶梯上樓，直走到售票處後左轉	(051)441-6565	09:00～20:00
老圃洞	釜山綜合巴士站大廳內	(051)502-7399	09:00～18:00
釜山觀光案內所	地鐵113釜山站1號出口的中國城內	(051)441-3121	09:00～18:00
昌善觀光案內所	南浦洞光復路中段小圓環的派出所旁	(051)242-8253	09:00～18:00
釜山港國際旅客碼頭	碼頭大廳內	(051)465-3471	08:00～18:30
釜山綜合觀光案內所	地鐵111南浦站2號出口	(051)253-8253	3～10月：09:00～20:00
			11～2月：09:00～18:00
海雲臺	海雲臺海水浴場中段位置	(051)749-5700	09:00～18:00
迎月嶺	迎月嶺的海月亭旁	(051)749-5710	09:00～18:00
松亭	松亭海水浴場	(051)749-5800	09:00～18:00
水營	廣安里海水浴場中段位置	(051)610-4216	09:00～18:00

以上資訊若有異動，依當地最新公布為準，前往時請務必再次確認。

駐韓國台北代表部釜山辦事處(타이페이대표부)

　　台灣外交部派駐在釜山的單位，除上班時間提供一般護照、簽證業務外，亦提供24小時的緊急求助用的專線，提供遇到車禍、搶劫、生命安危等緊急事件的急難救助。

DATA
✉ 부산시 중구 중앙대로 70번지 동방빌딩 9층(중앙동4가 25-4번지)
☎ (051)463-7965(一般業務使用)
🕐 週一～五09:00～12:00、13:30～15:30

急難救助電話(非緊急狀況切勿撥打手機專線)

駐韓國 台北代表部	緊急聯絡電話	
	辦公室專線	手機24小時專線
釜山辦公室	(051)463-7964～65	010-4537-7961
首爾辦公室	(02)399-2767～68	010-9080-2761

製表：Helena

➡ 地鐵112中央站6號出口旁東邦大樓(동방빌딩)9樓
🌐 www.taiwanembassy.org/kr(中、韓、英)
@ pus@mofa.gov.tw
🗺 P.123

觀光案內所(관광안내소)

　　韓國提供觀光諮詢的單位，也可索取旅遊資料，釜山的交通站點和部分觀光景點有設置，規模較大的另有免費上網和休憩空間等服務，還有24小時的旅遊諮詢電話「1330」，在釜山當地可直撥，用手機或從釜山以外的地方則撥打「051-1330」即可，在台灣時可利用網路電話撥打「+82-51-1330」預先諮詢旅遊相關問題，大多有包含通中、英、日等外語的服務人員。

🌐 tour.busan.go.kr(韓、中、英、日)

釜山的節日慶典

有些城市受限於氣候或物產特色,只有在特定的季節才會有較多的活動,但釜山一年四季都有聚集人氣的魅力,各種獨具特色的節日和慶典,無關乎戶外與室內,重點只在於享受釜山的多采多姿。

春 봄

金井山城歷史文化慶典 (금정산성 역사문화축제)

在水質良好的金井山,盡情享受傳統釀造的好滋味,感受韓式濁米酒「馬格利」的人氣魅力。

DATA
舉辦時間:每年5月底
活動地區:金井山城一帶、金井體育公園
網址:festival.geumjeong.go.kr(韓)
電話:(051)514-5501

朝鮮通信使慶典 (조선통신사축제)

再現朝鮮時代後期,日本派遣通信使隊伍前往朝鮮半島的景象。

DATA
舉辦時間:每年5月初
活動地區:龍頭山公園、光復路一帶
網址:www.tongsinsa.com(韓、日)
電話:(051)744-7707

釜山國際話劇節 (부산국제연극제)

國際話劇團體的文化交流和新作品演出的活動。

DATA
舉辦時間:每年5月初
活動地區:釜山文化會館、乙淑島文化會館等
網址:www.bipaf.org(韓、英)
電話:(051)802-8003

夏 여름

海雲臺沙雕慶典 (해운대 모래축제)

紀念在釜山召開的APEC會議而展開的活動,在海雲臺海水浴場的白沙灘上展示各樣的沙雕作品。

DATA
舉辦時間:每年6月初
活動地區:海雲臺海水浴場一帶
網址:sandfestival.haeundae.go.kr(韓、英)
電話:(051)749-4062

釜山海洋慶典 (부산바다축제)

在釜山的海水浴場舉行,結合海洋、體育和音樂會等的活動。

圖片提供／Joey Yao

DATA
舉辦時間:每年8月初
活動地區:釜山的各海水浴場
網址:www.seafestival.co.kr(韓、英)
電話:(051)501-6051

釜山國際魔術節 (부산국제매직페스티벌)

聚集世界各國魔術愛好者的慶典,無論是專業魔術師或業餘愛好者,精采的魔術秀和比賽在此展開。

DATA
舉辦時間:每年8月初
活動地區:電影的殿堂、海雲臺海水浴場
網址:www.hibimf.org(韓、英)
電話:(051)626-7002

秋 가을

釜山世界煙火慶典
(부산세계불꽃축제)

從2005年在釜山舉辦的APEC會議開始，每年10月在廣安里海水浴場舉辦的煙火慶典。華麗繽紛的煙火飛向空中，除了照亮黑夜之外，伴隨著涼爽海風和各類音樂，留給人們驚歎的美好回憶。

DATA
舉辦時間：每年10月底
活動地區：廣安里海水浴場和廣安大橋一帶
網址：bff.or.kr(韓、中、英、日)
電話：(051)501-6051

釜山國際電影節(부산국제영화제)

受到世界矚目的電影界盛會，數十國上百多部電影的參展，還有各國電影明星、導演的出席和交流活動。

DATA
舉辦時間：每年10月初
活動地區：海雲臺、電影的殿堂、南浦洞一帶
網址：www.biff.kr(韓、英)
電話：1688-3010

釜山美術雙年展(부산비엔날레)

以海洋為舞台背景的美術作品雙年展。

DATA
舉辦時間：每兩年的9～11月
活動地區：釜山市立美術館、釜山文化會館等
網址：www.busanbiennale.org(韓、中、英、日)
電話：(051)503-6111

冬 겨울

光復路聖誕樹文化慶典
(광복로 크리스마스트리 문화축제)

在釜山光復路一帶舉辦的聖誕節活動，華麗的燈光和裝飾，搭配上各種的慶祝活動，一直延續到跨年後，獲得大家的青睞，成為釜山很有人氣的節慶嘉年華。

DATA
舉辦時間：每年12月～1月初
活動地區：南浦洞光復路一帶
網址：bctf.kr(韓)
電話：(051)256-1225

送日‧迎日慶典(해넘이 . 해맞이축제)

釜山各地舉辦送舊迎新的跨年活動，在多大浦海水浴場目送年末的日落，在龍頭山公園敲響祈福的鐘聲，在海雲臺海水浴場迎接新年的第一道曙光。

DATA
舉辦時間：每年12/31～1/1
活動地區：多大浦海水浴場、龍頭山公園、海雲臺海水浴場等
網址：www.festival.busan.kr/KOR/Sun/main.asp(韓、英)
電話：(051)501-6051

北極熊游泳大會(북극곰수영대회)

1988年開始的冬泳活動，每年吸引約1,000名左右的參加者跳入冰冷的大海冬泳，藉以增進身體的健康，享受冬天大海的樂趣。

DATA
舉辦時間：每年1月初
活動地區：海雲臺海水浴場
網址：bear.busan.com(韓、中、英、日)
電話：(051)468-0163～5

來往**釜山**的交通

　　釜山是韓國的第二大城市，擁有四通八達的交通網，目前台灣每天都有航班來往釜山，從韓國其他城市也有班次密集、價格多樣的各種交通工具可前往釜山，無論是時間較短的飛機和高鐵，或是費用較低的巴士和火車，條條大路皆可通往釜山；去回程的交通資訊差不多，亦可沿原路線返回。

釜山←→首爾的交通工具

交通工具	行車／飛行時間	費用(一般座位)
飛機 (國內線)	1小時	59,000～83,900₩
高鐵KTX	2.5小時～3.5小時	48,800～59,800₩
高速、 市外巴士	4.5小時～5.5小時	23,000～34,200₩
火車	5小時～5.5小時	28,600～42,600₩

製表：Helena

金海國際機場
(김해국제공항)

　　簡稱金海機場，是韓國南部最重要的國內外空運門戶，位在釜山的江西區，分為國際線和國內線兩個航廈，機場面積不大、中文指標清楚，有機場巴士、市內公車和電鐵可來往釜山市區和周邊城市，因距離釜山市區不遠，若有需要也可以選擇搭計程車來往。

http www.airport.co.kr/gimhae/main.do(韓、中、英、日)

金海國際機場

國際線(국제선)

　　主要有來往台灣、日本、東南亞、大陸、香港等地的航線，台灣目前每天都有直飛的航班，飛行時間約2小時，從1樓Gate4門走出大廳，前方為搭乘機場巴士和公車的站牌，右斜對面為電鐵機場站，右轉步行約3～5分鐘可到國內線大樓；機場內有各種便利設施和旅遊服務櫃檯，行李轉盤附近和1樓入境大廳左右兩側設有銀行匯兌櫃檯。

國內線(국내선)

　　主要為來往首爾、濟州島和仁川的航線(仁川航班較少)，各航線票價約6～8萬₩，飛行時間都約1小時，從1樓Gate4門走出大廳，前方為搭乘機場巴士和公車的站牌，左斜對面為電鐵機場站，左轉步行約3～5分鐘可到國際線大樓；機場內有各種便利設施和旅遊服務的櫃檯，搭乘前可在各航空公司網站訂票(請參考P.19)，若非特定節假日，也可於搭乘當日現場購票。

金海機場和電鐵位置圖

從韓國其他機場前往釜山

韓國北邊的仁川國際機場是韓國規模最大的機場，每天有6班高鐵KTX來往釜山火車站，以及8班市外巴士來往釜山的綜合巴士站(老圃洞)，首爾的金浦國際機場則是需要先往市區的巴士站或火車站，再轉往釜山(首爾的巴士站、火車站前往方式，請參見P.29)。

http 仁川國際機場：www.airport.kr(韓、中、英、日)
http 金浦國際機場：www.airport.co.kr/gimpo/main.do(韓、中、英、日)

韓國國內航空公司網址

搭乘韓國的國內線飛機來往各城市，如果可以及早規畫行程在網路上訂票，有機會買到5折以下的優惠票，隨著離搭乘日期越近，價格會逐漸往上調整，建議可先上航空公司的網站比價。

大韓航空(대한항공)	www.koreanair.com(多國語言)	1. 若非特定節假日或活動，也可到機場再臨櫃購票。
韓亞航空(아시아나항공)	flyasiana.com(多國語言)	
釜山航空(부산항공)	www.airbusan.com(多國語言)	2. 每週二到四的票價比較便宜，週五到一的比較貴，各公司網站上也有「早鳥票」等的優惠價。
t-way航空(티웨이항공)	www.twayair.com(多國語言)	
濟州航空(제주항공)	www.jejuair.net(多國語言)	3. 每天早上約9點之前和傍晚6點之後出發的班次比較便宜。
JIN航空(진에어항공)	www.jinair.com(韓、中、英、日)	
Eastar航空(이스타항공)	www.eastarjet.co.kr(韓、中、英、日)	

以上資訊若有異動，依當地最新公布為準，前往時請務必再次確認。　　　　　　製表：Helena

入境(입국)

金海機場內有清楚的中文標示，下飛機後依照指標走即可，或是跟著同機的旅客前進，入境韓國要繳交「入境卡」和「海關申報單」，通常空服員會於飛機上發放，如果沒有拿到或遺失，繳交處的附近都還可以補拿、補填寫；下飛機後會先到證照查驗處，將「護照」和「入境卡」交給海關查驗、

蓋入境章，並留下臉部影像和雙手食指指紋(若受傷可留其餘指紋)，之後經過簡易安檢區到行李轉盤處，拿好行李、要出管制區前，將「海關申報單」交給工作人員即可離開，往大廳外離開機場。

出境(출국)

金海機場的出境大廳在2樓，建議在飛機起飛前約2小時到達機場、辦理報到手續，韓國的機場出境安檢程序嚴謹，例如要脫外套和靴子、筆記型電腦要從包包裡拿出來過掃描等等，但海關的態度都算和善有禮，依照引導通過安檢處即可，機場的範圍不太大，只需稍加留意登機時間和登機門；機場內的餐飲和免稅店不多，如有特殊需求，建議先在市區準備，出境管制區裡有便利商店，可在此將剩餘的韓幣用來採購伴手禮(價格比市區的稍貴一點)。

入境韓國必填表格

表格都有中文版，空服員會於飛機上發放，若遺失或未填寫，繳交處附近可補拿、補填寫；個人資料以**護照**上的為準，其餘依照**實際情況**填寫即可。

入國申告書(入境卡，ARRIVAL CARD)　於證照查驗處繳交

ARRIVAL CARD 入國申告書 (外國人用)		漢字姓名	中文姓名	
Family Name / 姓 英文姓氏	Given Name / 名 英文名字		勾選性別	☐ Male/男 ☐ Female/女
Nationality / 國籍 持臺灣護照者填ROC	Date of Birth / 生年月日(YYYY-MM-DD) 西元出生年月日		Passport No. / 旅券番號 護照號碼	
Home Address / 本國住所 在本國的住家地址(中、英文或各國語言皆可)			Occupation / 職業 職業(英、韓文皆可)	
Address in Korea / 韓國內 滯留豫定地 韓國住宿地點的地址和電話(英文填寫即可)			(Tel：)	
Purpose of visit / 入國目的　到韓國旅行的目的 ☐ Tour 觀光　☐ Business 商用　☐ Conference 會議 ☐ Visit 訪問　☐ Employment 就業　☐ Official 公務 ☐ Study 留學　☐ Others 其他　( )			Flight(Vessel) No. / 便名·船名 飛機的航班號碼 Port of Boarding / 出發地 出發地 Taiwan	
Signature / 署名 簽名(平常慣用的即可)	Official Only 公用欄	체류 자격 B1 B2	체류 기간 015 030 090 03M	

── 免簽證入境，通常勾「觀光」即可

海關申報單

拿行李後、出管制區前繳交

大韩民国海关申报单

· 所有入境人员均需填写并提交此申报单，大韩民国海关官员需要时，可随时检查旅客的行李物品。
· 以家庭为单位入境时，家属一人代表填写。
· 填写前，请务必阅读申报单背面的填写须知。

姓　名	
出生日期	护照号码
职　业	停留期限 日
旅行目的	☐旅游 ☐商务 ☐探亲访友 ☐公务 ☐其他
航班号	同行家属 人

来韩前所访国家(共 国)
1. 2. 3.
地址 (在韩住址)
联系电话 (手机)　( )

海关申报事项
· 请在下列栏据的「方知」，必须需要申报的物品，请在「申报栏」填写栏「下面句物」内填写。

1. 是否从国外(包括国内外免税店)获取(包括购买、捐赠、携带)超出免税范围的物品(参照背面1)
2. 是否携带需要享受特优待遇及关税的FTA缔约国产品
3. 是否携带超过1万美金以上的支付工具(韩币、美金等法定货币、银行支票、旅行支票及其他有价证券等)
4. 是否携带韩国法律禁止及受限制品(枪支、刀剑、毒品以及危害国家安全和社会秩序的物品)(参照背面2)
5. 是否携带动物、肉类加工品等需要检疫的物品
6. 是否携带销售品、公司货物(样品等)、他人委托携带品、寄存或留等进出口之物

我保证以上所填申报内容属实无误。
年 月 日
申报人： (签名)

85mm×290mm (一般用纸 120g/m²)

　填寫所攜帶入境的物品內容，有中文版(簡體字)，同行家屬可以共同填寫一張，申報內容不實，一經查獲會加重處罰，若有攜帶槍砲刀械、放射性物質、走私貨品或毒物等違法物品入境，請主動向海關人員申報，避免觸犯法律；一般物品可免稅的攜帶範圍(未滿19歲者不允許菸酒免稅)：

❶ 酒類1瓶(容量在1L以下、且價值未超過400美元)
❷ 香菸200支
❸ 香水60ml
❹ 總價值在400美元以下的個人用品和禮品(農林畜水產品和中藥材除外)

購物退稅 (TAX FREE)

在韓停留6個月內的外國遊客，或3個月內的韓僑，於可退稅商店，單日單店或單一專櫃，購買含稅商品3萬W以上，向店家索取退稅單據(開頭有TAX FREE字樣，非一般收據)，購物後3個月內出境，可於出境時攜帶「退稅單據」、「購物收據」和「購買的物品」(未拆封、未使用)在海關櫃檯蓋退稅章後，於出境管制區取得退稅款；目前陸續導入「市區退稅」(以信用卡擔保)要到機場海關補蓋章，「即時退稅」直接從結帳金額裡扣除退稅等，方式管道更為多元。

韓國退稅系統

韓國以藍、橘標退稅系統為主，另有其他退稅公司(只退韓幣)，在金海機場皆可領取現金，特殊情況則以信用卡或郵寄退稅(需填寫個人資料、信用卡號、收件地址)等方式辦理。

退稅系統	Global Blue (藍標)	GLOBAL TAX FREE(橘標)
退稅標誌	Global Blue TAX FREE	GLOBAL TAX FREE
退稅幣別	韓幣／美金／日圓／人民幣	

相關用字

	護照基準	本國資料、中文填寫即可	退稅管道
退稅相關資料	護照號碼 (Passport No)	地址 (Home Address)	現金 (Cash Refund Received)
	姓名 (Passport Name)	聯絡電話 (Telephone)	信用卡 (Credit Card)
	國籍 (Nationality)	購物者簽名 (Customer Signature)	銀行支票 (Bank Cheque)
	居住國家(Country)	簽名日(Date)	
	事後退稅(사후환급)：機場		即刻退稅(즉시환급)：店家

金海機場退稅
Step by step

Step1：

向購物的店家索取退稅單據(前往購物時請攜帶護照)。

Step2：

在出境管制區入口對面的稅關申告櫃檯蓋退稅章，若櫃檯無人，可用櫃檯上的電話撥打分機7253請海關人員來辦理。

Step3：

前往報到櫃檯辦理登機手續、託運行李，進入出境管制區後往右邊，前往退稅服務櫃檯，出示退稅單據和護照領取退稅款。

金海機場聯外交通

金海機場的1樓大廳外,有機場巴士、公車和電鐵可前往釜山市區和其他城市,因為距離釜山市區不遠,亦可選擇搭計程車前往。

機場巴士和公車

金海機場國際線和國內線的1樓戶外各有3個站牌,分別為機場巴士、市外巴士和市內公車的搭乘處,站牌的排列方式大致相同,班車經由國際線航廈、國內線航廈後開往釜山市區或其他城市,因此國際線的發車時間會比國內線早約5分鐘。

↑釜山市區往金海機場的機場巴士候車站牌

金海機場1樓巴士／公車路線資訊

站牌編號	巴士名稱	前往地區	車資付費方式
Bus 1	利木津市外巴士(리무진 시외버스)	釜山以外的其他城市	·上車投現(車上可找零) ·從國內線前搭乘,可於Bus2和Bus3站牌中間後方的售票室先購票
Bus 2	利木津市內巴士(리무진 시내버스)	釜山市區	
Bus 3	座席公車(좌석버스)	釜山市區、西釜山(沙上)、金海	·上車投現(車上可找零) ·可使用交通卡(P.74)

Bus1:利木津市外巴士(리무진시외버스):前往昌原、馬山、鎮海、梁山、慶州、浦項、龜尾、東大邱、彥陽、蔚山、長有、統營、巨濟等地,部分路線班次較少,可先到釜山市區的巴士站後再換車,或上金海機場的網站查詢詳細的班次時刻。

Bus2:利木津市內巴士(리무진시내버스):前往釜山市區的機場巴士。

海雲臺線:停靠站主要為海雲臺周邊的飯店和部分地鐵2號線車站。

釜山站線:往釜山火車站方向行駛,經南浦洞到忠武洞站,之後開回機場,約每40分鐘一班車,建議先上金海機場網站查詢班次時刻。

Bus3:座席公車(좌석버스):前往釜山的市內公車,目前僅有往機場附近的11和13號公車、往海雲臺方向的307號公車(往西面的201號公車已停駛),和往加德島方向的急行1009號公車,此外另有前往西釜山(沙上巴士站)和金海(市外巴士站)的班車。

利木津市內巴士資訊

製表:Helena

路線方向	釜山火車站(부산역)		海雲臺(해운대)	
	往市區方向	往機場方向	往市區方向	往機場方向
頭末班車(註)	06:55～21:45	05:30～19:30	06:45～21:55	04:40～19:40
班車間距	每40分一班車(每天23班)		每25～30分一班車(每天34班)	
車資(大人)	6,000W		7,000W	

註:為國際線的出發時間,國內線晚5分鐘;原海雲臺方向的2條路線,合併為1條行駛。

機場←→市區的利木津市內巴士行車資訊

路線名稱	釜山火車站(부산역)						海雲臺(해운대)	
停靠站	西面(서면) ↔ 釜山火車站(부산역) ↔ 南浦洞(남포동)						海雲臺(해운대)周邊	
方向	往市區	往機場	往市區	往機場	往市區	往機場	往市區	往機場
上下車位置	樂天飯店前		釜山火車站對面下車,地鐵113釜山站5號出口附近	地鐵113釜山站6號出口直走一下的路邊	近南浦洞BIFF廣場外的馬路邊	札嘎其魚市場側(往市區下車站牌的斜對面)	大多為觀光大飯店的門口	
行車時間(無塞車的狀況)	約30分鐘		約45分鐘		約55分鐘		約1小時	

以上資訊若有異動,依當地最新公布為準,前往時請務必再次確認。

電鐵／地鐵

2011年通車的釜山金海輕軌電鐵，設有機場的停靠站，和釜山地鐵結合，讓金海機場和釜山市區間的交通新增了一個選項，但釜山地鐵的1、2號線手扶梯和電梯都偏少，若攜帶的行李較多，建議多加考慮後再選擇搭乘，釜山地鐵和電鐵的介紹請參考P.72。

釜山市區	搭電鐵+地鐵來往金海機場	
	行車時間(分) (註)	車資(₩) (單程票／交通卡)
海雲臺	47	2,800／1,900
廣安	38	2,800／1,900
東萊	29	2,800／1,900
南浦洞	35	2,800／1,900
釜山站	31	2,800／1,900
西面	20	2,800／1,900
沙上	6	1,300／1,200

註：此為最短路程的行車時間，不含中間換乘的步行和等車的時間，資料來源：釜山交通公社官網。

計程車

金海機場和釜山市區間距離不遠，若有需要亦可選擇搭計程車來往機場，出機場大廳後，過馬路到對面有計程車排班處。

釜山市區	搭計程車來往金海機場(一般銀色)	
	約略時間(分)	約略車資(₩)
海雲臺	50	24,300
廣安	44	19,900
東萊	32	13,700
南浦洞	35	15,200
釜山站	30	14,400
西面	26	13,600
沙上	16	8,400

製表：Helena

巴士 (버스)

分高速、市外巴士，通常前者行駛距離較遠、座位較寬，後者串聯周邊地區、座位一般，但亦可能同路線兩種都有，建議依行程的順暢度來選擇；車程若超過2～3小時，會在休息區停靠15分鐘。高速巴士為全國連線，可在網站上查詢班次資訊，市外巴士為各站獨立營運，部分較不易查詢，來往釜山的巴士行車資訊請參考P.28、P.29。

🔗 全國高速巴士：www.kobus.co.kr(有外文版，目前只能查詢，一般外國遊客無法網購車票)

釜山綜合巴士站
(부산종합버스터미널)

分為高速、市外巴士，可來往首爾、慶州、東大邱等地，從銜接地鐵站的入口進去，右邊是售票處，正前方樓梯下去是搭乘處。

DATA
📞 高速巴士1577-9956、市外巴士1688-9969
➡️ 地鐵134老圃站3號出口連接巴士站 🔗 高速巴士www.bxt.co.kr (韓、英)、市外巴士www.dbterminal.co.kr (韓) 🗺 封面裡

釜山綜合巴士站

西部市外巴士站
(서부 시외버스터미널)

以市外巴士為主(照片在P.24)，可前往賞櫻景點鎮海，從正門進去面對售票窗口，最左邊為高速巴士，右邊為市外巴士，站體和百貨商場相連，2樓為美食街，周邊是旅館的聚集地。

DATA
📞 (051)322-8301、高速巴士1577-8301 ➡️ 地鐵227沙上站5號出口，出來左轉直走約2分鐘即可到達，或是從5號出口旁、連接商場的通道前往 🔗 www.busanr.com(韓) 🗺 P.38、封面裡

西部市外巴士站

海雲臺市外巴士站
(해운대시외버스정류소)

　　海雲臺地區的市外巴士站，售票處在進門後的左邊，雖然距離市中心較遠，行駛路線也較少，但若要從海雲臺附近出發前往東首爾(請參考右邊首都圈停靠站)、統營、金海、昌原、蔚山等地，建議也可以從這裡出發，減少前往其他巴士站的市內交通時間。

DATA
📞1688-0081、(051)746-3550 　➡地鐵203海雲臺站2號出口直走約2～3分 🅼ＡＰP.191

海雲臺市外巴士站

　　為擴充站體範圍，海雲臺市外巴士站將往東首爾、水原和富川等路線巴士的搭乘處，移往約650公尺外的空地，從主站面對馬路，右轉直走約8～10分鐘，在釜山機械工業高中(부산기계공업고등학교)前，一個有點像停車場、前有小斜坡的空地。(請參考P.191、P.209地圖)

東萊市外巴士停靠站
(동래시외버스정류소)

　　釜山綜合巴士站部分市外巴士路線在東萊地區的停靠站，若要前往賞櫻花的著名景點鎮海，建議也可考慮在此搭車。

DATA
📞1688-0891 　➡地鐵125／402東萊站1號出口出來過馬路後，右轉直走約1分鐘的巷口過到對面後左轉，再直走約2分鐘即可到達 🅼ＡＰ封面裡

東萊市外巴士停靠站

火車(기차)、高鐵KTX

　　釜山主要的火車站是釜山、釜田和海雲臺站，水營站距離地鐵206 Centum City站不遠(約1.4公里)亦可利用，龜浦站雖然是高鐵和火車的共用站，但距離市區較遠，另有和東海線電鐵共用的松亭站(P.242)、機張站(P.252)；來往釜山的鐵路行車資訊請參考P.28、P.29。

http 韓國鐵路公社訂票網頁：www.letskorail.com (韓、中、英、日) **電** 1544-7788(代表號)

釜山火車站(부산역)

　　釜山最大的火車站，是高鐵KTX和一般火車的共用站；高鐵KTX來往首爾、東大邱和新慶州等車站，一般火車主要是以來往首爾的方向為主，從車站外中間的手扶梯上去後直走，右邊是售票窗口，左邊有觀光案內所，空間雖大，但車站裡的中文標示清楚，車站內有保管箱和各式餐廳、商店，車站周邊是餐廳、飯店和旅館的聚集地。

DATA
➡ 地鐵113釜山站6、8號出口出來是車站前廣場，穿過廣場後即到達 **MAP** P.127

釜山火車站

釜田火車站(부전역)

　　釜山來往機張、慶州、安東和順天等地的一般火車停靠站，從車站外的手扶梯上去後，走過長廊的左邊是售票窗口、候車室，

釜田火車站

車站規模較小，站內只有2家商店。
DATA
➡ 地鐵120釜田站1號出口出來直走約5分鐘可到達 **MAP** P.139

海雲臺火車站(해운대역)

　　釜山來往慶州、安東和順天等地的一般火車停靠站，進到車站內左前方可看到售票窗口，站內外無商店、不能儲值交通卡，距離市中心稍遠，目前無地鐵連結，需搭公車(1號出口外)或計程車來往，預計2016年末、東海線電鐵通車後，才可搭乘地鐵、電鐵來往(與東海線電鐵K119新海雲臺站共用車站)。

DATA
➡ 從地鐵203海雲臺站、201萇山站，搭乘139號公車、海雲臺(해운대)8號區域公車可到，行車時間約10～20分鐘；從海雲臺海水浴場周邊搭計程車來往，車程約8分鐘、車費約4,000W **i** **❶** 目前交通稍有不便，不建議攜帶大型行李來往。**❷** 海雲臺站前搭139號公車，有分不同方向行駛，請務必和駕駛確認，是要往海雲臺海水浴場(해운대해수욕장)。**❸** 若有需要從本站來往釜山，建議向觀光案內所再次確認交通方式 **MAP** 封面裡

海雲臺火車站

網路預訂火車、高鐵KTX票步驟Step by Step

確定行程後，於搭乘日期前的1個月開始，可在網路預訂車票；若操作過程中頁面跳成英文版，於右上角重新選擇語言，即可切回中文介面。

Step1：

進入韓國鐵路公社的訂票網站www.letskorail.com，點右上角「LANGUAGE」，可切換中、英、日文等介面，這裡以中文版、「首爾→釜山」來做介紹

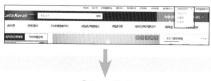

Step2：

切換至中文介面，點選左上「車票」→「網上預訂」

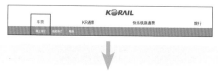

Step3：

點選要搭乘的班次資料，之後按網頁下方「查詢」：
列車分類：一般列車車票請選「通常」
列車種類：選擇「直通」即可，無需中間換乘
出發時間：可預訂1個月內的車票
出發、到達：Seoul(首爾)、Busan(釜山)，點右邊放大鏡圖案，會跳出可選其他車站的視窗(有中文站名)
列車：首爾往釜山的列車車種，KTX(高鐵)、ITX新村號(Saemaeul)、無窮花號(Mugunghwa)
乘客：選擇Adult(大人)、Child(兒童)的搭乘人數

Step4：

選擇車廂種類，點對應班次的「選擇」，藍色字為有剩餘座位，灰色字為已售完；點最右邊FARE放大鏡圖案，可看票價資訊，按網頁下方「NEXT」可查看其他班次時間：
First class：豪華車廂
Economy class：普通車廂

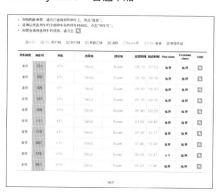

Step5：

填寫個人資料，以實際取票人的護照資料為準，姓名欄位填護照上的英文姓名，之後勾選右下角同意，再按網頁下方「NEXT」

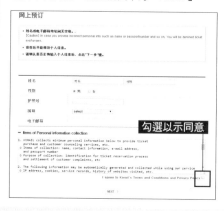

Step6：

確認個人資料、列車班次時間和價格，選擇信用卡別、填入卡號和有效期限，按網頁下方「NEXT」

火車票線上補印「確認預訂單」或「退訂」

Step1：

進入韓國鐵路公社的訂票網站，切換至中文介面，點選左上「車票」→「我的預訂」

Step2：

填入相關個人資料(參考訂票Step5)，之後按下方「查詢」

Step3：

點選要補印確認預訂單或退訂的班次，之後按「打印」補印預訂單或按「取消」；如果是取消訂票，跳下一頁後再按一次「Cancel」即可完成取消

請務必先購票、再上車

為防止逃票，搭乘韓國的火車和高鐵時，若沒購票就直接上車，於列車上補票時，需加收原票價的50%。

退票相關手續費用

搭車前兩天取消不收，搭車前一天～1小時收400₩，搭車前1小時內收取票價的10%，若超過搭車時間才取消或未取票，則為票價的15%。

Step7：

預訂完成後，按下方「打印」列印確認預訂單(一定要書面列印)；到韓國後，攜帶護照和預訂單，每個火車站皆可取票，但請注意實際搭車的車站

KR PASS鐵路通票
(KORAIL通票、外國遊客專用)

在韓國連續停留6個月以下的外國人，於票券有效期間內，可不限次數搭乘火車、高鐵的一般席位，車次時間不得重複，不包含觀光列車；此通票需在開始使用日的5天前預購，可在鐵路公社外文版網頁購買，將兌換券列印下來(一定要書面列印)，於韓國各火車站兌換通票、櫃檯劃位後搭乘(建議於首爾、釜山、大邱等大站兌換通票)，部分韓國的節、假日和旅遊旺季等有不同使用限制，購買前先了解使用細節和規定。

http www.letskorail.com(韓、中、英、日)

KR PASS價格表　　　　　　　　單位：韓幣(₩)

種類	普通		團體	青少年
	成人	兒童	2～5人	13～25歲
1日券	81,000	40,000	72,000	64,000
3日券	113,000	56,000	102,000	90,000
5日券	168,000	84,000	151,000	134,000
7日券	195,000	97,000	176,000	156,000
機動2日券	102,000	51,000	91,000	81,000
機動4日券	154,000	77,000	138,000	123,000

製表：Helena

慶州→釜山的交通工具

交通工具	高鐵KTX	火車(無窮花號)		高速巴士	市外巴士		金海機場利木津機場巴士
出發	新慶州站	慶州火車站	佛國寺火車站	慶州高速巴士站	慶州市外巴士站	慶州市外巴士站	慶州高速巴士站
到達	釜山火車站	釜田火車站／海雲臺火車站(後者早約15～20分)		釜山綜合巴士站(老圃)	釜山綜合巴士站(老圃)	西部市外巴士站(沙上)	金海國際機場
行車資訊 頭末班車	00:07~23:38	02:29～22:36	06:39～21:25	08:30～20:40(週末到21:30)(深夜22:30)	06:20～21:50(深夜23:20、24:20)	07:40～19:40	05:40～20:00
班車間距	每天23班	每天18班	每天12班	40～60分(每天16班)	15分(每天64班)	每小時的40分發車(每天13班)	每天16班
車資(大人票價)	特席15,800W一般11,000W自由10,500W	一般6,700W自由5,700W	一般6,000W自由5,100W	優等4,800W深夜5,200W	一般4,800W深夜5,300W	5,800W	9,000W
行車時間	約30～35分	約1小時41分～2小時02分	約1小時39分～1小時51分	約50分	約1小時	約1小時	約1小時10分

※以上資訊若有異動，依當地最新公布為準，前往時請務必再次確認。　　　　　　　　　　製表：Helena

首爾→釜山的巴士(首爾高速巴士站、東首爾巴士站另有前往釜山沙上的班車，但班次較少)

交通工具	高速巴士		市外巴士	
出發	首爾高速巴士站	東首爾巴士站	東首爾巴士站	首爾南部巴士站
到達	釜山綜合巴士站(老圃)		海雲臺市外巴士站	釜山西部市外巴士站(沙上)
行車資訊 頭末班車	06:00～21:30(深夜22:00～02:00，除00:25外，每30分鐘一班)	06:30～18:40(深夜23:50)	06:20～20:40(深夜23:59)	07:10～19:00(深夜22:30、23:30)
班車間距	10～30分(每天50班)	每天11班	每天15班	每天10班
車資(大人票價)	優等34,200W一般23,000W深夜37,600W	優等34,300W一般23,100W深夜37,700W	一般26,800W深夜29,500W	一般24,600W深夜27,100W
行車時間	約4小時15分	約4小時15分	約5小時	約4小時30分

※以上資訊若有異動，依當地最新公布為準，前往時請務必再次確認。　　　　　　　　　　製表：Helena

首爾→釜山的火車

交通工具	高鐵KTX	火車		
		ITX新村號	無窮花號	
出發	首爾火車站	首爾火車站		
到達	釜山火車站	釜山火車站		海雲臺火車站／釜田火車站(後者早約15～20分)
行車資訊 頭末班車	05:15～23:00	06:10～20:10	05:50～22:50	07:48～16:25
班車間距	每天52班	每天7班	每天14班	每天2班
車資(大人票價)	特席68,300～83,700₩ 一般48,800～59,800₩ 自由41,500～56,800₩	一般42,600₩ 自由40,500₩	一般28,600₩ 自由24,300₩	一般29,400₩ 自由25,000₩
行車時間	約2小時26分～3小時24分	約4小時42分～5小時	約5小時13分～5小時46分	約5小時53分～5小時57分

※以上資訊若有異動，依當地最新公布為準，前往時請務必再次確認。

製表：Helena

如何前往首爾的巴士站、火車站

首爾火車站(서울역，Seoul)：搭首爾地鐵在133／426首爾站(서울역)下車，往1號出口方向，搭兩段手扶梯到上面後，左轉往首爾火車站大廳。
🌐 韓國鐵路公社：www.korail.com(韓、中、英、日)
首爾高速巴士(서울고속버스터미널)：搭首爾地鐵在3、7、9號線交會的高速巴士站(고속버스터미널)下車，往1號出口京釜線(경부선)的方向購票搭車。
🌐 韓國高速巴士：www.kobus.co.kr(韓、英)
東首爾綜合巴士站(동서울종합터미널)：搭首爾地鐵在214江邊(강변)站下車，4號出口對面的大樓就是東首爾巴士站。
🌐 東首爾綜合巴士站：www.ti21.co.kr(韓)
首爾南部巴士站(서울남부터미널)：搭首爾地鐵在341南部巴士站(남부터미널)下車，從5號出口出來，往回走到路口就可以看到巴士站的大門。
🌐 市外巴士綜合案內：txbus.t-money.co.kr(韓)

港口(항구)

釜山港國際旅客碼頭
(부산항국제여객터미널)

　　以來往日本的船班為主，如：大阪、福岡、下關和對馬島等。

DATA

📞(051)400-1200 　➡地鐵釜山站、草梁站、中央站有付費接駁車，前二者亦可步行約10～15分前往 🌐釜山港灣公社www.busanpa.com(韓、中、英、日) 🗺P.127

釜山港沿岸旅客碼頭
(부산항연안여객터미널)

　　以行駛濟州島航線和觀光船為主，建議先上網查詢。

DATA

📞(051)400-3399 　➡地鐵中央站2號出口步行約7分可到 🌐釜山港灣公社www.busanpa.com(韓、中、英、日) 🗺P.123

地鐵(지하철)、交通卡(교통카드)

詳見P.72釜山地鐵快易通、P.74交通卡。

↑釜山的一般公車

公車(시내버스)

韓文稱「市內巴士」，其實就是公車，釜山部分景點需要轉乘公車前往，外觀有起迄站中文標示(部分小型公車沒有)，車上廣播為韓文，可把下車站名或景點的韓文準備好詢問；從前門投錢或刷交通卡上車，若要使用轉乘優惠(不同號線公車或地鐵)，下車時要在後門再刷一次交通卡才可享有優惠，部分只有一個門的小型公車，上下車刷卡機為同一台，搭釜山的公車可多人共用一張交通卡，刷卡前告知司機人數即可，但無法享有轉乘優惠。
🌐www.busanbus.or.kr(韓)

↑釜山區域公車的站牌
→釜山一般、急行和深夜公車的站牌

←釜山的區域公車

公車車資表

製表：Helena

公車種類	車費(大人基準)		備註
	現金	交通卡	
一般公車	1,300₩	1,200₩	行經主要幹道
區域公車	1,000₩	900₩	行駛區域範圍較小或地勢較高的地區
急行公車	1,800₩	1,700₩	座位較多或行駛路線較長，停靠的站較少
深夜公車	2,200₩	2,100₩	夜間行駛

註：釜山區域小公車的票價，各區會略有不同。

釜山的急行公車，外觀用紅色做標識

計程車(택시，taxi)

釜山一般計程車(銀色、白色，車費較低)起跳2,800₩／2km，模範計程車(黑色，車費較高)起跳4,500₩／3km，深夜(0～4點)車費加乘20%，另有可提供翻譯服務(中、英、日、俄)或是可乘坐5～10人的計程車，

韓國的一般銀色計程車

一般和模範車輛可在路邊或定點排班處搭乘，特殊計程車可洽詢住宿櫃檯、觀光案內所或觀光專線1330。

釜山觀光巴士CITY TOUR
(부산 시티투어)

有循環紅、藍、綠色，需要預約的夜景行程，和太宗台(外包公司經營)等路線，涵蓋釜山多處景點，以各種語言提供景點介紹，部分景點商家持車票有合作優惠，是快速瀏覽釜山的選擇之一。

循環路線：

搭乘時直接向駕駛購票一日票，可不限次數換乘各循環路線班次。

紅色 海雲臺方向；電影的殿堂站週末假日不停靠，要從Centum City站上下車；光復路停靠站，第6回(13:55)遇影島大橋開橋儀式不停靠。

藍色 海東龍宮寺方向；第1～3回可從釜山站出發，第10～12回海雲臺海水浴場站不停靠(亦無法換乘紅線)，直接開往釜山站(到達時間16:50、17:20、17:50)。

綠色 二妓臺方向路線。

太宗台路線：

可在釜山站、龍湖灣遊船碼頭、和平公園換乘循環路線(有附加費用)。

觀光巴士的露天雙層巴士

夜景路線：

雙層巴士運行，行經各知名夜景景點，需先以網路或電話預約。

DATA

📧各路線的起迄站皆在釜山火車站廣場旁、阿里郎觀光飯店對面的專用候車站 📞循環、夜景路線(051)464-9898，太宗臺路線(051)714-3799 🕐各路線、班次請上網查詢(有中文版)，每週一公休(法定假日則照常營運) 💲各路線大人15,000₩、小孩8,000₩；太宗臺路線若要轉乘循環路線，需支付5,000₩換乘費 ➡釜山站起站：地鐵113釜山站8號出口斜對面專用候車亭(阿里郎觀光飯店對面) 🌐循環、夜景路線www.citytourbusan.com(韓、中、英、日)，太宗臺路線jumbobus.kr(韓、中、英) ℹ各路線營運情況以當日為準，有可能因天氣、交通而變更延遲；「經由」只有搭乘巴士通過，沒有停靠上下車 🗺釜山站起站P.127

MANDI故事路巴士

韓文「만디」(MANDI)意思為「高的地方」，為了讓遊客能更認識釜山，欣賞更多美麗風景，特別規畫了故事路觀光循環小巴士，主要前往山區和海邊小路的景點，特別推薦沒有公車可到的編號7峨眉文化學習館、編號8展望臺，登高從不同視角欣賞釜山，此外也包含其他熱門景點，可以快速瀏覽釜山。

DATA

📞(051)714-3799 🕐頭、末班車09:00～18:00，11～4月末班車17:30，每半小時發車，每週一公休(法定假日則照常營運) 💲各大人10,000₩、青少年7,000₩、兒童5,000₩，釜山站上車處購票(手圈)，當日可無限次數搭乘；部分景點商家持車票有合作優惠 ➡釜山站起站：請參考左邊的CITY TOUR，位於最後、最靠近釜山火車站的候車亭 🌐www.mandibus.kr(韓、中、英、日) ℹ於釜山站上車後，可在任一站下車參觀，每半小時後同一車站再繼續搭乘前往下一站，可能因交通狀況而有延遲；轉乘其他路線觀光巴士需購買套票或加價 🗺釜山站起站P.127

←太宗臺路線的紅色巴士

釜山5大印象

說到釜山，很多人的第一印象都是大海；的確，大海是釜山的門面、代表的招牌，搭配不同地形的海灘岩石，一年四季都和釜山人的生活緊密結合。承襲韓國多元文化的釜山，有其獨特和豐富之處，例如韓國傳統飲食，以釜山在地食材為主角的特色變化，還有自然美景的粉嫩櫻花、道地文化的傳統市場、聚集人氣的血拼街區和韓國人常去的蒸氣房。在搭地鐵遨遊釜山之前，先跟大家分享釜山不同的面相，讓你對釜山不再只有藍色的認識！

印象 1
一望無際的**藍色**大海

海雲臺(해운대)

釜山最知名的海水浴場,美麗的自然圓弧,勾勒出親切的湛藍,一年四季都有不同的特色和活動,吸引著人們嚮往的腳步。(請參見P.192)

廣安里(광안리)

周邊聚集海鮮餐廳、夜店PUB和各式咖啡廳,加上廣安大橋和聲光效果的點綴,增添了現代和浪漫的氛圍。(請參見P.224)

大海是釜山的最佳代言人,多變豐富但也最真實,是釜山吸引我的關鍵之一,對我來說,釜山的每個海邊都有不同的特色,帶給我不同的感覺,有歡笑快樂,也有懷古幽情,任何字詞都無法確切的形容,唯有身處其中親自感受。

影島(영도)

　　位於釜山的南邊，就像是引航燈塔般地守護著釜山，相較於其他海邊的沙灘，峭壁岩石和鵝卵石是這裡的特色，視野感覺也更開闊。(請參見P.116)

天空展望台

多大浦(다대포)

　　韓國最長的河流：洛東江在釜山的出海口，附近為溼地海岸，可看到小螃蟹和貝類等生物，也有來過冬的各種鳥類，旁邊還有炫彩奪目的夢之噴泉正在上演。(請參見P.174)

印象 2
日景夜景風景最萬化

如畫布的湛藍天空

　　走在釜山的街頭海邊，我最常做的一件事，就是抬頭看看天空，平時忙碌的生活，讓我很難有機會接觸白天的戶外空間，每每可以輕鬆的看天空時，夜幕早已低垂許久，但是來到釜山，即使再忙碌，我也會記得要欣賞這藍天白雲，就像釜山的大海一樣，望著天空、大喊加油的我，是如此地有朝氣活力，無論是哪個角度，釜山的天空都像是一幅巨大的畫布，不需要大師的加持，它就是我心中的萬世名作。

　　喜歡一個地方，其實可以不需要太多的理由，不一定要追逐知名的景點和人氣，而是磁場感應的契合，對我來說，釜山就是這樣的一個地方，除了一抹彎曲的海岸線外，湛藍點綴著白雲的天空，多變迷人的夜晚，還有令人賞心悅目的櫻花，這些最真實的自然變化，就是我發自內心的美麗釜山。

↑老舊小巷弄的天空，影島蓬萊山
←龍頭山公園、札嘎其市場的天空

夜幕的妝點盛會

　　夜幕低垂後的釜山，沒有隨之暗淡下來，反而是藉著華燈初亮拉開夜晚亮眼的序幕，從高樓大廈、跨海橋樑到海邊散步路，處處都有燈飾的妝點，讓遊客更方便參觀之餘，也替釜山增添了多樣色彩的美感，而賞夜景也是很多人來到釜山必排的行程之一，我喜歡啜著咖啡或飲著啤酒，放鬆地欣賞光影魔術師在釜山的華麗演出。

圖片提供／Joey Yao

釜山的賞夜景景點
樂天百貨頂樓公園展望台(P.103)、龍頭山公園
&釜山塔(P.104)

圖片提供／Joey Yao

賞櫻特輯

粉嫩櫻花滿紛飛

每年4月初是釜山和周邊地區的櫻花盛開時節，除了前往賞櫻名地鎮海，在釜山市區和慶州也可以欣賞到櫻花的粉嫩美景喔！

海鷗路散步指標

釜山規畫的各條散步路，用市鳥海鷗當作代表，無論是沿海或登山，讓可愛的海鷗來帶領大家認識釜山！沿路有各式的指標，跟著指標走即可。

▲地上標誌

釜山的散步景點

絕影海岸散步路(P.118)、二妓臺海岸散步路(P.232)、迎月嶺(P.40、P.182)、望洋櫻花路(P.39、P.132)

↓掛綁的布條標誌

←平面木頭標誌

→立體指標

37

↑清晨剛下飛機，拉著行李立刻來賞櫻

三樂江邊公園
삼락강변공원

金海機場賞櫻第一站，綿延不絕、眼望不盡的櫻花散步路，拖著行李也要馬上來。

DATA

➡️ ❶地鐵227沙上站3號出口直走約10分鐘，上Home plus大賣場前天橋，步行約2～3分中段下橋即到 ❷輕軌電鐵2掛法站有連接❶的天橋 🗺️ P.38

沙上站街道圖

往228德浦站 ↙
櫻花樹密集路段
地鐵2號線
三樂江邊體育公園
삼락강변체육공원
三樂江邊公園
삼락강변공원
旅館密集區
e-mart 이마트
Home plus 홈플러스
MU Motel 뮤 모텔
沙上火車站 사상역(기차역)
釜山金海輕電鐵
掛法Renecite站
MAX Motel 맥스 모텔
西部市外巴士站 서부시외버스터미널
沙上站 사상역
往226甘田站 ↘

三樂江邊公園

洛東江是韓國最長的河流，自古以來釜山的發展和洛東江緊密結合；在洛東江出海口附近的堤外沙洲上，規畫了三樂江邊公園，有完善的運動設施和自行車道，堤防步道兩側種滿櫻花樹，每當4月初櫻花滿開時節，綿延無盡的粉嫩花朵搭配藍天白雲，在釜山也可以欣賞令人驚豔讚歎的櫻花美景。

→櫻花盛開的午後，賞櫻人氣旺盛
↓公園沿線設有散步和自行車道

🌸 南川洞櫻花路
남천동벚꽃길 🌸

　　釜山早期的海景第一排社區樓房，道路兩側有密集櫻花樹，加上海景真是絕配。

DATA
➡️ 地鐵210金蓮山站1、3號出口，往回走到路口轉彎，直走約6分鐘到海邊路口右轉(不用過馬路)，再沿路順走約4分鐘可到　🗺️ P.223

櫻花路有兩排，內側小路的更為密集

🌸 望洋櫻花路
망양벚꽃길 🌸

　　位在山腰面海、釜山火車站對面的望洋路，此處因地勢較高，櫻花會較晚開。

DATA
➡️ 請參考P.128、P.132草樑故事路　🗺️ P.127

🌸 冬柏站櫻花路
동백역벚꽃길 🌸

　　雖然櫻花樹規模較小，但是近地鐵站，來往車輛不多，也是可以好好地賞櫻喔！

DATA
➡️ 地鐵204冬柏站1、3號出口旁即到　🗺️ P.209

❀ 荒嶺山櫻花路
❀ 황령산벚꽃길 ❀

廣安大橋對面山區，賞櫻之餘還可以遠眺海景，此處地勢較高，櫻花會較晚開。

DATA
➡地鐵210金蓮山站6號出口，搭計程車到山上烽火臺(봉수대)，車程約5分、車費約5千₩；步行下山約1~2小時　**MAP** 封面裡

❀ 溫泉川櫻花路
❀ 온천천벚꽃길 ❀

釜山居民喜歡的市民公園，賞櫻花、春花和油菜花，都是這裡的春日嬌點。

DATA
➡請參考P.164溫泉川　**MAP** 封面裡

❀ 迎月嶺櫻花路
❀ 달맞이고개벚꽃길 ❀

海雲臺旁邊的半山腰路段，可以賞櫻和遠眺海景，晚上夜櫻也很浪漫呢！

DATA
➡請參考P.182迎月嶺　**MAP** P.181

→迎月嶺上不時有車輛通過，建議在行人步道上賞櫻較為安全

慶州 경주

以普門湖園區為中心，佛國寺前、大陵院石牆路等都是韓國東南部賞櫻熱點。

DATA

➡請參考P.258慶州　MAP P.259

鎮海 진해

市區裡的35萬多棵櫻花樹，大街小巷無所不在，是韓國南部賞櫻熱點第一名。

DATA

➡請參考P.288鎮海　MAP P.289

最道地的
美食饗宴 非嘗不可的特色美食

釜山是韓國南方最重要的進出港口，有著自己獨特的背景和物產，除了承襲傳統的韓式美味外，也發展出其獨特的樣式，就像海納百川的廣闊，釜山料理的內容豐富、選擇多樣，從平價美食到高檔饗宴，可以滿足大家的胃，肯定是吃它千遍也不厭倦。

東萊蔥煎餅(동래파전)

　　蔥煎餅是韓國隨處可見的國民料理，主要材料有麵粉、雞蛋和蔥，也常加入海鮮或泡菜，可當作正餐，也可以是下酒菜，在餐廳或小吃攤，都受到韓國人的喜愛，再搭配上燒酒或傳統的馬格利酒，更顯現出蔥煎餅不可或缺的地位。

　　東萊是釜山的舊稱，朝鮮時代以蔥的產地著名，所以蔥煎餅由此被冠上東萊的名稱，可見其獨特之處，為了增加口感，以糯米和粳米粉來代替麵粉，如此的美味也成為進貢給王的御膳，直到現在都是韓國蔥餅界的名牌；和台式蔥油餅不太一樣，韓式蔥煎餅的麵糊比例比較少，用整把未切過的青蔥當底，加入海鮮等配料，起鍋前再淋上蛋汁，要吃之前用剪刀剪成小塊，滿滿都是翠綠的朝氣，單吃或沾醬吃都很有味道，鮮嫩柔軟的口感，就是最道地的韓式口味。

東萊蔥煎餅街(P.162)、民俗村蔥煎餅(P.163)

豬肉湯飯(돼지국밥)

　　朝鮮半島三大飲食之一的湯飯，原指在牛骨湯裡加入牛肉、米飯和多種食材的料理，但是在不同的地區，湯飯裡也會有不同的主角，例如江原道和京畿道是血腸湯飯，全羅道是黃豆芽湯飯，而南部的釜山和慶尚道，則是以豬肉湯飯為主；韓戰開始後的年代，因為物價過高、物資取得不易，所以到釜山避難的難民，用較為平價的豬肉來代替牛肉，做成獨特的豬肉湯飯，並用蝦醬(새우젓)和生拌韭菜(부추겉절이)來調味，口感清爽沒負擔，是釜山的招牌料理，尤其天冷時來上一碗，真的是會有莫名的感動啊！

雙胞胎豬肉湯飯(P.240)、密陽血腸豬肉湯飯(P.200)

湯飯(국밥)vs.
分開湯飯(따로국밥)

　　湯飯是韓國常見的國民料理，有直接把飯放在湯裡的，也有另外用鐵碗裝著，要吃的時候再拌入湯裡，通常飯另外裝的價格會多約500～1,000W，要點哪種，就看各人的口味習慣囉！

麥麵(밀면)

　　朝鮮半島三大飲食(全州拌飯、開城湯飯、平壤冷麵)裡的冷麵，是韓國人非常喜歡的解熱飲食，這種以蕎麥粉做成的麵條，搭配上酸酸甜甜、清涼爽口的湯汁，加上肉片、蔬菜和蛋絲，在炎熱的夏天來上一碗，頓時讓人徹底地透心涼；來到以前是朝鮮半島小麥主要產地之一的釜山，小麥取代了蕎麥，做成和冷麵外型相似的麥麵，麵體比冷麵略粗，但口感卻更為Q彈。

草梁麥麵(P.135)

→辣味的拌麥麵

↑點麥麵時會提供的熱湯，有暖胃的作用

↑長長相連的麵體，要先用剪刀剪斷後再食用(圖片提供／Joey Yao)

↑水麥麵，辣椒是提味用，吃起來不太會辣

大口湯(대구탕)

　　走在海雲臺的街頭，到處都可以看到「대구탕」的招牌，字面的意思可以翻譯成大邱(韓國地名)湯，但其實是釜山有名的料理大口湯(대구탕)。大口魚是一種類似鱈魚的魚類，盛產於釜山和鎮海交界處的加德島，韓國人認為，食用大口魚除了可以強肝健胃、活化視力、恢復體力和補身助消化外，對於解除宿醉也有很好的功效，因此販賣大口湯的餐廳大多是24小時營業；雖然因為大口魚被捕撈上岸後不易存活，除了盛產地加德島之外，其他地方吃到的多半都是冷凍後再烹煮，但大口魚的肉質鮮甜，魚湯清淡爽口無腥味，所以無損大口湯在韓國人心目中的地位。

海雲臺古早味大口湯(P.198)

貼心小叮嚀

韓國的公休日

韓國有些店雖然沒有所謂的公休日，但遇到大節日，如中秋節或農曆春節等，有可能節日當天和前後各一天會休息，若是那幾天要前往用餐，建議事先確認有無營業，避免白跑一趟！

釜山是著名的海港城市，這裡的海產新鮮美味、選項豐富且價格實惠，無論是韓國著名的海鮮市場札嘎其，或是吃美食配美景的海雲臺和廣安里海邊，還有以各類螃蟹為主力的機張市場，甚至是剛好路過的店家，釜山各處都可享受到新鮮魚類、螃蟹和貝類等好滋味，不敢吃生冷的食物也沒關係，烤海鰻、螃蟹料理和辣炒章魚等也都是一絕，在這裡無闇蝦蟹魚類，有的是超新鮮、夠滋味的美食饗宴。

海洋生魚片之家(P.92)、大發大蟹(P.256)

圖片提供／Joey Yao

圖片提供／Joey Yao

美味的海鮮料理

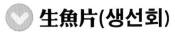

圖片提供／Joey Yao

帝王蟹(킹크랩)、大蟹(대게)

機張是主要的產地和進口港，價格幾乎是釜山其他地區的半價喔！

圖片提供／Joey Yao

生魚片(생선회)

除了一般擺盤的生魚片，也可以做成生魚片握壽司。

烤鮮貝(조개구이)

新鮮現烤的各種貝類，除了肉之外，湯汁也是精華。

海腸(개불)

又稱為海蚯蚓，新鮮處理的生吃方式，口感極為脆嫩。

生魚片也可以這樣吃

生魚片也可以像烤肉一樣，用生菜包著吃喔！

圖片提供／Joey Yao

稻草烤盲鰻、調味烤盲鰻 (짚불곰장어、양녕곰장어 구이)

用稻草來燒烤新鮮剝皮後的盲鰻，是釜山的特殊料理方式，有時也會用醬料調味的方式烹調。

圖片提供／Joey Yao

圖片提供／Joey Yao

 魟魚(가오리)

屬於軟骨類的魟魚，魚翅和魚肉一樣，是可以直接食用的酥脆口感。

 生章魚(생낙지)

新鮮有活力的章魚腳，要沾油和鹽一起吃，以防止吸盤吸住食道。

圖片提供／Joey Yao

 刀魚(갈치)

用乾煎、鹽烤或燉煮等方式來料理刀魚，可避免流失豐富的不飽和脂肪酸。

圖片提供／Joey Yao

海鮮料理實用韓文

基本醬料	기본양념	生食	날것 / 회
辣的	맵게	辣魚湯	매운탕
不辣的	안맵게	鮮魚湯	지리탕
料理方式		粥	죽
蒸	찜	湯	탕
煎	부침	鍋	샤브샤브
炸	튀김	白飯	공기밥
烤	구이	炒飯	볶음밥
鹽烤原味	소금 구이	分量	
醬料調味	양념 구이	大的	큰 것
燉	조림	小的	작은 것
炒	볶음	多	많이
川燙	데침	少	조금

實用韓文

綜合生魚片	모듬회	燉煮刀魚	갈치조림	鮑魚粥	전복죽
綜合海鮮	해물모듬	海鮮湯	해물탕	鮑魚生魚片	전복회
烤鰻魚	장어구이	辣魚湯	매운탕	烤海鮮	생선구이
烤鮮貝	조개구이	鮮魚湯	지리탕	海腸	개불
調味烤盲鰻	양념곰장어 구이	炒章魚	낙지볶음	帝王蟹	킹크랩
鹽烤原味	소금	生魚片定食	회백반	大蟹	대게
醬料調味	양념	生魚片壽司	회초밥	魟魚	가오리
乾煎刀魚	갈치 부침	生魚片蓋飯	회덮밥	魷魚	오징어

防烤焦小祕方

將幾片生菜鋪放在烤盤上，把烤好的肉放在上面，如此能保溫又防烤焦，可以慢慢享受美味的烤肉喔！

辣魚湯(매운탕)VS鮮魚湯(지리탕)

在韓國的海鮮餐廳裡，一般韓國人多會點辣魚湯，但如果不太能吃辣，也可以改成鮮魚湯，用餐時比較不會有負擔！

↓鮮魚湯　→辣魚湯

圖片提供／Joey Yao

烤肉包起來吃

↓生菜包肉

烤肉是韓國的知名美食，通常會附上生菜、泡菜和其他小菜，可以單吃烤肉，或用生菜、酸蘿蔔片把烤肉和小菜包起來一起吃，此外韓國人認為吃生菜包肉時，要一口吃下才是最好吃的方法喔！

↓酸蘿蔔片

烤海鷗肉(갈매기살구이)？

別緊張，不是真的海鷗肉啦！雖然갈매기是海鷗的意思，但갈매기살是指豬內臟中的橫膈膜；橫膈膜(횡격막)又稱為가로막，簡化發音後被稱為갈매기살(海鷗肉)。橫膈膜肉含有大量不飽和脂肪酸、豐富維他命B1和胺基酸，膽固醇含量低可預防動脈硬化，對於消除疲勞、預防貧血和保護肝臟等有功效，並且吃起來不會油膩、鮮嫩香甜，也可以點來品嘗一番喔！

貼心小叮嚀

去除異味的好幫手

享受美食後，身上或口腔會有殘留味道，為了去除這些氣味，部分餐廳會在櫃檯準備薄荷糖和去除異味的噴劑給客人使用。

在地各種街頭小吃

辣炒年糕(떡볶이)、魚漿串黑輪(오뎅)

韓國最常見的小吃，將圓長型的白年糕用辣椒醬拌炒，魚漿做成片狀串起，吃完後還可以來碗熱呼呼的高湯！

五穀糖餅(씨앗호떡)

糖餅的餅皮內包入糖粉，經過油炸後化為糖漿，吃的時候要小心燙口喔！釜山的特殊口味，是在起鍋後包入五穀雜糧。

豬血腸(순대)

多為清蒸後沾辣椒醬或鹽一起吃，也有直接用辣椒醬拌炒的，有時會搭配豬內臟。

各式炸物(튀김)

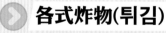

把海鮮、蔬菜、雞蛋、飯捲、水餃等食材拿去油炸的小吃。

杯子炸雞(컵 닭강정)

把韓國人愛吃的調味炸雞改成小份杯裝版，方便邊走邊吃，分量剛好無負擔。

炸地瓜條

蒸玉米

各式魚乾

炸地瓜條(고구마 튀김)、魚乾(쥐포)、蒸玉米(옥수수 찜)

細長形、口感乾乾脆脆的炸地瓜條；將魚乾放在石頭上加熱後食用；熱呼呼的蒸玉米。

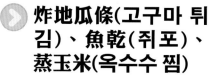

鬆餅(와플)

通常會有抹奶油、塗果醬或夾冰淇淋的口味。

紅豆冰(팥빙수)

韓國最有名的基本款冰品。

袋裝檸檬汽水(레몬에이드)

從首爾弘大附近開始流行的袋裝飲料，基本款口味是檸檬汽水。

↓釜山魚糕業的共用商標

BUSAN EOMUK CO-BRAND
부산담은
부산어묵
마크는 특허청에 등록된 부산어묵 공동상표입니다

釜山的在地海味～魚糕

釜山三面環海、水產資源豐富，將新鮮魚貨做成魚漿，拌入各種蔬菜，塑形炸式或蒸熟後的食物稱為「魚糕」(어묵，Fish cake)，單吃或製作料理，煮湯、拌炒和乾煎等都不錯，還可以當成點心呢！釜山魚糕的生產量逐年成長，目前約占全韓國總量的34%，成為代表釜山的在地美味。

釜山的知名魚糕店家　三進魚糕(三珍)(P.133)、古來思(P.205)

魚糕的故事

開始起源話誕生

日本關西的魚漿食品「天婦羅」傳入釜山，1876年釜山開港，隨著需求增加、漁業旺盛，釜山成為韓國魚漿製品最大的原料供應和製造地；因為成本便宜，釜山魚漿製品價格實惠，是平時常見的小菜和街頭食品，也是人民攝取蛋白質的主要來源。

韓式風味變化版

以前釜山有許多日式魚漿製品工廠，日據時期過後，魚漿製品從高級化、日式風格，調整為更符合韓國人口味的大眾食品；韓戰時期食物價高缺乏，相對平價的魚漿製品，成為最好補充蛋白質的營養食品，後來逐漸變成韓國常見的小吃魚漿串。

百變稱呼要正名

魚漿製品最早稱天婦羅(덴푸라)、御田(오뎅)，是鄰近釜山的日本關西地區的用法，即使光復後口味韓化，仍沿用日式名稱；後來使用過肉糕(고기떡)、生鮮糕(생선묵)等多個名稱，直到1986年代食品衛生法修正時，才正式確認魚糕(어묵)這個名稱。

豐富精緻更美味

現在的釜山魚糕，是小吃、也是料理主角，更好的原料、不加防腐劑，魚肉含量達70%以上，讓品質口感更優、更有嚼勁，也開發多元的各種口味和料理樣式，魚糕可樂餅、漢堡和披薩等，都是美味創新的吃法，同時藉由便利的交通，將釜山魚糕的好味道，擴及到韓國各地。

把釜山魚糕帶回家

魚糕大多熟食販售，保存期限約冷藏5天、冷凍6個月，冷藏或常溫時，用微波爐加熱約30秒即可食用，也可當作各式料理的配料；依照台灣現行相關法律規定，魚漿類製品可帶回國(建議先冷凍)，但請留意勿超過6公斤的限制(保冷劑需放託運行李)。

釜山知名的魚糕美味

「三進魚糕」(三珍)和「古來思」魚糕，全新店面有麵包店般的華麗感受，種類眾多的魚糕產品創意十足、令人驚豔，半開放的廚房可看到製作過程，開架式陳列的自由選購，並設有座位區和體驗教室，方便現買現吃或可親手製作魚糕。

影島蓬萊市場「三進魚糕」(三珍)(P.133)

知名老牌，產品種類更多、價格實惠，積極在百貨公司、車站設點，受到消費者青睞。

↑魚糕可樂餅(三進魚糕)，內餡扎實有口感

釜田市場「古來思」(P.205)

後起之秀，深受饕客喜愛，口味更吸引人，雖然價位稍高但精緻，還有方便攜帶的真空包裝，令旅人喜愛！

↑魚糕可樂餅(古來思魚糕)，口感較酥軟

↑魚糕烏龍麵

除了上面兩家，**富平市場**(P.88)的魚糕街，小小範圍就有10多家魚糕攤販，也是當地人會去採購的地方。

→富平市場的魚糕街

有些古早的點心零食或小玩意,在現代的觀點來看,多半會有不夠營養健康或新奇有趣的疑慮,但對於年長一輩的人來說,卻是最美好的童年回憶,不妨拋開一些成見和顧慮,來細細品味這些時代的意義吧!

歷久不衰的國民三兄弟

香蕉牛奶(바나나맛 우유)

韓戰後、經濟不景氣的70年代,營養豐富的牛奶和香蕉都量少價高,為了讓人民可以補充營養、嘗試味道,在韓國有近50年歷史,以生產乳製品和冰品為主的公司「빙그레」,在1974年推出了以「바나나맛 우유」(香蕉口味牛奶)為品牌名稱的香蕉口味調味乳,雖然是以食用香料調配出來的,但在當時依然是高貴的奢侈品,只有在特殊時候才能喝到,對小朋友來說,香蕉牛奶是逢年過節,或難得郊遊、搭火車的時候,才有機會喝到的珍貴童年回憶;窄底豐腰的瓶身,就像是韓國製作泡菜的陶甕,半透明的瓶身,透著象徵香蕉的淡黃色,圓潤飽滿的外型,除了可愛討喜之外,也有傳承的意味。

現在「香蕉牛奶」泛指各家廠牌推出的產品,也有多樣口味的調味乳,但最初的胖胖瓶香蕉牛奶,在飲料選擇多樣化的現在,持續穩坐市場占有率的第一位,號稱只要有販售瓶裝飲料的店家,幾乎就一定會有它的身影,經過數十載的變遷,在韓國的食品發展史上,依然占有一席之地。

原味香蕉牛奶

哈密瓜牛奶

低脂香蕉牛奶

草莓牛奶

其他各家廠牌的香蕉牛奶

看卡通也要喝香蕉牛奶喔

豆乳(두유)

黃豆是植物類食品中含有較高蛋白質的,除了含有人體所需的胺基酸、維他命和礦物質等多種維生素外,也含有動物性食物所缺乏的不飽和脂肪酸和卵磷脂,在中國名醫李時珍的「本草綱目」和朝鮮名醫許浚的「東醫寶鑑」裡都有記載其營養價值,而用黃豆製作出的豆漿,比起豆腐更適合小孩或咀嚼不便的病患食用。

韓國是從韓戰過後的1973年,

栗子豆乳

黑豆豆乳

香蕉豆乳

紅豆豆乳

原味豆乳

開始推廣和豆漿相似的「豆乳」(두유),當時一般人很難喝得起牛奶,為了讓人民可以補充養分,利用價格較便宜、保存期限較長、和牛奶有相似營養成分的豆乳來替代;適量的飲用豆乳,可以預防動脈硬化等成人疾病,也因不含乳糖,對於有牛奶過敏或乳糖不耐症的患者來說,是很好的代用食品,後來也利用不同的食材來開發各種新口味,讓豆乳的種類更為豐富多變。

情巧克力派(정 초코파이)

韓戰後、正在恢復元氣的那個年代,一般人民生活困苦,對連正餐都難吃飽的人來說,點心零食實在是奢侈的夢想,當時的東洋製菓(現在的「오리온」好麗友)公司,在1973年推出了從美國引進的巧克力派,除了提供平價的點心外,在糧食不足或天氣寒冷的時候,巧克力就是最好的能量補給,發揮溫暖人心的功效,之後雖然各家食品公司都陸續推出了各種的巧克力派或巧克力相關的點心,但「情巧克力派」依然是韓國點心界的長銷商品。

現在韓國市面上有眾多廠牌的巧克力派

韓國政府為了維護國內產業發展，對於進口商品的關稅較高，如果要到韓國採買化妝、保養品，建議以韓系品牌為主；釜山主要購買地點：南浦洞光復路、西面大賢地下街、釜山大學前商圈等。

印象─4

好逛好買的購物天堂

韓國化妝品牌

innisfree

韓國最大的化妝保養品公司「愛茉莉太平洋」2005年推出的品牌，強調天然原料、環保自然的主軸概念，店內裝潢和產品包裝也都以綠色環保的風格為主，彷彿進到可接觸大自然的農場草原。

DATA
官網：www.innisfree.co.kr(韓、中、英)

TONY MOLY

以花草、植物和水果為主的自然風格，精緻可愛的包裝外型吸引著消費者的目光，產品使用完後的空瓶不再只是要丟棄的垃圾，變身成為妝點生活的創意擺飾，讓化妝保養也可以很好玩。

DATA
官網：www.tonymoly.com(韓、中、英、日)

ETUDE HOUSE

韓國最大的化妝保養品公司「愛茉莉太平洋」旗下的品牌，用純真的白色和夢幻的粉紅色來裝潢店面環境，塑造出每個女生都是公主的氛圍，推出具時尚感又不失甜美的彩妝保養品。

DATA
官網：www.etude.co.kr(韓、中、英、日)

Holika Holika

以魔法、紫色系為主的概念空間，彷彿進到神祕的奇幻世界，像女巫施展法術般，瞬間就可以感受到美麗的變化。

DATA
官網：mall.holikaholika.co.kr(韓)

It's skin

標榜以皮膚科醫生的處方製成，用天然的成分來降低對皮膚的刺激，變美也要很安全，敏感性肌膚也可以適用。

DATA
官網：www.itsskin.com(韓、中、英)

MISSHA

韓國知名化妝品集團「Able C&C」的品牌之一，品牌的概念認為，化妝品是日常的生活用品，因為每天都要使用，所以要品質好、價格平易近人，兼顧質量與流行，親和環境及肌膚。

DATA
官網：shop.beautynet.co.kr(韓)

THE FACE SHOP

以「崇尚自然主義」為概念，利用鮮花、水果、穀物和韓方藥材等大自然的精華來呵護肌膚，使其恢復天生的純淨和生命力。

DATA
官網：www.thefaceshop.com(韓、中、英、日)

NATURE REPUBLIC

2009年推出的年輕品牌，從名稱就可以看出，標榜天然主義，結合古早流傳下來的美容祕方，製作出符合現代人健康美麗需求的自然風格保養品。

DATA
官網：www.naturerepublic.co.kr(韓、中、英、日)

SKIN FOOD

選用美味且對皮膚有益的食物，萃取其精華成分，將營養食材的功能轉移到肌膚的保養，產品的香味和包裝皆以天然為概念，保養變美麗的同時也要兼顧生活的樂趣。

DATA
官網：www.theskinfood.com(韓、中、英)

the saem

2010年推出的平價保養彩妝品牌，匯集世界各地流傳的保養祕方，將其功效結合現代化的美妝產品，希望可以展現美麗的生命力，源源不絕的延續下去。

DATA
官網：www.thesaemcosmetic.com(韓、中)

實用韓文

請多給我一些試用品	샘플 많이 주세요.	買多一點有送贈品嗎？	많이 사면 증정품 있어요?
請問有___嗎？	___있어요？	可以試擦嗎？	발라 봐도 돼요？
有其他的顏色嗎？	다른 색 있어요？	可以退稅嗎？	TAX FREE 되나요？

韓國藥妝店

OLIVE YOUNG

　　韓國CJ集團經營的本土藥妝店品牌，以健康美麗、年輕時尚風格，提供多樣化商品，從全身美妝品，到健康食品、藥品和生活雜貨等相當豐富。

DATA
官網：www.oliveyoung.co.kr(韓、英)

Watsons屈臣氏

　　總公司設於香港的屈臣氏集團，是全球最大的保健和美容產品零售商，韓國由GS集團代理經營，除了大家熟悉的各種生活相關商品外，也匯集多家韓國熱銷的美妝產品。

DATA
官網：gswatsons.gsretail.com(韓)

自用送禮兩相宜紀念品

流行服飾

　　南浦洞光復路、釜山大學商圈、西面大賢地下商街和西面1號街等，有各種服飾店和精品小店，通常學校商圈的價格會便宜一些，西面因位處釜山市中心商業區，價格通常會較高。

韓流明星商品

　　國際市場的阿里郎街，有幾家販售韓流偶像商品的店家，粉絲們可以來這裡逛逛。

人蔘

　　韓國最有名的滋補養身產品，自用送禮皆可，部分大賣場設有專櫃，或可於釜田市場(P.142)2樓人蔘市場購買。

伴手禮掃貨激戰區

類似台灣的家樂福、愛買等大型賣場，除了品項多、價格實惠、標價清楚不怕被坑之外，各種大手筆的試吃活動更是嘗鮮的大好時機，大賣場絕對是購買伴手禮和體驗韓國民眾文化不可錯過的好地方！

很多人來到韓國，都喜歡去逛超市賣場，因為在這裡的韓貨，是真正韓國人日常生活中吃的、用的，不是刻意迎合觀光客的「包裝」產品喔！

連鎖大型賣場

LOTTE Mart(롯데마트)

由樂天集團經營，自家品牌的商品通常會較其他賣場便宜，購物退稅通常是在客戶服務櫃檯辦理。

DATA
網址：www.lottemart.com(韓、中、英、日)

e-mart(이·마트)

由新世界集團經營，韓國分店數最多的大型賣場，購物退稅通常是在顧客服務中心旁新世界商品券櫃檯辦理。

DATA
網址：store.emart.com(韓)

↑e-mart的玩具車型手推車，讓大人在購物時，可以幫小孩防無聊

Home plus(홈플러스)

由三星集團經營，購物退稅通常是在客服櫃檯辦理。

DATA
網址：corporate.homeplus.co.kr(韓)

←Home plus的卡路里手推車，逛大賣場兼健身，讓你越逛越開心

農會超市(농협 하나로마트)

　　韓國農會經營的大賣場，雖然規模較小，但一般遊客喜歡買的泡麵和零食等，這裡也是一應俱全。

DATA

網址：www.nhhanaro.co.kr(韓)

韓國人家裡一定會有的泡菜

韓國品牌、味道香濃的沖泡式水果茶

各廠牌的香蕉牛奶

各品牌的瓶裝茶飲

在韓國常可以看到的各種補體力飲料

各廠牌的沖泡式咖啡

韓國的傳統濁米酒「馬格利」和東東酒

各種口味的沖泡茶飲，如柚子茶、木瓜茶、紅棗茶等

可以直接用冰水沖泡的夏季限定隨身包咖啡

韓國的國民酒品：各品牌燒酒

花車特價餅乾，可自選或套裝販售

非油炸洋芋片，作者最愛的零食之一

韓國海苔，通常包飯吃或放在湯飯裡

各式各樣的韓國泡麵

添加韓藥的女性衛生用品，作者愛用的品牌

大賣場裡小吃街的餐點模型櫥窗，每個餐點都有編號，在共用收銀櫃檯用編號點餐結帳後，憑收據到各店家取餐

MEGA MART(메가마트)

　　釜山最早的地區型連鎖大賣場，東萊店和南川店也可就近來採買。

DATA
網址：home.megamart.com(韓)

59

釜山大賣場營業資訊

　　近年來韓國政府為保障中小型超市的經營,限縮大型賣場的營業時間,因而釜山地區的大賣場,多在每月第二、四個週日公休,但有可能會有變動,月初會公布當月的公休日期,建議可請住宿地點的服務人員協助確認有無營業,避免撲空白跑;部分分店有提供國際寄送的服務,但目前僅限於日本和中國。

大型賣場營業資訊(以下賣場分店,除農會超市釜田店外,其餘皆可退稅)

連鎖	分店	如何前往或位置	營業時間	電話
LOTTE Mart	光復店(광복점)	地鐵111南浦站、和樂天百貨(P.102)連在一起,面對音樂噴泉,右後方有連接通道	10:30～24:00	(051)441-2500
	東萊店(동래점)	地鐵126明倫站往5號出口方向的樂天百貨B1	10:00～24:00	(051)668-2500
	釜山店(부산점)	地鐵220釜岩站4號出口直走約7分鐘的路口,過馬路到左斜對側	10:00～24:00	(051)608-2500
e-mart	海雲臺店(해운대점)	地鐵202中洞站7、9號出口旁	10:00～24:00	(051)608-1234
	門峴店(문현점)	地鐵217國際金融中心・釜山銀行站1號出口直走到路口後右轉,再直走約2分鐘的左側對面	10:00～24:00	(051)609-1234
	沙上店(사상점)	地鐵227沙上站3號出口直走約5分鐘／電鐵掛法站1號出口往後行約3分	10:00～24:00	(051)329-1234
Home plus	東萊店(동래점)	地鐵127溫泉場站往5號出口方向的對面商場B1	09:00～24:00	(051)559-8000
	西釜山店(서부산점)	地鐵227沙上站3號出口直走約8分鐘／電鐵掛法站1號出口旁	09:00～24:00	(051)319-8000
	Centum City店(센텀시티점)	地鐵206Centum City站2號出口直走約3分鐘	09:00～24:00	(051)709-8000
	影島店(영도점)	地鐵111南浦站周邊搭計程車,車程約8分、車費約3,500W	09:00～24:00	(051)419-8000
農會超市	札嘎其店(자갈치점)	地鐵110札嘎其站10號出口旁	08:00～23:00	(051)250-7700
	釜田店(부전점)	地鐵120釜田站1號出口直走約1分鐘	09:00～23:00	(051)801-9000
MEGA MART	東萊店(동래점)	地鐵125東萊站2號出口,左斜前方的巷子直走,約3分鐘的右側	08:00～翌日03:00(退稅只到24:00)	(051)550-6000
	南川店(남천점)	地鐵211南川站3號出口直走約3分鐘的路口左轉,再直走約7分鐘	09:00～24:00	(051)608-6000

※以上資訊若有異動,依當地最新公布為準,前往時請務必再次確認。　　　　　　　　　製表:Helena

中型折價超市

有時旅程太過緊湊，忙到沒有時間去大賣場採購，這時候住宿點附近的中型超市，就發揮了它的功效，這類型的賣場雖然規模小、品項少、不能退稅，也沒有服飾和化妝品，但一般遊客喜歡買的食品類伴手禮，在這裡都可以找到，有時價格也會比大賣場還便宜，並且大多為24小時營業。

中型超市營業資訊

製表：Helena

鄰近區域	店名	如何前往或位置	電話
海雲臺	i MART(아이 마트)	地鐵203海雲臺站2號出口直走約3～4分	(051)731-0004
廣安里	我們MART(우리마트)	地鐵209廣安站3號出口旁	(051)759-8966
	農畜產超市(농축산마트)	地鐵209廣安站3號出口，往回走到路口左轉，再直走約5分	(051)756-9991
富平洞	超級中心(슈퍼센터)	地鐵109土城站1號出口直走約2分的路口右轉，再直走約2分鐘	(051)241-4980
中央洞	東亞MART (동아 마트)	地鐵112中央站13號出口前的巷口左轉，再直走約2分鐘的左側	(051)469-5770
釜山火車站	加倍MART(두배로마트)	地鐵113釜山站1號出口直走約2分鐘	(051)463-7111
	TOP MART(탑마트)	地鐵113釜山站7號出口，直走約1分鐘的第二個巷口左轉，再直走約1分鐘的第二個巷口右轉，再直走一下即到	(051)466-2112

※以上資訊若有異動，依當地最新公布為準，前往時請務必再次確認。

印象 ⬤ 5

體驗在地人生活

隨處可見明星代言咖啡店

韓國人很愛喝咖啡，飯後、下午茶、接待客人、在路邊等人都要喝咖啡，連登山時帶的熱水壺，都是為了要沖咖啡，路邊咖啡店的密集度可比便利商店，各連鎖店家也爭相邀請明星代言，或結合韓劇拍攝場景，希望在韓國這競爭激烈的咖啡市場中贏得消費者的青睞。

韓國品牌連鎖咖啡店

Angel-in-us coffee

店名意指「天使在我們的心裡」，有咖啡是神透過天使傳達給人們的禮物的涵義，由Lotteria公司經營的連鎖品牌，全韓國分店眾多，釜山的大街小巷、鬧區僻境都可看到可愛小天使的身

圖片提供／Joey Yao

影；店內猶如神殿般典雅的風格，在此品嘗口感柔順濃醇的咖啡，搭配上各種美味的餐點，是我最喜歡和朋友聚會聊天的咖啡店之一。

DATA
網址：www.angelinus.co.kr(韓)

TOM N TOMS COFFEE

韓國最早自有烘焙工廠的咖啡連鎖店，店內以大幅的鏡子和落地窗為牆面，使整體感覺更為寬敞明亮，藉以傳達清新的理念，原木色系的桌椅和裝潢，營造出親切感，除了咖啡和蛋糕甜點外，店內現點現烤的披薩麵包，雖然要等約10～15分，但新鮮出爐的溫暖口感，牢牢抓住我這挑剔的味蕾！

DATA
網址：www.tomntoms.com(韓、中、英)

62

HOLLYS COFFEE

招牌上的皇冠有神聖和高貴的涵義，使用在韓國國內烘烤的咖啡豆，希望提供顧客高貴但不貴的享受，除了香醇咖啡和夏季水果冰沙外，現烤或加熱的甜點麵包，搭配鮮奶油一口吃下，幸福的滿足就是如此。(釜山分店不多，建議前往南浦洞光復路和迎月嶺的分店)

DATA
網址：www.hollys.co.kr(韓、英)

A TWOSOME PLACE

店名來自「一杯咖啡」(A Cup of coffee)、「我們倆」(Two of us)、「不一樣的甜點」(Some dessert)和「幸福的空間」(Place)，由韓國CJ食品集團經營，店內以紅色系裝潢為主軸，搭配明亮的木質桌椅，營造出發自於內心、最真誠的幸福滋味，口味香醇的黑咖啡，加上專業烘培等級的美味甜品和人氣點心馬卡龍，是我想吃甜點、享受滿足感時的選擇之一。(釜山分店不多，建議前往西面商圈、海雲臺和迎月嶺等分店)

DATA
網址：www.twosome.co.kr(韓)

COFFINE GRUNARU

店名來自於咖啡(COFFEE)與酒(WINE)的結合，是韓國第一家結合咖啡與紅酒的連鎖店，以象徵美酒的紫色系為裝潢主軸，除了美酒加咖啡，招牌的厚片吐司，無論是淋上蜂蜜，或是擠上飽滿的鮮奶油，都是在寶石般的紫色夢幻中，輕鬆度過午後時光的最佳良伴。(釜山分店不多，建議前往南浦洞光復路、西面商圈、海雲臺和迎月嶺等分店)

DATA
網址：www.coffine.co.kr(韓)

Caffé bene

由韓國知名的iHQ經紀公司經營，店內整
體原木色系的裝潢風格，顯現出自然和
悠閒的文化，除了香醇的咖啡，以
天然水果製成的冰品甜點，和自家
公司的明星代言，都是吸
引粉絲朝聖的關鍵。

DATA
網址：www.caffebene.
co.kr(韓、中、英、日)

國際品牌連鎖咖啡店

Coffee Bean & Tea Leaf

於美國洛杉磯起家，店如其名的風格，
將香醇咖啡和散發出自然香氣的各國茶
飲結合，雖然價格稍貴，但有一定品質，原木色
系的裝潢風格，搭配咖啡和茶葉香氣，猶如沐浴在
充滿芬多精的大自然，讓緊湊的旅遊行程可以暫時得到
放鬆。(釜山分店不多，建議前往南浦洞光復路分店)

DATA
網址：www.coffeebeankorea.com(韓)

實用韓文

韓文裡的咖啡類餐點，大多是使用從英文音譯的外來語，因此在韓國的咖啡
廳裡，建議可使用簡單的英文點餐喔！

請問有賣＿＿＿嗎？		여기 ＿＿＿ 팔아요？			
飲料可以換成大杯的嗎？		음료수를 라지로 바꿀 수 있어요？			
可以續杯嗎？		리필 돼요？			
請幫我去掉＿＿＿。		＿＿＿빼고 주세요.			
少放點＿＿＿。		＿＿＿ 조금만 넣어 주세요.			
多加點＿＿＿。		＿＿＿ 좀 더 주세요.			
冰塊	얼음	糖	설탕	牛奶	우유

STARBUCKS COFFEE

全球知名連鎖咖啡店，除了在世界各分店都有的咖啡口味外，韓國的豆乳也成為伴隨咖啡、增添口感的選項，店內亦有販售如貝果、蛋糕和三明治等的餐點，此外，在不同國家城市銷售的當地特有「城市杯」，也是星巴克迷們必定造訪的特色焦點。

DATA
網址：www.istarbucks.co.kr(韓)

憑券免費喝咖啡

在韓國的星巴克購買「隨行杯」(馬克杯無)，會給一張感熱紙兌換券，憑券在有效期限內，可於韓國的星巴克分店，免費兌換任一杯不限金額的咖啡。

CAFÉ PASCUCCI

義大利連鎖品牌，承襲傳統技術，結合以紅、黑和亮面為主的裝潢風格，盛裝著義大利的原味咖啡，搭配上義式風格餐點，可以很傳統，也可以很現代。(釜山分店不多，建議前往南浦洞光復路、廣安里、迎月嶺等分店)

DATA
網址：www.caffe-pascucci.co.kr(韓)

店家請你喝咖啡

「飯後來一杯」是很多韓國人的習慣，因此在韓國的餐廳裡，常可看到這樣的咖啡機，機器上方數字代表金額，如果顯示3個零，就可以免費喝咖啡啦！按下按鈕後，機器裡會掉出紙杯來接咖啡，這免費咖啡有很多還真的是挺好喝的呢！

WiFi密碼就在你手邊

韓國大部分咖啡店會有免費無線網路，密碼通常會出現在菜單、取餐牌或是收據上，遊客常去的鬧區，亦有機會連到免費的無線網路喔！

蒸氣房是韓國人消除疲勞、休息放鬆和打發時間的熱門選擇，爽快的洗個澡後，享受如泡湯、蒸氣烤箱、搓澡、坐浴和全身按摩等多樣設施服務，藉以打通氣血，達到美容保養的功效；其中我最喜歡搓澡，如到魚鱗般的全身去角質，搓下驚人汗垢，感覺身體瞬間變輕盈了呢！此外蒸氣房內還有睡眠室、餐廳、網咖、健身房、兒童遊戲室、電影放映室和美容室等設備，即使待一整天也不會無聊喔！

到蒸氣房放鬆解除疲憊吧

蒸氣房內的相關消費

一般蒸氣房入場費約1萬～1萬4千W，可使用12～24小時不等，若只使用三溫暖(洗澡)為6～8千W，搓澡按摩依據內容不同約2～6萬W，其餘坐浴、指甲美容等約1～2萬W；部分店家使用感應式的鑰匙，場內所有消費會記帳在鑰匙內，於離場時再次結帳。

蒸氣房大不同

汗蒸幕(한증막)

韓國傳統的汗蒸幕，是經由燃燒松木，讓火窯內保持攝氏70度以上高溫，熱氣使身體加速排汗、提高新陳代謝，藉以排出體內毒素；入內需藉由覆蓋或墊鋪麻布防止燙傷，並且勿攜入3C產品和易燃的報章雜誌。

各種溫度的汗蒸幕

蒸氣房(찜질방)

蒸氣房大廳有不同樣式、溫度和效果的土窯，如水晶窯、粗鹽窯、黃土窯、寶石房和溫度零下的冰房等，還有休息室等休閒放鬆的設施，亦有提供墊子和枕頭的休憩空間，部分也有男女分開的睡眠室。

溫度零下的冰房

各種溫度功能的水晶窯和寶石房

韓式三溫暖(사우나)

男女分開的韓式三溫暖，有淋浴、烤箱、蒸氣室和搓澡按摩(另付費)，只使用三溫暖會提供毛巾但沒有衣服，入場價格也較便宜。

更衣室裡的商品櫃檯，有販售各種沐浴相關的用品

蒸氣房的餐點小吃

煮泡麵(라면)

湯餃定食(만두국정식)

紅豆冰(팥빙수)

柿子醋(감식초)

泡麵湯餃(라면만두)

海帶湯定食(미역국정식)

甜米露(식혜)

果汁(생과일쥬스)，較常見的口味是草莓(딸기)、奇異果(키위)、蕃茄(토마토)等

冰咖啡(아이스 커피)

梅實汁(매실)

汗蒸幕蛋(훈제란)

大醬鍋定食(된장찌개정식)

使用蒸氣房Step by Step

各家蒸氣房的使用過程大致上都相似,少部分偶有差異,但不會相差太多,無須太過擔心!

Step 1 在櫃檯付費,領取鑰匙、毛巾(通常每人兩條)和蒸氣服(찜질복),之後在入口處附近找到和鑰匙上號碼相同的鞋櫃擺鞋子。

請往男湯 (남탕)　　　　　請往女湯(여탕)

Step 2 前往男女分開的更衣室和浴室,通常都會有明顯的圖案、標誌或文字,可以分得出來該往哪邊走。

Step 3 到更衣室裡找和鑰匙上相同號碼的置物櫃(開關不限次數)放個人物品,之後前往旁邊的浴室洗澡。

Step 4 沐浴設備多為大眾一起的淋浴,請先洗澡之後,再使用泡湯和蒸氣室等設備,也可以選擇付費按摩、全身去角質或藥草坐浴蒸氣等項目。(除非要使用泡湯或蒸氣室,不然也可以離場前再洗澡,次數上沒有限制)

蒸氣房內販賣部

Step 5 換上蒸氣房提供的衣服,前往男女共用的大廳休息,可以使用各種溫度和功能的蒸氣房土窯設備,也可以前往販賣部(매점)或餐廳(식당),購買甜米露、汗蒸幕蛋來補充水分和蛋白質,或是在此用餐。

Step 6 在大廳內休息或過夜之後,回到更衣室換回自己的衣服,並拿取私人物品和鞋子,離開時將鑰匙還給櫃檯的服務人員。

貼心小叮嚀

使用蒸氣房注意事項

需自備的物品:
浴室裡通常會有肥皂和牙膏,建議可攜帶慣用的小包裝沐浴用品,也可在更衣室的櫃檯購買。

鑰匙和貴重物品:
可將置物櫃鑰匙套在手腕、腳踝或綁在頭髮上,若遺失務必立刻通知服務人員!特殊貴重財物建議詢問入口櫃檯是否可另外保管。

注意身體狀況:
常有溫差過大的情況,患有心臟病、高低血壓和飲酒後等需謹慎使用,一般人也請隨時注意身體狀況。

浴室的清掃時間:
通常會在深夜1～5點的冷門時段,安排男性職員打掃浴室和刷洗泡湯池,此段時間可能無法洗澡泡湯。

實用韓文

T恤	티셔츠	搓澡	때밀이	墊子	매트
短褲	반바지	黃瓜搓澡	오이 때밀이	枕頭	베개
毛巾	수건	油壓按摩	오일 마사지	毯子	담요
鑰匙	열쇠	維他命按摩	비타민 마사지	睡眠室	수면실
鞋櫃	신발장	精油按摩	아로마 마사지	坐浴	좌욕
置物櫃	보관함	特別精油按摩	스페샬 아로마	美容室	미용실
廁所	화장실	頭皮按摩	두피 마사지	指甲美容	네일아트
浴室	옥실	搓澡布	때밀이 수건	網咖	PC방
男子	남자	肥皂	비누	按摩室	마사지실
女子	여자	牙膏	치약	電影欣賞室	영화감상실

實用韓文

可以幫我保管　　　嗎？	을 좀 보관해 주실 수 있어요？
請問清掃時間是幾點到幾點呢？	청소시간이 몇시부터 몇시까지예요？
我要做這個項目。(指價目表)	저는 이것으로 해 주세요.
請輕一點。	살살 해주세요.
請大力一點。	세게 해주세요.
這裡要加強。	여기는 세게 해주세요.
很癢。	너무 간지러워요.
請翻身躺下。	돌아누워 주세요.
請翻身側躺。	옆으로 누우세요.

實用韓文

冷飲	시원한음료	生薑茶	생강차	拌飯	비빔밥
熱飲	뜨거운음료	紅棗茶	대추차	泡菜鍋	김치찌개
甜米露	식혜	柚子茶	유자차	嫩豆腐鍋	순두부찌개
柿子醋	감식초	紅豆冰	팥빙수	煎餃	군만두
梅實汁	매실	汗蒸幕蛋	훈제란	刀切麵	칼국수
石榴汁	석류	杯裝泡麵	컵라면	辣牛肉湯	육개장
綠茶	녹차	煮泡麵	라면	水冷麵	물냉면
咖啡	커피	年糕泡麵	떡라면	拌冷麵(辣)	비빔냉면
草莓果汁	딸기 쥬스	湯餃定食	만두국정식	冰豆汁麵	냉콩국수
奇異果汁	키위 쥬스	大醬鍋定食	된장찌개정식	辣炒年糕	떡볶이

夜生活酒類介紹

釜山的廣安里海邊和地鐵慶星大、釜慶大站的周邊，聚集了各式各樣的酒吧夜店，無論是調酒、啤酒或韓國傳統酒，和三五好友把酒言歡、欣賞球賽，可以體驗韓國的年輕夜店文化。

酒壺馬格利

BEER

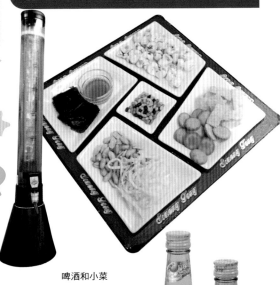

啤酒和小菜

這是酒嗎？傻傻分不清楚！

是的，這些都是「酒」喔！從柚子、水蜜桃燒酒開始，近一、兩年韓國陸續出現許多水果味燒酒、氣泡酒，除了綠色玻璃瓶是燒酒代表外，其餘包裝可愛的酒類，常會被誤認為是果汁汽水，最容易的分辨方式，就是酒類瓶身上會註明「ALC」酒精濃度；相較於同類酒品，水果酒酒精濃度較低、較好入口，來韓國旅遊時，不妨嘗試看看囉！

燒酒&馬格利

燒酒和馬格利酒(韓式濁米酒)在韓國的地位，足以堪稱國民酒品，是大部分餐廳、小吃攤和居家必備的主角之一，有些品牌是全韓國都可以買到，但也有所謂的在地品牌，外地是買不到的喔！

金井山城馬格利(금정산성 막걸리)

酒名含意：釜山東萊地區的在地馬格利酒
酒精濃度：8度
特色：使用天然成分和百年傳統工法釀造

釜山北邊的金井山城村，幾百年來利用金井山的地下水和手工製作的酒麴，釀造自然發酵、口感清爽的山城特有馬格利酒，沒有大量生產，釜山也只有在金井區(地鐵溫泉場站附近等)的商家買得到，是釜山其他地區也沒有的特產酒！

燒酒

C1(시 원)

酒名含意：Clean No.1，世界上最純淨的燒酒
酒精濃度：19度
特色：添加海洋深層水礦物質，利用音響震動工法，在熟成時要聽古典音樂的純淨燒酒

和韓星崔始源的韓文名字相同，是釜山地區的老牌燒酒，酒精濃度較高，受到中年以上客群的歡迎。

生濁(생탁)

酒名含意：新鮮的濁酒
酒精濃度：6度
特色：使用乾淨天然的深層水和累積多年的專有技術釀造

釜山在地生產的韓式濁米酒，用韓國國產米和高級酵母，經過長時間的發酵製成，喝起來順口不乾澀，保持新鮮的品質，需存放在10度左右的低溫環境，最好的賞味期限也只有10天喔！

燒酒

好日子(좋은데이)

酒名含意：GOOD DAY，遇到好人、好天氣、好的燒酒和好的每一天
酒精濃度：16.9度
特色：使用韓國南部智異山的深層山泉水製作的順口燒酒，貫徹乾淨清潔的品牌理念

釜山所在的慶尚南道的地區特有品牌，是韓國最早問世的16.9度燒酒，品牌理念希望不管是誰都可以沒有負擔、愉快地喝著燒酒，口感滑順不會有太大的刺激感，近來受到釜山年輕人的歡迎。

燒酒

愉快耶(즐거워예)

酒名含意：愉快(즐겁다)+耶(예)
酒精濃度：16.2度
特色：添加植物性的天然調味料番茄素，利用奈米科技工法，製作出純淨的燒酒

和C1燒酒同公司的新品牌，酒精濃度較C1低，口感比起一般的燒酒更順口，受到年輕女性們的歡迎。

釜山
地鐵快易通

地鐵是外國人去到一個陌
生的國家城市時，最方便上手且價
格不會太高的交通方式，即使不會當地的
語言也沒關係，可以依循著鐵軌路線的脈絡，
悠遊於陌生的環境中，而不用過於擔心會迷路；
釜山地鐵的優點，在於涵蓋的範圍完整，可以帶
著大家遊覽釜山的各處景點，無論是吃喝玩買或
歷史文化，都有地鐵替你串接起來，並且釜山
的地鐵不會過於複雜，讓初次來到韓國的
人，也可以輕鬆無負擔地展開在釜
山的自由旅程。

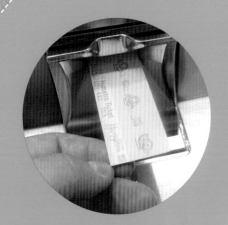

釜山地鐵系統

釜山的都市鐵道(도시철도)，就是所謂的地鐵(以下簡稱)，目前有4條地鐵和1條釜山金海輕軌電鐵營運中，使釜山市區和金海機場、金海市區間的交通方式有多元選擇，搭地鐵旅遊的好處就在於，即使完全不會韓文，也可以輕鬆玩遍釜山！(地鐵路線圖請看本書封底內)

http 釜山交通公社：www.humetro.busan.kr(韓、中、英、日)

http 釜山金海輕軌電鐵：www.bglrt.com(韓、英)

i 預計2016年11月，會新開通連接地鐵的「東海線」電鐵，屆時可通過轉乘，前往(新)海雲臺、松亭、機張等火車站和周邊景點。

釜山地鐵1～4號線

1、2號線歷史較久，電梯和手扶梯數量偏少，不建議攜帶過大過重的行李搭乘；地鐵車票主要使用的為單程票、1日票和交通卡(前兩樣為紙票)，前往某個地鐵站，距離在10公里內為1區間，超過則為2區間。

釜山地鐵1～4號線票價

類別	票價(大人基準)		備註
	單程票	交通卡	
1區間	1,300₩	1,200₩	10公里內
2區間	1,500₩	1,400₩	10公里以上
1日票	每張 4,500₩	＊購買當天不限次數使用 ＊不可搭乘公車和電鐵	

釜山地鐵1日票

購買當天可不限次數搭乘釜山地鐵1～4號線(電鐵和公車不可)，當天要搭地鐵4次以上就建議使用，購買方式請見P.78，建議勿和手機信用卡等緊靠放置、避免消磁。

1日票(1일권)

釜山金海輕軌電鐵 (부산김해경전철)

連接機場和市區，高架列車行駛，有便利的手扶梯和電梯，雖然與地鐵單程票不通用，轉乘須先出站再進站，但可用交通卡轉乘取得優惠；電鐵單程票(圓形)需回收，請於出站後投放在刷票口前的透明箱子內。

電鐵外觀照

釜山金海輕軌電鐵票價(大人基準)

種類	1區間		2區間	
	單程票	交通卡	單程票	交通卡
票價	1,300₩	1,200₩	1,500₩	1,400₩

釜山地鐵和電鐵的換乘

　　釜山的地鐵和電鐵間，可從227沙上或317大渚站換乘，須先出站後再進站，其中317大渚站為3號線起點，轉乘位置距離較近，就在樓上樓下、有電梯連接，可避開人潮較多的西面和沙上站，雖然要多坐幾站，但較節省力氣，建議可走此路線；於沙上站轉乘時，中間需步行約5～10分鐘的連接通道。

東海線電鐵
(동해선전철)

　　2016年11月預計新開通釜田～日光的東海線電鐵，和原火車路線並行，優點：通車後到機張地區交通更方便；詳細通車情況請參閱作者FB粉絲團。(粉絲團網址請看P.4作者序)

地鐵轉乘站：巨堤(3號線)、教育大學(1號線)、BEXCO(地鐵205市立美術館站)。

火車轉乘站：釜田、Centum(和火車水營站同站)、海雲臺、松亭、機張等。

東海線電鐵票價(大人基準)

種類	1區間		2區間	
	單程票	交通卡	單程票	交通卡
票價	1,200₩	1,100₩	1,400₩	1,300₩

電鐵、火車轉乘提醒

　　因系統不同，在兩者之間換乘時，要留意交通卡的刷進刷出；換乘火車須先購票後再上車，於車上補票時會加收費用(可參考P.27說明)。

交通卡(교통카드)

　　為整合韓國各地交通費的支付功能，從2014年6月21日起，各種交通卡逐漸轉換為全國通用(전국호환)、具有「OneCard All Pass」標誌的新卡，主要有首爾的「T-money」卡和釜山的「cash bee」卡，搭乘釜山地鐵、電鐵和市內公車皆可使用，若無特殊需求，以上兩種卡片擇一即可。(註：轉換前舊卡可使用到2017年底)

T-money交通卡

　　原是首爾地區的交通卡，使用範圍已擴及全韓國大多數地區，除了搭乘交通工具，在很多商店、販賣機等可小額付費，在釜山的便利商店可以購買和儲值，一般基本卡每張2,500₩起，亦可於釜山各地鐵站內的機器儲值和查詢餘額，使用上相當方便。

🔗 www.t-money.co.kr(韓)

cash bee交通卡

　　原是釜山地區的交通卡，可在地鐵站、便利商店購買和儲值，一般基本卡每張2,500₩起(地鐵站內只有手機吊飾空卡6,000₩)，逐步可於全韓國各地區使用，亦可在很多商店、販賣機等小額付費；使用方式(含購買、儲值)和T-money卡大致相同。

🔗 www.cashbee.co.kr(韓)

←新版T-money交通卡的一般基本卡(空卡每張售價2,500₩)

←有提供購買、儲值T-money卡服務的店家標誌

←新版cash bee交通卡的一般基本卡(空卡每張售價2,500₩)

←有提供購買、儲值cash bee卡服務的店家標誌

釜山交通卡的銷售與儲值(T：T-money卡、C：cash bee卡)

店家	銷售	儲值	使用範圍
GS 25便利商店	T卡、C卡		搭乘釜山的地鐵、電鐵和市內公車，部分商家、販賣機小額付費
CU便利商店			
7-11便利商店	C卡	T卡、C卡	
其他超商、雜貨店	T卡、C卡		
釜山地鐵、電鐵站	只有地鐵站內銷售C卡的手機吊飾卡	T卡、C卡	

製表：Helena

小孩、青少年交通卡優惠登錄(어린이／청소년 할인등록)

於地鐵站、便利商店購買交通卡後，向服務人員要求登錄使用者的出生年月日(생년월일)，即可使用交通卡的優惠票價，部分便利商店可能因電腦連線問題無法提供登錄服務，購買前可先確認。

如何退還餘額

交通卡餘額未滿2萬₩，可於便利商店辦理退款，但需扣除500₩的手續費，購卡費用不退，卡片可自己保留，日後繼續使用；若餘額超過2萬₩，需寄回該卡片的總公司辦理，較不方便，因此不建議儲值過多金額。

實用韓文

請幫我儲值。	충전해 주세요.
請幫我退款。	환불 부탁드려요.
請把交通卡還給我。	교통카드를 되돌려 주세요.

換乘優惠

使用交通卡搭乘釜山的地鐵、電鐵和公車，下車後的30分鐘內，換乘相同或不同種類的交通工具，可享票價折扣優惠，可換乘兩次(一共乘坐3次)；同樣號線之間的車站和同一路線公車之間的換乘不能享有優惠。

🇰🇷 搭地鐵撇步

釜山的地鐵路線雖不算太多，但大部分的景點都可以搭乘地鐵前往，不會韓文也沒問題，只要掌握幾個小訣竅，一樣可以搭地鐵暢遊釜山。

有顏色、數字、漢字可辨識

釜山的每條地鐵路線都有代表的顏色，每個地鐵站也都有專屬的站編號，而且很多地方都有漢字可辨識，例如225周禮站：

綠色：為地鐵2號線的代表色

站編號「225」，第1碼為地鐵路線編號，後2碼為該站編號

漢字標示：地鐵站的各處標示上，大部分都有漢字可供辨識

刷卡入站前確認方向

釜山部分地鐵站的上下行月台會分為兩邊，中間互不相通，如果走錯了，就要退出刷票口，從對向再進站一次，因此刷卡入站前，請先確認要前往的方向，刷票口上方的指示牌，會標示出該方向列車前往的終點站和較大站，也有漢字可以辨識。

轉乘和出口指標

地鐵站內有各種指標，指出轉乘或出口等方向，除了路線顏色的方向指示外，大部分都有漢字標示，依照指標走即可，無須太擔心迷路的問題。

往1號線

東萊／老圃站

1號線轉乘處

往1號出口

地鐵站月台上的標示，可從顏色、數字、漢字等辨識方向

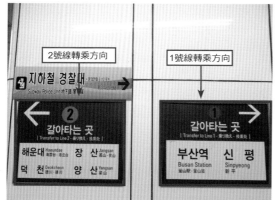

2號線轉乘方向

1號線轉乘方向

購票、儲值
Step by Step

　　釜山地鐵站內的購票、儲值機，雖然4號線、輕軌電鐵的系統介面，和較常使用的1～3號線略有差異，但因為都有中文版的介面，只要觸控「中文」按鍵即可切換，因此操作上並無太大的困難，以下介紹的是1～3線的操作系統。

售票機操作解說

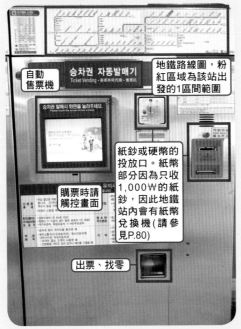

自動售票機

地鐵路線圖，粉紅區域為該站出發的1區間範圍

紙鈔或硬幣的投放口。紙幣部分因為只收1,000W的紙鈔，因此地鐵站內會有紙幣兌換機（請參見P.80）

購票時請觸控畫面

出票、找零

購票步驟

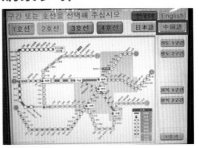

Step1 點右上角的「中國語」，切換至中文介面

Step2 點選要前往地鐵站的路線別或區域，或是右下角的「一日券」

買單程票

Step3 點選要前往的站名

車票類型 ： 單程 2區

選擇站名 ： 老圃洞

票數 ： 1 ₩1500

買一日票

車票類型 ： 1日券

有效期間 ： 2014.11.16

票數 ： 1 ₩4500

1日券当日可无限次搭乘地铁

Step3 選擇張數或投幣，之後取出車票和找回的零錢

Step4 選擇張數或投幣，之後取出車票和找回的零錢

交通卡儲值機操作解說

交通卡儲值機

儲值時請觸控畫面

交通卡放置處

紙鈔或硬幣的投放口

收據、退款

儲值步驟

Step1 點右下角的「中國語」，跳換至中文介面

Step2 點左下的「沖值卡」

Step3 把交通卡放在螢幕下方「CARD」的位置

Step4 選擇要儲值的金額，或是按「直接輸入」、「詳細查詢」
直接輸入：下個步驟輸入要儲值的金額
詳細查詢：查詢交通卡餘額等相關資訊

Step5 輸入要儲值的金額(以1,000W為單位)，然後按「OK」

Step6 投放入要儲值的金額(不找零，投放金額需和儲值金額相同)

Step7 儲值完成，若要收據請按「收據輸出」，之後取回交通卡和收據

紙幣兌換機操作解說

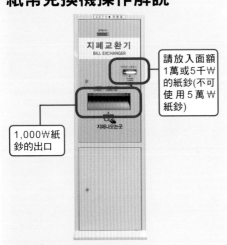

請放入面額
1萬或5千₩
的紙鈔(不可
使用5萬₩
紙鈔)

1,000₩紙
鈔的出口

在釜山搭地鐵
釜山地鐵刷票口

　　搭乘地鐵前，請先確認要前往的方向，之
後從刷票口入站，出站的操作方式和入站時
相同：

營運資訊

　　釜山各地鐵站的營運時間，大約是在
05:30～24:00，部分班次為區間運行，末班
車有可能會無法轉乘其他路線，若有特殊情
況須在較早或較晚的時間搭乘，建議事先查
詢當日車班狀況。

釜山交通公社：
http www.humetro.
busan.kr(韓、中、
英、日)

釜山地鐵站內的手機充電站

其他服務

**手機充電(휴대폰 충전)、蓋紀念印章(스탬
프)**：釜山地鐵站內提供手機充電的服務，並
設有各站的專屬紀念印章，使用位置通常在
該站的顧客服務中心內或附近。

化妝室(화장실)：大多設置在刷票口外，沒有
要搭地鐵時也可以使用。

紙票的出票處
(單程票出站
時會回收)

刷票卡成功、機器前方
亮燈後，即可通過刷票
口出入站

紙票的刷票處，將票放
入、刷票完成後，紙票
會從機器前方出來(單
程票出站時會回收)

交通卡的感應處

請走綠色指示的刷票口

釜山地鐵203海雲臺站的候車月台

注意事項

地鐵站的廁所：大部分都位於刷票口外，若有需要，刷票入站前先去趟廁所！

請禮讓博愛座：韓國是個敬老尊賢的國家，該文化反映在博愛座上，認為年輕力壯、好手好腳的人不應該坐博愛座，如果誤坐，是有可能當場被斥責，因此請盡量避免坐博愛座；除了在每節車廂的前後兩部分有設置博愛座外，中段也會有幾個座位設成博愛座，會有一般人可以理解的座位標示。

可以吃東西：釜山的地鐵內可以飲食，但建議以味道不太濃郁的點心、零食為主，避免帶進湯湯水水的食物。

車廂內叫賣、募款：在釜山的地鐵車廂上，可能會遇到叫賣或募款，若把商品或文宣發到手上，就先拿著，等對方發完後會再回來收，不用一開始就拒絕，是否購買或捐款也可隨意。

地鐵上叫賣的商人(圖片提供／Joey Yao)

釜山
地鐵分站導覽

釜山的地鐵路線雖然不算
太多，卻包含了大部分的重要區域
和景點，堪稱完備但不複雜，特別是對
於到釜山觀光的遊客來說，可以利用地鐵來
克服不會韓文的擔憂，輕鬆前往各個景點，其
中最常搭乘的是1號和2號線；1號線連結了釜山
的過去和現在，可以欣賞山城古蹟的歷史文化，
也可以深入年輕人聚集的熱鬧商圈，而2號線則
是以串聯釜山東海岸的各個海水浴場為主，
一望無際的大海，猶如藍色調的清新桃
花源，令人不自覺地放慢腳步，悠
閒地度過這美麗時光。

(圖片提供／Joey Yao)

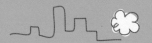

1號線　p.84
2號線　p.180
東海線　p.242

110 札嘎其站
자갈치역

有魚市場的新鮮海產，也有街坊巷弄的道地小吃，搭配上臨海港灣的美景、電影街商圈的熱鬧，一個站串聯了海洋和陸地精華，這就是札嘎其站的特色，和南浦洞光復路鬧區沒有明顯區別的界線，無論喜歡活跳海鮮或是熱鬧人群，在這裡都可以找到你所喜歡的旅遊樂趣。

釜山達人3大推薦地

遊客必訪
札嘎其市場

韓國規模最大的海鮮市場，無論是觀看熱絡的叫賣交易，或是在周邊的海鮮餐廳享受美味，都是最正港道地的釜山漁港風情。(見P.86)

Helena最愛
巨人炸雞

富平市場裡的炸雞老店，以十足分量和香脆口感著名，搭配清涼生啤酒，「雞+啤」就是要這樣吃最夠味。(見P.94)

在地人推薦
國際市場、阿里郎街

韓戰開始後興起的傳統市場，有小吃攤和銷售各種生活雜貨的商店，現在也有許多服飾特色小店和紀念品店。(見P.89)

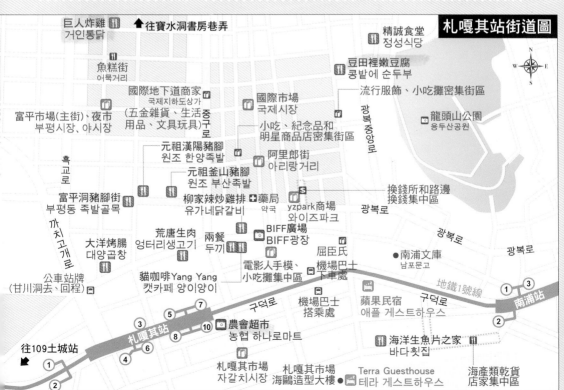

札嘎其站街道圖

巨人炸雞 거인통닭　往寶水洞書房巷弄
精誠食堂 정성식당
魚糕街 어묵거리
豆田裡嫩豆腐 콩밭에 순두부
國際地下道商家 국제지하상가 (五金雜貨、生活用品、文具玩具)
富平市場(主街)、夜市 부평시장、야시장
國際市場 국제시장
流行服飾、小吃攤密集街區
龍頭山公園 용두산공원
小吃、紀念品和明星商品店密集街區
광복중앙로
元祖漢陽豬腳 원조 한양족발
阿里郎街 아리랑거리
元祖釜山豬腳 원조 부산족발
柳家辣炒雞排 유가네닭갈비
藥局 약국
換錢所和路邊換錢集中區
富平洞豬腳街 부평동 족발골목
yzpark商場 와이즈파크
광복로
大洋烤腸 대양곱창
荒唐生肉 엉터리생고기
兩餐 두끼
BIFF廣場 BIFF광장
南浦文庫 남포문고
광복로
광복로
電影人手模、小吃攤集中區
屈臣氏
機場巴士下車處
공車站牌 (甘川洞去、回程)
貓咖啡Yang Yang 캣카페 양이양이
地鐵1號線
南浦站
機場巴士搭乘處
蘋果民宿 애플 게스트하우스
구덕로
구덕로
往109土城站
札嘎其站
農會超市 농협 하나로마트
札嘎其市場 자갈치시장
札嘎其市場 海鷗造型大樓
海洋生魚片之家 바다 횟집
Terra Guesthouse 테라 게스트하우스
海產類乾貨店家集中區

遊賞去處

韓國規模最大的海鮮市場

▌札嘎其市場
▌자갈치시장

札嘎其市場的周邊聚集很多海鮮餐廳(圖片提供／Joey Yao)

提到釜山的美味海鮮，必定會讓人聯想到韓國最大的海鮮市場：「札嘎其」。廣義的札嘎其市場由周邊多個海鮮市場組成，數量龐大的海產攤販自然不在話下，就連巷弄裡也都被海鮮餐廳的林立所蔓延，凌晨就開始的熱情活力，從早到晚都是如此的充盈豐沛，釜山的發展史，札嘎其市場既是見證，也是代表的一頁；海鷗造型的市場新大樓裡，1樓是海鮮攤販聚集的魚市場，購買魚貨後可直接到2樓找店家烹調享用，也可以直接前往用餐，頂樓的天空公園展望台，可以俯視釜山港邊的景色，別有一番特殊的海港風情。除了新穎的現代化建築，路邊的餐廳或小攤販也是很不錯的選擇，新鮮、實惠和種類多樣化，都是札嘎其吸引老饕的主因。

DATA

✉ 海鷗造型新大樓부산시 중구 자갈치해안로 52번지(남포동4가 37-1번지)　📞 (051)713-8000　🕐 05:00～22:00，每月最後一個週二公休　📶 無　➡ 地鐵110札嘎其站10號出口直走約3分鐘的路口右轉，再直走約3分鐘可到海鷗造型的市場新大樓，周邊為魚市場攤販集中區　🌐 www.jagalchimarket.or.kr(韓)　ℹ 若是購買海鮮後交由店家烹調，請注意食材是否有被掉包　🗺 P.85

圖片提供／Joey Yao

札嘎其市場的海鷗造型新大樓(圖片提供／Joey Yao)

海鷗造型的札嘎其魚市場新大樓

頂樓 天空公園展望台(하늘공원 전망대)

海鷗造型大樓的頂樓展望空間，可以欣賞釜山港周邊的景色。

DATA

✉ 請參考P.86札嘎其市場 🕐 09:00～18:00(天候不佳時除外) 💲 免費入場 📶 無 ➡ 請參考P.86札嘎其市場，搭乘電梯到7樓後，再走樓梯上頂樓

OASE海鮮吃到飽 (오아제 씨푸드 뷔페)

5F、6F 集合韓、中、日、西式等各種風格的多樣菜色，熱湯、涼菜和生魚片都是美味的好選擇，還有海鮮市場不可缺少的蒸螃蟹等海鮮料理，此外還有蛋糕、現烤麵包、水果、冰淇淋和研磨咖啡等的餐後甜點，雖然和現點現做的美食略有差異，但可以滿足喜歡不同口味的大眾需求。

DATA

✉ 請參考P.86札嘎其市場 📞 (051)248-7777 🕐 中餐12:00～14:30，晚餐18:00～21:00(假日17:30開始) 💲 午餐27,900₩、晚餐35,500₩，假日全日皆為38,500₩(酒類和部分餐點需另付費)，可刷卡 🅿 可 💺 西式座椅座位 📶 無 ➡ 請參考P.86札嘎其市場 🌐 www.oasebusan.co.kr(韓)

7F Terra Guesthouse (테라 게스트 하우스)

🌐 terraguesthouse.co.kr(韓、中、英、日)

4F 辦公室、韓式餐廳

1F 水產市場 (수산물 시장)

在此可選購各種時令海鮮。

2F 生魚片中心 (회센터)、乾魚貨(건어물)

在１樓選購海鮮後，可在2樓請店家料理後食用，或是也可以直接挑選餐廳用餐。

3F 萬金食堂(만금식당)、酵素蒸氣房(효소 찜질방)、練歌房(노래방)

萬金食堂：吃到飽的韓食小店，主要客群為魚市場的商家漁夫，每人餐費5,000₩，以白飯、湯和幾樣韓式小菜等為主，營業時間為08:00～15:30，每月第二、四個星期二公休。

酵素蒸氣房：以套裝的形式經營，有各種功能的泡湯等，入場費每人3萬₩，營業時間為08:00～20:00，每週一公休。

練歌房：10人以上的大型包廂，若有消費需求，請電洽店門口的服務電話，會有管理人員來開門營業。

釜山電影街代名詞

BIFF廣場
BIFF광장

BIFF廣場上的電影人手印

　　電影院密集的BIFF(Busan International Film Festival)廣場(舊稱PIFF)，是釜山國際電影節最早的舉行地，也是釜山最有名的電影街，據釜山人說，以前約會看電影，但沒特別說地點時，多半都是指這裡，可見這裡儼然成為釜山的電影街代名詞；廣場上保留著得獎者的紀念手模，如果再鋪上紅地毯，彷彿就來到了頒獎典禮的現場，現在大部分的電影節活動，轉移到海雲臺附近的「電影的殿堂」(P.220)舉行，雖然在電影節的時候，這裡不如以往熱鬧，但在平常的日子裡，搭配上南浦洞的各式小吃攤，BIFF廣場依然是釜山看電影的首選。

DATA

✉ 중구 남포동3가 일대　💲 韓國電影院的大人票價約10,000₩　📶 無　➡ 地鐵110札嘎其站7號出口直走約3分鐘，第二個路口左轉的巷弄內　🗺 P.85

豐富精采的傳統市場

富平市場
부평시장

　　韓戰時為了抒解困苦的生活，有些人開始走私美軍軍用品，拿到富平市場出售，因為大部分都是罐頭類物資，所以這裡又被稱為罐頭市場；現在除了韓式餐飲小吃店和釜山魚糕(P.50)街，以及販售蔬菜水果、服飾、化妝品和五金雜貨等之外，晚上的夜市攤位，有豐富的各國小吃美食和飾品，不斷求新求變，就是要讓老市場越來越精采。

DATA

✉ 부산시 중구 부평동2가　🕐 各店家不同，多集中在10:00～22:00；夜市攤位19:30～24:00　📶 無　➡ 地鐵110札嘎其站3號出口直走到路口，左轉後再直走約10分鐘的巷弄內　🗺 P.85

一應俱全的綜合市場

▌國際市場、阿里郎街
▌국제시장、아리랑거리

隨著19世紀末的開港，釜山逐漸成為大規模的商業都市，其中又以韓戰後的國際市場為代表，總是充斥著喧鬧的景象，當時包山包海的新品、中古品和走私品都交易熱絡；現在的國際市場，雖然風光不若當年，但在大型百貨公司和大賣場的競爭下，依然活耀於消費者的心中，除了品項眾多和價格便宜外，最重要的就是那份人情味，隨著時間流逝也不會輕易被取代，從生活用品、服飾玩具到小吃美食等應有盡有，雖然很難擺脫傳統市場稍嫌雜亂的感覺，但是一個城市最道

地的起點，不就是這裡嗎？

國際市場裡的阿里郎街，是韓式小吃攤販的集中區，在這裡也許沒有很好的用餐環境和品質，但卻有道地滿分的真實感受，也有多家販售韓國明星商品和傳統伴手禮、小飾品的紀念品店，喜歡的人可以來此選購，但請記得詢問是否可便宜一些喔！

DATA

✉ 阿里郎街부산시 중구 광복로35번길(창선동 2가)
🕐 各店家不同，中午過後較為熱鬧　💲 血腸、辣炒年糕每份3,000W，攤販以現金交易為主，店面大多可刷卡　💳 可　📶 無　➡ 地鐵110札嘎其站7號出口直走過馬路後左轉，再直走約5分鐘的路口過馬路後右轉，再直走約2分鐘的巷弄內(巷口為藥局和咖啡店)，即達阿里郎街，周邊範圍是國際市場　🗺 P.85

↓紅豆粥

↑偶像周邊商品店
←↖國際市場內的小吃攤
↓國際市場裡紅豆冰、紅豆粥聚集的巷弄

懷舊書香的活字記憶

▌寶水洞書房巷弄
▌보수동책방골목

　　韓戰後的釜山，為了經濟的復甦和難民的生活，開始發展各種產業，出版就是其中的一種，於是國際市場附近的寶水洞，逐漸成為釜山有名的圖書街，和中央洞40階梯周邊一起形成當時重要的商圈之一；但隨著時代的變遷，有規畫、逛起來更方便舒適的大型書店逐漸成為市場的主流，可是說到尋寶的趣味，舊書店的魅力還是略勝一籌，現在的寶水洞書房巷弄裡，從幾十年前的絕版書，到最新的流行雜誌，堆疊了成千上萬的書冊，也累積了文辭風采的回憶，看不懂韓文沒關係，揮汗如雨地翻找也是樂趣，老書的懷舊感是通用的語言，塵封已久是延續的感覺，還有外文書和流行明星的加持，讓舊書街雖然摻雜著時光流逝的斑駁，但卻和世界緊密地接軌。

　　為了保有記憶歷史的復古風情，解開被封存的活字記憶，於是舊中求新，經由廣告創意的生命力，希望可以吸引年輕人的參與，在書房巷弄的文化館內，也舉辦各式各樣的文化交流活動，展出珍貴的史料照片，刻畫文化的痕跡，散發懷舊的香氣。

DATA

✉ 부산시 중구 보수동1가 ☎ 書房巷弄文化館(051)743-7650 🕐 09:00～21:00(各店家不同) WIFI 無 ➡ ❶地鐵110札嘎其站3號出口前巷口左轉直走約10分鐘，過大馬路的巷弄內 ❷地鐵112中央站7號出口直走約12分鐘的右側巷弄內 ❸地鐵109土城站1號出口直走約3分鐘的路口，過馬路後右轉，再直走約10分鐘的左側巷弄內 http www.bosubook.com(韓) MAP P.85、P.97

寶水洞書房巷弄的入口

南浦、札嘎其周邊順遊

松島海水浴場(송도해수욕장)
雲彩散步路(구름산책로)

位於韓國首座海水浴場「松島」、總長365公尺的雲彩海上散步路，就像飄舞在蔚藍地毯上的天使翅膀，透明地板可看到海面，除了挑戰膽量，也更有親近海洋的感覺。「松島」名稱來自於海水浴場旁龜島上的松樹，於1913年啟用，是韓國最早、擁有百年歷史的海水浴場；海中的造型裝置、復刻版跳水臺，以及相較海雲臺沒有過多人潮，搭配最新開放的海上散步路，都是此處的迷人特色。

DATA

✉ 부산시 서구 암남동　📞 (051)240-4000
🕐 雲彩散步路06:00～23:00　💲 免費　📶 無
➡ 南浦洞、札嘎其搭公車，約10分在岩南洞住民中心(암남동주민센터)下車，過馬路從對面派出所旁巷子步行約3分到海邊，往左即可

看到雲彩散步路；若搭到松島海水浴場站才下車，往左前對面走到海邊，左轉沿海走約10分亦可到雲彩散步路　❶地鐵111南浦站：8號出口前站牌，搭6、30、71號公車；1號出口直走約2分站牌，搭26、30、71號公車　❷地鐵110札嘎其站：7號出口直走約4分站牌，搭6號公車　❸從南浦、札嘎其搭計程車前往，車程約12分、車費約4,000₩　🌐 songdo.bsseogu.go.kr(韓)　🗺 封面裡

特色美食 🍸

綜合海鮮的大滿足

▌海洋生魚片之家
▌바다횟집

　　札嘎其市場的街邊巷弄裡，聚集著難以計數的海鮮餐廳，店門口擺放著各種活跳跳的生猛海鮮，大多以時價為主，建議可多比價、適度地殺價後再做選擇；「海洋生魚片之家」在魚市場裡有自己的攤位，因此有較完善的海鮮保存設備，並且店家會告知當天海鮮的狀況，不會強迫推銷狀況不好的海鮮，推薦給一次想吃到各類海鮮的老饕們！

圖片提供／Joey Yao

圖片提供／Joey Yao

DATA

✉ 부산시 중구 자갈치해안로 55-1번지(남포동4가 38-1번지)　📞 (051)245-1693、(010)6233-4236　🕐 09:30~23:30，最後點餐23:00　💲 綜合生魚片(小)50,000₩，烤鮮貝40,000₩，烤鰻魚40,000₩，此外多以時價為主，建議直接詢問業者，可刷卡　🅿 可　🪑 西式座椅和韓式地板座位　WIFI 無　➡ 請參考P.86札嘎其市場，海鷗造型建築物的6、7號出入口中間對面　MAP P.85

釜山哪裡吃海鮮

綜合海鮮VS.帝王蟹

釜山有很多可以吃海鮮的地方，如札嘎其、廣安里和海雲臺等以綜合海鮮為主，有各類海產可以選擇，而離市區較遠的機張市場(P.255)，是帝王蟹、大蟹等的主要產地或進口港，因此以螃蟹為主；因氣候的關係，釜山的帝王蟹只有4~5月以韓國產的為主，其他月分則是同一海域的俄羅斯產，螃蟹以外的其餘海產則多以韓國產的為主。一般來說機張市場的價位，會比札嘎其市場便宜約4~6成左右，2014年秋季的帝王蟹、大蟹參考價格，札嘎其市場、廣安里(P.222)餐廳每公斤約70,000~80,000₩，機張市場每公斤約50,000₩。

兩餐醬	두끼
宮中醬	궁중
辣年糕醬	떡모
炸醬／春醬	짜장／춘장
咖哩醬	카레
火花醬	불꽃
雪花起司	눈꽃치즈
沾起司	퐁듀치즈
請幫我換鍋子、湯匙。	솥、국자 바꿔주세요.

豐富年糕鍋吃到飽

▌兩餐 釜山南浦洞店
▌두끼 부산남포동점

店名「兩餐」是希望客人來用餐一次，能有兩餐的飽足感，最大特色就是提供6種年糕鍋醬料(餐牌上用辣椒圖案標示辣度)，可客製化混合搭配，不用擔心太辣吃不下去！先將長形鋼瓶裡的高湯倒入鍋裡加熱，之後用桌上的大碗、碟子到吧檯拿取醬料和食材烹煮，超過20種各式年糕配料和汽水都可重複取用吃到飽，

推薦加點起司一起吃更夠味，最後再來個韓國人常吃的餐後炒飯，感覺美味更完整喔！

DATA

✉ 부산시 중구 비프광장로 30번지 2층(남포동) ☎ (051)254-2217 ⏰ 11:00～22:00(最後點餐21:00)，用餐限時90分鐘 💲 吃到飽大人7,900₩、學生6,900₩、小孩3,900₩，加起司4,000₩；單包泡麵需另收費 🚫 不可 🪑 西式座椅座位 📶 無 ➡ 參考P.96貓咖啡，位於隔壁棟2樓 🌐 www.dookki.co.kr(韓) ℹ 起司有撒鍋雪花和圓盤沾的兩種，雪花請留意攪拌、避免乾鍋；食材酌量取用，剩餘過多須另收費 🗺 P.85

專門烤肉吃到飽

▌荒唐生肉 釜山南浦店
▌엉터리생고기 부산남포점

以往的韓國烤肉吃到飽，大多有包含其他餐點，近年陸續出現這種專門吃「肉」的店家；連鎖店荒唐生肉，以鮮生肉吃到飽為主打，肉品種類雖然不多，但肥瘦適中、不會

太過油膩，吃完後可拿著木盤再到櫃檯拿冷藏肉，其他小菜、大醬湯鍋亦採自助式取用，如果只想專心吃肉，這裡會是不錯的選擇。

DATA

✉ 부산시 중구 비프광장로 18(남포동) ☎ (051)256-3003 ⏰ 11:00～23:00，用餐時間平日不限、假日限時90分鐘 💲 吃到飽大人10,000₩(7歲以上)、小孩5,000₩，含大醬湯鍋；另外加點水冷麵(물냉면)、辣拌冷麵(비빔냉면)5,000₩、菇類(버섯모듬)2,000₩、蒸蛋(계란찜)2,000₩、白飯(공기밥)1,000₩，白飯同桌每人各點一碗可吃到飽 🚫 不可 🪑 西式座椅座位 📶 無 ➡ 地鐵110札嘎其站7號出口直走到路口左轉，直走約1分半的路口再左轉，直走1分內的左邊商場2樓 🌐 www.ungteori.com(韓) ℹ 食材酌量取用，剩餘過多須另收費 🗺 P.85

傳統市場的飄香好滋味

▌巨人炸雞
▌거인통닭

　　在富平市場裡已經3代的炸雞老店，就在店外現場製作的炸雞，雖然只有原味和調味(辣味)兩種可選擇，但仍然以分量十足的香脆口感吸引著顧客。炸雞趁熱吃最好，但放涼之後也還是很不錯，傍晚之後和假日生意很好，時常需要排隊；建議點原味、調味各半的組合，一次品嘗兩種不同口味，還有和炸雞最速配的清涼生啤酒，感覺這樣才最對味！

DATA

✉ 부산시 중구 중구로47번길 34번지(부평동2가 11-2번지)　☎ (051)246-6079　🕐 12:00～22:00，週日公休　💲 參考本頁菜單，可刷卡　🥡 可(最少需點1份)　🪑 西式座椅和韓式地板座位　📶 無　➡ 參考P.88富平市場，進市場後的第四個巷子右轉，走一下的左邊　ℹ 內用後打包請自助(走道旁有放袋子)

MAP P.85

巨人炸雞價目表

韓文	中文	價位
후라이드치킨	原味炸雞	16,000₩
양념치킨	調味炸雞(辣味)	17,000₩
치킨양념반반	原味、調味各半	17,000₩
통구이치킨	烤雞	16,000₩
생맥주	生啤酒	3,000～13,000₩

店家的營業內容，依當日實際情況為準。　　製表：Helena

爽口不油膩的美容聖品

▌富平洞豬腳街
▌부평동 족발골목

　　豬腳有豐富的膠質和膠原蛋白，可以減緩身體老化，另含鈣和鐵有助於生長發育和延緩骨質疏鬆，對於滋陰補血、養顏美容也有一定的效果，並且可以促進母乳分泌，改善婦女疾病，另有一說可清肺強肝，達到排毒的效果；在釜山富平周邊聚集了多家的豬腳專賣店，除了一般原味的豬腳外，用芥末調味的冷菜豬腳也是一絕，口味各有不同，有別於重口味的炭火烤肉，吃肉也可以清爽不油膩喔！

漢陽豬腳 VS.釜山豬腳

比較		漢陽豬腳	釜山豬腳
分量		勝	適中
原味豬腳 (족발)	價格(小)	30,000₩	30,000₩
	口味	較爽口	更入味
冷菜豬腳 (냉채족발)	價格(小)	30,000₩	30,000₩
	口味	芥末味適中／ 好入口	芥末味較濃／ 重口味

店家的營業內容，依當日實際情況為準。　　　　製表：Helena

元祖漢陽豬腳(원조 한양족발)

DATA

✉ 부산시 중구 광복로 13번지(부평동1가 35번지)　☎ (051)246-3039、(051)248-3039　🕐 10:00～23:00　💲 小份豬腳30,000₩，可刷卡　🪑 可　🏠 西式座椅和韓式地板座位　WIFI 無　➡ ❶地鐵110札嘎其站3號出口直走到路口，左轉後直走約10分鐘的路口斜對面 ❷地鐵111南浦站7號出口左轉，沿光復路直走約12分鐘的右側　MAP P.85

↑ 吃豬腳的時候，可以單吃，也可以生菜包肉的吃法

元祖釜山豬腳
(원조 부산족발)

DATA

✉ 부산시 중구 광복로 17-1번지(부평동1가 35-5번지)　☎ (051)245-5359、(051)246-0136　🕐 09:00～凌晨01:00　💲 小份豬腳30,000₩，可刷卡　🪑 可　🏠 西式座椅和韓式地板座位　WIFI 無　➡ ❶地鐵110札嘎其站3號出口直走到路口，過馬路後左轉直走約10分鐘，過馬路右轉後再直走約1分鐘 ❷地鐵111南浦站7號出口左轉，沿光復路直走約11分鐘的右側　MAP P.85

碳火飄香的在地風味

▌大洋烤腸
▌대양곱창

位於富平市場前的烤腸街，這裡的熱鬧從傍晚才開始；先碳烤好再上桌的香噴噴烤腸，無論是原味加蔥，或是調味加起司都好吃，我最喜歡路邊座位，和朋友一起喝著啤酒燒酒，韓味十足的在地體驗，記得烤腸吃到剩一半時要加點炒飯，做一個完美結尾。

烤腸街店家多有中文菜單，留意是豬或牛即可，大洋是烤腸街的元祖老店，正對面的海田(해전)烤腸味道也不錯，都推薦給大家囉！

實用韓文

豬	돼지	牛	소
原味	소금	半半	반반
調味	양념	起司	치즈
炒飯	볶음밥	白飯	공기밥
啤酒	맥주	燒酒	소주

DATA

✉ 부산시 중구 비프광장로 3(부평동) ☎ (051)243-5165 🕐 15:00～翌日03:00 💲 烤腸每份7,000～7,500₩，炒飯3,000₩，烤腸基本需點3份 🈂 可(但不建議) 🪑 西式座椅座位 📶 無 ➡ 地鐵110札嘎其站3號出口迴轉走到路口右轉，直走約1分路口右轉，走一下巷口左轉的右側 ℹ 起司烤腸是調味烤腸上加起司，建議原味、起司點「半半」(各半) 🗺 P.85

和貓兒共享愜意的幸福時光

▌貓咖啡Yang Yang
▌캣카페 양이양이

也許是魚多貓也多的關係吧，在釜山我常看到貓兒的身影，住過有養貓的民宿，去過有養貓的店家，還有在漁港邊悠閒散步的貓兒，但同時有幾十隻可愛貓咪的環繞，這還是第一次，也是最享受的時刻，無論是可愛親近人的貓咪，或是裝酷耍帥的貓咪，每一隻都吸引我按下快門，店家把環境維持得很乾淨，入場前還要消毒雙手，懷孕的母貓則另外有休息空間，相信這些貓咪都是生活在受寵的幸福空間裡。

DATA

✉ 부산시 중구 비프광장로 30-1번지4층(남포동5가 20-1번지) ☎ (051)244-0203、(010)4233-3515 🕐 11:00～22:00 💲 每人入場費7,000₩，可刷卡(每人附送一杯飲料) 🈂 可 🪑 西式座椅座位 📶 無 ➡ 地鐵110札嘎其站7號出口直走過馬路後，左轉直走約2分鐘的巷口右轉，再直走約1分鐘的右側4樓 @ emrkd3515@naver.com 🗺 P.85

Special Area

 韓戰壯烈的歷史痕跡

臨時首都紀念館
임시수도기념관

從1926年落成到韓戰爆發之前，這裡一直是慶尚南道最高長官的住所，後來釜山成為韓戰時的臨時首都，這裡改為總統的官邸，是韓國第一任總統李承晚和夫人的住所，同時也是辦公的場所，1984年臨時首都紀念館在此開館，主要展出韓戰時期的史料照片，之後經過修復整理的工程，以韓戰當時的室內陳列擺設，呈現出當時的氛圍，現在除了常設展出之外，不定期也會有藝文活動在此舉辦。

韓國第一任總統李承晚的人像

DATA

✉ 부산시 임시수도기념관로 45번지(부민동3가 22번지) ☎ (051)244-6345 ⏰ 09:00～18:00，1月1日和週一休館，若週一是法定假日，則次日 休館 💲 免費入場 📶 無 ➡ 地鐵109土城站2號出口直走約3分鐘的路口左轉，再直走約3分鐘上樓梯後的左斜前方 🌐 monument.busan.go.kr(韓、中、英、日、俄) 🗺 P.97

土城站街道圖

↑往108東大新站

🍴 我的家Mi casa

東亞大學富民校區
동아대학교 부민캠퍼스

臨時首都紀念館
임시수도기념관

寶水洞書房巷弄
보수동책방골목

國際市場
국제시장

구덕로

보수대로

대청로

보수
사거리

地鐵1號線

超級中心超市
슈퍼센터

我們字房
우리글방

중구로

釜山大學醫院
부산대학교병원

② ①

③

퍼산군내

흑교로

富平市場(主街)、夜市
부평시장、야시장

往甘川文化村
감천문화마을 방향

土城站

④

國際地下道商家
국제지하상가

阿里郎街
아리랑거리

까치고개로

⑥ ⑤

흑교

富平洞豬腳街
부평동 족발골목

公車站牌
(往甘川洞)

⑧ ⑦

까치고개로

부평
교차로

公車站牌
(甘川洞回程)

⑩
⑨

往110札嘎其站

甘川文化村的魚形指標，魚嘴指示著前進的方向(圖片提供／Joey Yao)

有聖托里尼美稱的村落

甘川文化村
감천문화마을

韓戰時大批難民湧入釜山，為解決居住問題，開始往丘陵地蓋房屋，階梯式的排列建築，以不遮擋到後面住戶為原則，甘川洞就是當時形成的韓國近代民族文化原型和傳統的村莊。

原本老舊平凡的甘川洞，在藝術團體推動下，透過「逐夢的釜山馬丘比丘」和「美路迷路巷弄計畫」，將斑駁空屋和矮弄窄巷改造成藝文空間，妝點上特色壁畫和藝術作品，並舉辦各種活動；天馬行空的多元創作，美麗迷人的散步道路，陡峭的樓梯看似難走，但卻能輕易地用雙眼擁抱碧海藍天。

在被稱為釜山聖托里尼的甘川洞，跟著魚形指標，漫步在交錯彎曲的小徑裡，層層而上的地勢，繞來迴去的巷弄，迷路在這裡是正常的，但收穫也會更多；文化村裡的景點裝飾會不定時更新，可以按圖索驥地尋寶蓋紀念章，也可以隨心所欲的跟著感覺走，欣賞歷史痕跡的黑白照片，或是現代印象的彩色創作，不設定、沒侷限，作自己旅行的主人。

DATA

✉ 부산시 사하구 감내2로 203(감천동) 📞 (051)204-1444 🕐 3～11月09:00～18:00，12～2月09:00～17:00 💲 導覽地圖2,000₩ ➡ 從地鐵站轉乘沙下(사하)1-1、西區(서구)2、西區(서구)2-2號公車，車程約5～10分，直接以甘川文化村詢問、下車即到，回程時沙下(사하)1-1公車是到地鐵106大峙、105槐亭站；從南浦洞周邊搭計程車往返，車程約12分、車費約4,500₩。去程：❶地鐵110札嘎其站3號出口往回走到路口右轉，再直走約1分的站牌 ❷地鐵109土城站6號出口直走到路口右轉，再直走約1分的站牌 回程：❶在去程下車處對向，搭公車回到地鐵站 ❷從甘川洞往山下方向走，可於公車總站搭17號公車，直接往札嘎其市場 🌐 www.gamcheon.or.kr(韓) 🗺 P.97、封面裡

→來到甘川文化村，可以拿著地圖尋寶，也可以隨意地散步、休息(圖片提供／Joey Yao)

集滿紀念章可換明信片喔

建議購買每份2,000₩的導覽地圖(有韓、中、英、日版可選)，在文化村裡9個景點(不定期會更換)蓋紀念章，完成後可兌換甘川文化村的明信片或免費印照片(限相機記憶卡、甘川文化村內拍的照片)。

圖片提供／Joey Yao

寄未來明信片

在文化村的「天空之脊展望臺」下方，可以寄送一年後(紅色郵筒)、即時(黃色郵筒)的明信片，蓋紀念章處可購買郵票，但寄國外的郵票(400₩)有時會售完，建議在入村口的雜貨店先購買。

訪客禮節

甘川洞是居民的實際生活空間，參觀時請降低說話音量、勿亂丟垃圾，並且不要拍攝侵害居民私生活的照片，美麗有趣的參觀景點，有賴大家一同維護喔！

1 號線

108 東大新站
동대신역

109 土城站
토성역

110 札嘎其站
자갈치역

111 南浦站
남포역

112 中央站
중앙역

113 釜山站
부산역

114 草梁站
초량역

BPA
KTX KORAIL

111 南浦站
남포역

南浦洞是個特色多變的區域，可以年輕有活力，也可以視野好寬廣，無論是可以盡情血拼的光復路時裝街，各種餐廳、服飾和彩妝保養品收獲滿滿，或是可以登高望遠的釜山塔，市中心的各角度景色和釜山港讓人心胸開闊，這裡都是不可錯過的地方；此外轉搭公車前往釜山南邊的影島，有別於沙灘的岩岸美景，視野遼闊的太宗臺、漫步悠閒的絕影海岸散步路和吸收海洋知識的國立海洋博物館，都是喜歡海洋的我，每次到釜山必定要排的行程。

龍頭山公園內的超大花時鐘和釜山塔

影島大橋(P.120)

釜山達人3大推薦地

遊客必訪
龍頭山公園、釜山塔

登上龍頭山公園內的釜山塔，可以眺望釜山市區的景色，這裡也是釜山居民喜歡的休閒運動公園，每年底也會在此舉辦跨年的慶祝活動。(見P.104)

Helena最愛
樂天百貨音樂噴泉、頂樓公園展望台

目前世界最大的室內音樂噴泉，搭配上繁忙都市裡的公園綠地和展望空間，讓百貨公司不再只是血拼逛街，也可以很悠閒自在。(見P.103)

在地人推薦
豆田裡嫩豆腐

口味道地、價格實惠的韓式吃到飽，雖然位於小巷弄裡的地下室，環境也不是太寬敞，但每到用餐時間，就可以看到上班族和附近居民爭相前往用餐。(見P.109)

南浦站街道圖

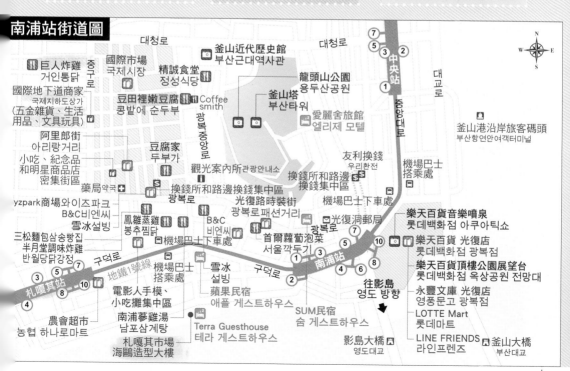

遊賞去處

複合式的綠色商圈

▌樂天百貨 光復店
▌롯데백화점 광복점

　　韓國樂天集團計畫在釜山建造一個複合式商圈，從樂天百貨本館和Aqua Mall館開始，到之後的LOTTE Mart大賣場和娛樂館(電影院)，各館中間相連接，明亮寬敞的設計，讓環境空間沒有壓迫感，可以舒適地享受逛街購物的樂趣。除了匯集各種品牌類別的服飾、化妝品、餐廳、小吃街商家和超市，也有大型書店永豐文庫，Aqua Mall館的音樂噴泉和各館頂樓相連的公園展望台，提供消費者有別於血拼消費的休閒樂趣，吸引人氣之外，也替生活忙碌緊湊的都市人，打造一個可以暫時放鬆和親近植物的綠色空間。

DATA

✉ 부산시 중구 중앙대로 2번지(중앙동7가 20-1번지) 📞 服務台(051)678-2500 🕐 本館10:30～20:00(假日延長1小時)，Aqua Mall館10:30～22:00，退稅服務於Aqua Mall館1樓服務台 📶 部分樓層區域可 ➡ 地鐵111南浦站往8、10號出口方向有連接百貨公司B1的出入口 🌐 www.lotteshopping.com(韓) ℹ️ LOTTE Mart為價格較便宜的大賣場，可參考P.57介紹，館內另有價位較高的百貨公司超市 🗺 P.101、P.107

圖片提供／Joey Yao

世界最大室內音樂噴泉

▌樂天百貨音樂噴泉
▌롯데백화점 아쿠아틱쇼

目前世界最大的室內音樂噴泉，結合聲光效果的震撼，讓百貨公司的室內也可以有水世界的感覺，閃亮多變的燈光，搭配上節奏輕快的音樂，受到大人小孩的喜歡，高四層樓的噴泉設計規畫良好，演出時水都不會濺出喔！

DATA

🕐 11:00～21:00的整點演出，每天共11回，每回約15分鐘　💲 免費參觀　➡ 請參考P.102的樂天百貨光復店，噴泉底座在Aqua Mall館的B1，可於B1～3樓中央參觀欣賞　🗺 P.101

眺望釜山港的天空公園

▌樂天百貨頂樓公園展望台
▌롯데백화점 옥상공원 전망대

這裡是個可同時擁有藍天、綠地和海洋的休閒空間，身處在腳踏草地的花園裡，居然還可以登高望遠、欣賞大海，不同於地面公園的綠色清新，來到此處將周邊影島和釜山港的風貌盡收眼底，無論白天或是夜晚，舒服的氣氛都極獲得青睞。

樂天百貨光復店頂樓的天空公園

DATA

🕐 同百貨公司(天候不佳時暫停開放)　💲 免費　➡ 請參考P.102的樂天百貨光復店，公園展望台位於11～13樓(搭乘戶外電梯)　🗺 P.101

釜山塔前的藝術裝飾和愛情鎖牆

在釜山市區登高望遠

▶龍頭山公園、釜山塔
▶용두산공원、부산타워

　　龍頭山位於釜山中區的南浦洞旁，因其形狀而得名，是釜山人休閒運動的市民公園，光復路上的入口設有方便前往的手扶梯，公園裡有韓國民族英雄——李舜臣將軍的銅像，和全韓國唯一有秒針的超大花時鐘，每年12月31日的晚上，在公園內的「市民之鐘」前會有送舊迎新的祈福儀式，和吃年糕、傳統藝術演出等等的慶祝活動；登上龍頭山公園內的地標「釜山塔」，可以欣賞釜山市區的景色，塔前的愛情鎖牆，可以掛上情侶朋友間相互約定的愛情鎖，見證彼此的誓言。

釜山塔前的跨年敲鐘活動

釜山塔前的愛情鎖牆，旁邊小商店內有販售愛情鎖和留言板卡

釜山塔前的韓國民族英雄——李舜臣將軍的銅像

DATA

✉ 부산시 중구 용두산길 37-55번지(광복동2가 1-2번지)　☎ (051)860-7820　🕐 公園24小時，展望臺09:00～22:00　💲 展望臺大人5,000₩、小孩3,000₩，愛情鎖和留言板卡2,000～6,000₩
📶 無　➡ 地鐵111南浦站7號出口左轉，沿光復路時裝街的右側步行約3分鐘的巷口右轉，搭乘手扶梯至最上層後即是龍頭山公園，再往前上樓梯直走可看到釜山塔(手扶梯為單向，下山需步行)　http
yongdusanpark.bisco.or.kr(韓)、www.busantower.co.kr(韓)　MAP P.101、P.107

購物血拼

最熱門的通訊軟體周邊專賣店

▌LINE FRIENDS
◀라인프렌즈

　　全球知名的即時通訊軟體LINE，由韓國網路科技公司NHN的日本分公司開發，不僅使用人口眾多，其代表的熊大、兔

兔等卡通人物的可愛周邊商品也頗受到歡迎，雖然目前台灣、香港也可以購買，但在韓國、釜山的專賣店，價格較便宜、進貨速度快、商品更齊全，依然是粉絲直接挖寶的好地方。

DATA
✉ 同P.102樂天百貨光復店，在Aqua Mall館(音樂噴泉那棟)1樓 ☎ (051)678-2674 ◷ 同樂天百貨光復店 📶 無 ➡ 同樂天百貨光復店 🌐 www.linefriends.com(韓、中、英、日) 🗺 P.101

店門口的特大號熊大娃娃，常是粉絲合照焦點

選擇多樣，書店首選地

▌永豐文庫 光復店
◀영풍문고 광복점

　　「永豐文庫」是韓國知名的大型連鎖書店，光復店位於樂天百貨內，為釜山地區最大的分店，除了種類齊全的韓文和外文的各式書籍雜誌，店內也有韓國的流行設計文具店「ART BOX」，和CD、DVD的影音商品櫃位，來往交通方便，內容選擇豐富，空間寬

樂天百貨光復店裡的大型書店「永豐文庫」

敞明亮，是喜歡逛書店的人來到釜山，最好的選擇之一。

DATA
✉ 請參考P.102樂天百貨光復店 ☎ (051)678-4100～2 ◷ 10:30～22:00，公休同樂天百貨光復店 📶 無 ➡ 請參考P.102樂天百貨光復店，位於娛樂館(電影院)的5樓 🌐 www.ypbooks.co.kr(韓) 🗺 P.101

釜山流行文化核心地

▌光復路時裝街
▌광복로 패션 거리

釜山的光復路時裝街，是聚集了各種流行服飾、保養化妝品、進口商品、咖啡店和餐廳的熱鬧街區，和旁邊的BIFF廣場、國際市場連在一起，成為深受民眾喜愛的街區，有點類似首爾的明洞，但也有其不同之處，除了逛街購物外，經過規畫整理的街道，和隨處可見的立體模型藝術品，即使不來購物，也是個散步休閒的好地方，近年來為了更貼近外國觀光客，各商家陸續都有外語服務人員、購物滿額禮和退稅的優惠，來到釜山，也可以買得盡興、逛得開心。

DATA

✉ 부산시 중구 남포동　🕐 10:00～22:00(各店家不同)　➡ 地鐵111南浦站7號出口左轉就是光復路時裝街　MAP P.101、P.106～P.107

地鐵111南浦站7號出口的光復路時裝街口

光復路時裝街街道圖

地鐵1號線分站導覽

110
札嘎其站
·
111
南浦站
·
112
中央站
·
113
釜山站
·
119
219
西面站
·
127
溫泉場站
·
128
釜山大站

SKIN FOOD
스킨푸드

往愛麗舍旅館
엘리제 모텔

友利換錢
우리환전

龍頭山公園용두산공원
釜山塔부산타워

換錢所和路邊換錢集中區 S

🛈觀光案內所
●派出所

ABC Mart
ABC마트

설빙 四海坊 the saem

COFFINE GRUNARU
커핀 그루나루

SUM民宿
숨 게스트하우스

A TWOSOME PLACE
투썸플레이스

innisfree It's skin

OLIVE YOUNG

哦雪綠
오설록

HOLLYS COFFEE
할리스 커피

NATURE REPUBLIC

BEYOND

三華食堂
삼화식당

innisfree
ARITAUM

往龍頭山公園
手扶梯

GS25

NH農會銀行
농협은행

TONY MOLY

Holika Holika
MISSHA
OND

B&C
비엔씨

首爾蘿蔔泡菜
서울깍두기

貢茶 Gong cha

Pascucci
파스쿠찌

(雙向手扶梯)
7

THE FACE SHOP

ETUDE HOUSE

9

大創
다이소

光復路時裝街
광복로 패션 거리

10

南浦文庫
남포문고

11

地鐵1號線

13

5

10

蘋果民宿
애플 게스트하우스

12

南浦地下購物中心
남포지하쇼핑센터

14

觀光案內所
관광안내소

15

南浦站

3

1

8

4

6

樂天百貨光復店
롯데백화점 광복점

2

特色美食 Y

濃醇香的老泡菜

▌精誠食堂
▌정성식당

比起主街上的熱鬧，釜山光復路的小巷內，有更多低調但好吃的美味小店。每當中午和傍晚時間，「精誠食堂」就會坐滿來用餐的上班族，桌數不多，只提供燉泡菜、泡菜炒豬肉和泡菜鍋等3樣韓食餐點；雖然菜色簡單，但製作上卻不含糊，使用發酵夠味的老泡菜，現點現做的即時美味，還有熱呼呼的泡菜鍋，讓我即使3樣餐點都吃過，還是一去再去呢！

DATA
✉ 부산시 중구 광복중앙로24번길 9번지(대청동2가 33-1번지) ☎ (051)246-0333、010-8006-1784 🕐 10:00～22:00 💲 燉泡菜(김치찜)7,000₩、泡菜炒豬肉(매실두루치기)6,000₩、泡菜鍋(김치전골)6,000₩，追加白飯(공기밥)、烏龍麵(우동)、泡麵(라면)各1,000₩，可刷卡 🈶 可(泡菜鍋需2人以上) 🪑 西式座椅座位 📶 無 ➡ ❶地鐵111南浦站7號出口左轉，沿光復路直走約6分鐘的圓環路口右轉，直走約5分鐘的巷口，右轉再右轉的巷內 ❷參考P.123釜山近代歷史館，在後方巷內 ℹ 泡菜鍋內有泡麵，若要再加點烏龍麵、泡麵，請在點餐時就先告知 🗺 P.101

50年老字號補身料理

▌南浦蔘雞湯
▌남포삼계탕

蔘雞湯是韓國的傳統補身飲食，將童子雞的肚子裡塞入糯米、紅棗和人蔘，經過長時間的燉煮，一直到骨頭和配料都軟爛入味，但要保持雞肉的鮮嫩；位在南浦洞光復路巷弄裡的南浦蔘雞湯，是在釜山創業超過50年的老店，除了原味的蔘雞湯、紅蔘雞湯外，在釜山這個海港城市，鮑魚蔘雞湯也是一種特殊的美味，如果覺得單吃味道較淡，也可以加入附送的人蔘酒一起吃。

DATA
✉ 부산시 중구 남포길 16-1번지(남포동3가 12번지) ☎ (051)245-5075 🕐 11:00～21:00 💲 各式蔘雞湯13,000～23,000₩，有英、日文菜單，可刷卡 🈶 可 🪑 西式座椅座位 📶 無 ➡ 地鐵111南浦站7號出口左轉，直走約7分鐘(過小圓環)的巷子左轉，再直走約1分鐘的巷口右轉的左側 🌐 www.namposamkyetang.com(韓) 🗺 P.101、P.106

韓式料理無限吃到飽

▌豆田裡嫩豆腐
▌콩밭에 순두부

　　專賣嫩豆腐的豆田，除了有韓國道地的嫩豆腐鍋外，一旁的吧檯上，有辣炒年糕、紅燒鰈魚、炒雜菜、各式炸物、煎餅、沙拉、豆芽涼拌菜、各式小菜、甜米露、南瓜粥、黑芝麻粥等豐富的韓式料理，每天十餘種的美味無限吃到飽，雖然位於小巷弄內，用餐時間的人潮會使在地下1樓的環境感覺有點擁擠，即便如此也無損豆田的魅力，闔家大小和附近上班族都前往用餐，親民的價格、滿足的享受，用餐時間如果太晚到可是要排隊的喔！

DATA

✉ 부산시 광복로49번길 26번지 지하1층(신창동1가 5-4번지)　📞 (051)248-4530　🕐 10:30～21:30　💲 各式湯鍋、麵類7,500₩(小辣)，有英文、日文菜單，海鮮嫩豆腐(해물순두부)，大醬鍋(된장찌개；韓式味增鍋)，泡菜鍋(김치찌개)，可刷卡　🚫 可　🪑 西式座椅座位　📶 無　➡ 地鐵111南浦站7號出口左轉，沿光復路直走約6分鐘的圓環路口過馬路右轉，沿斜坡往上直走約4分鐘的巷口左轉，再直走約1分鐘內的巷口兩側可看到入口，餐廳位於B1　ℹ 食物酌量取用，請勿浪費　MAP P.101

1.1樓入口外觀**2.**生菜和各式飲料粥品**3.**海鮮豆腐鍋**4.**無限吃到飽的豐富菜色

分量十足的解饞好選擇

▌半月堂調味炸雞 南浦店
▌반월당닭강정 남포점

　　從韓國大邱市的地鐵半月堂站
地下街店面開始，使用韓國產雞
肉和好品質的油，搭配上微甜微辣
的醬料，將無骨炸雞和炸年糕襯托
得非常美味，即使放涼都好吃，相對
同類型店家來說分量較豐富，現場有內用座
位，或是外帶當消夜都不錯喔！

DATA

✉ 부산시 중구 남포길 5(남포동)　☎ (051)244-
0048　🕐 11:00～23:00　💲 杯裝3,000₩、盒裝
7,000～15,000₩，店頭廣告有容量大小可參考，
可單選炸雞(치킨)或炸雞+年糕(치킨+떡)　🈳 可
🪑 西式座椅座位　📶 無　➡ ❶地鐵111南浦站7
號出口左轉，沿光復路直走約9分鐘的巷口左轉，
再直走一下的左邊巷口轉角　❷地鐵110札嘎其站

7號出口直走，約3分過馬路後左轉，再直走約1
分的巷口右轉，再直走一下的左邊巷口轉角　🗺
P.101、P.106

會上癮的麻藥好味

▌三松麵包 釜山南浦店
▌삼송빵집 부산남포점

　　本店在大邱市東城路商圈，已有60年歷
史，最出名熱銷的是以麻藥為名、形容好吃
到會上癮的玉米麵包，其後推出的黑色版(墨
魚、起司、培根、蔬菜)玉米麵包也
很好吃，整體口味較甜，搭配美
式、拿鐵咖啡相當對味。

←黑色玉米麵包
↙玉米麻藥麵包(原味)

DATA

✉ 부산시 중구 광복로 40-1(창선동)
☎ (051)245-3030　🕐 09:00～22:00
💲 麻藥麵包(마약빵)1,600₩　🈳 可
🪑 無內用　📶 無　➡ 參考P.110，面
對半月堂調味炸雞的左邊巷子第二家
🌐 www.ssbnc.kr(韓)　ℹ 麵包每8個可
用盒裝　🗺 P.101、P.106

韓國安東式蒸雞專賣店
▌鳳雛蒸雞 南浦店
▌봉추찜닭 남포점

　源於韓國安東市的料理「安東蒸雞」，主要材料有雞肉、韓式冬粉或寬粉、馬鈴薯、紅蘿蔔和蔬菜，加入大蒜、洋蔥、生薑、辣椒、醬油、糖和胡椒等調味料燉煮；「鳳雛蒸雞」是韓國安東式蒸雞的專賣店，有帶骨、無骨雞肉可選擇，微甜口味相當下飯呢！

吸滿湯汁的寬粉也是精華重點

DATA
✉ 부산시 중구 남포길 10-1(남포동)　☎
(051)254-6981　🕐 11:20～22:00　💲 蒸雞(찜닭)
小19,000₩、無骨(순살)小21,000₩、白飯(공기
밥)1,000₩　🪑 可　🪑 西式座椅座位　📶 無　➡
參考P.108，過南浦蔘雞湯後再直走約1分鐘即到
🌐 www.bongchu.com(韓、英)　🗺 P.101、P.106

口感如豆花般滑嫩的嫩豆腐

三華食堂
삼화식당

開在鬧區的小巷弄裡，一般人很少會注意到它的存在，但好口味就是從這裡開始，「三華食堂」採用口感近似豆花的嫩豆腐，將小菜、嫩豆腐和湯汁拌在香菇飯裡一起食用，雖然湯汁略鹹、不適合直接喝，但卻非常下飯，除了有另類的拌飯口感外，點餐時事先告知，還可以準備素食的餐點，此外，香菇飯和小菜都可以吃完再續喔！

↑將小菜、嫩豆腐和湯汁拌在香菇飯裡一起食用的另類拌飯
←有著如豆花般滑嫩口感的嫩豆腐

三華食堂價目表

韓文	中文	價位	備註
고기순두부	豬肉嫩豆腐	6,000W	白湯加辣
김치순두부	泡菜嫩豆腐	6,000W	加泡菜
백탕순두부	白湯嫩豆腐	6,000W	原味豆腐
굴순두부	鮮蚵嫩豆腐	7,000W	加鮮蚵
된장찌개	大醬鍋	6,000W	韓式味增
김치찌개	泡菜鍋	6,000W	韓式泡菜

店家的營業內容，依當日實際情況為準。 製表：Helena

DATA

✉ 부산시 중구 구덕로 34번길 9-23번지(남포동 2가 14-9번지) 📞 (051)246-0812 🕐 08:30～19:00，每週二、春節和中秋節公休 💲 參考本頁菜單，可刷卡 🪑 可 🪑 西式座椅座位 📶 無 ➡ 地鐵111南浦站7號出口左轉，沿光復路時裝街左側直走約5～6分鐘的巷口左轉，再直走一下的左前方巷口 ℹ 若需素食(채식)，點餐請先告知 MAP P.107

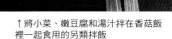

釜山在地的麵包王

▌B&C麵包店
▌비엔씨 빵집

　　1983年開業的B&C麵包店，是老釜山人都知道的美味，以新鮮和好吃為努力的宗旨，維持傳統口味的記憶，同時也開發創新的潮流，數十種口味的麵包點心目不暇給，但老闆希望客人來到店裡，身旁有的不只是麵包，而是充滿幸福和愛，無論是沉浸在麵包香的店裡，或是用復古紙袋提著新鮮麵包，加上不容易變硬的好口感，讓我只要經過就想去帶幾個麵包，雖然價位有稍高一點，但依舊門庭若市，從早到晚人潮不斷喔！

DATA

✉ 부산시 중구 구덕로 34번길 3-1번지(남포동2가 24-8번지)　☎ (051)245-2361　🕐 09:00～22:30，中秋節和農曆春節當天公休　💲 各式麵包小蛋糕約1,000～5,000₩不等，可刷卡　🚻 可　📶 無　➡ 地鐵111南浦站1號出口，直走約3分鐘的巷口右轉，再走一下的左邊1樓　🌐 www.bnccake.com(韓)　🗺 P.101、P.107

以牛肉牛骨熬煮的補身名湯

▌首爾蘿蔔泡菜 本店
▌서울깍두기 본점

　　雪濃湯和蔘雞湯、排骨湯稱為韓國三大名湯，都是滋補養身的首選。雪濃湯是以牛骨和牛胸肉，連續熬煮成乳白色湯底，只加少量鹽和蔥花，味道清淡爽口，是韓國的傳統料理；通常桌上都會有鹽、胡椒或辣椒粉等調味料，如果覺得味道太淡可以自行添加，也有人會把泡菜或辣蘿蔔的汁加到湯裡調味。「首爾蘿蔔泡菜」是釜山地區有名的雪濃湯老店，除了主餐湯頭美味好喝，店裡的泡菜辣蘿蔔也很好吃呢！

DATA

✉ 부산시 중구 구덕로34번길 10번지(남포동2가 11-1번지) 📞 (051)245-3950、245-9333 🕐 08:00～21:30 💲 雪濃湯(설렁탕)10,000₩、牛骨湯(곰탕)10,000₩、牛腩湯(양지탕)11,000₩，菜單附英、日文，可刷卡 🅿 可 🪑 西式座椅座位 📶 無 ➡ 地鐵111南浦7號出口左轉直走，約4分鐘的巷口左轉，再直走約1分鐘左側巷口 🗺 P.101、P.107

傳統創新都好吃的雪花冰

▌雪冰 YZ PARK直營店
▌설빙 와이즈파크 직영점

　　從釜山起家、近年韓國知名的連鎖冰店「雪冰」，以活用傳統原料、開發新式吃法，主打像雪一樣細緻的冰品，無論是加常見的紅豆、地瓜泥，或是時令新鮮大草莓，兼具口感和視覺的享受；南浦洞光復路上有本店和兩家分店，位在新開幕YZ PARK商場3樓的直營店，空間較寬敞、不用爬樓梯，還提供行動電源充電，比較推薦來此吃冰休息喔！

↑雪冰本店外觀　　↓雪冰 YZ PARK直營店內環境

DATA

✉ 부산시 중구 광복로39번길 6번지 3층(창선동1가 12-1번지) ☎ (051)260-5247 🕐 11:00～22:00(最後點餐到21:30) 💲 各餐點飲料3,800～12,000₩，菜單附英文或照片，可刷卡 💳 可 🪑 西式座椅座位 🛜 有 🚇 地鐵111南浦站7號出口，左轉直走約8分鐘(過小圓環)，右邊YZ PARK商場3樓 http www.sulbing.com(韓) ℹ 借用行動電源需押護照 MAP P.101、P106

擁抱藍天大海最享受

影島(영도)

位在釜山南邊外海上的影島，面積約12平方公里，海岸線長約20.5公里，島上的最高處為海拔395公尺的蓬萊山，被推測為釜山最早有人類居住的地方，高麗時期(西元918～1392年)是有名的馬場，飼育的馬匹以像影子般的奔馳速度出名，因此影島舊稱為「絕影島」，天氣晴朗的時候，站在影島南端的太宗臺上，還可以看到日本的對馬島。

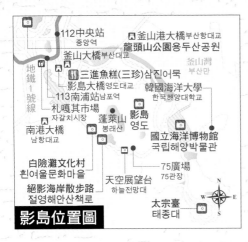

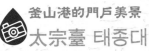

影島位置圖

地圖標示：
112中央站 중앙역
釜山港大橋부산항대교
龍頭山公園용두산공원
釜山大橋부산대교
釜山灣 부산만
三進魚糕(三珍)삼진어묵
影島大橋영도대교
韓國海洋大學 한국해양대학교
113南浦站남포역
札嘎其市場 자갈치시장
蓬萊山 봉래산
影島 영도
南港大橋 남항대교
國立海洋博物館 국립해양박물관
白險灘文化村 흰여울문화마을
75廣場 75관장
天空展望台 하늘전망대
絕影海岸散步路 절영해안산책로
太宗臺 태종대
地鐵1號線

太宗臺上的引航燈塔

釜山港的門戶美景
太宗臺 태종대

　　釜山影島東南端的海邊丘陵地，因新羅時期(西元前57～西元935年)第29代「太宗武烈王」曾在此遊玩，所以被稱為太宗臺；緊貼著大海，鬱蔥的樹林和海水侵蝕的奇岩絕壁，都將太宗臺妝點得更為豐富，天氣晴朗時站在海邊，還可以看到釜山的五六島和日本的對馬島，沿著燈塔旁的階梯往下，有據說是神仙居住過的神仙岩，和痴情女子等

待丈夫歸來的望夫石，搭配上徐徐拂來的海風，每種景色和感覺，都是渾然天成的協調，建議規畫半天時間前往太宗臺，悠閒地遊覽各處美景，或是安排於下午前往，可一次欣賞日景和夕陽。

DATA

✉ 부산시 영도구 전망로 257번지(동삼동 산29-1) ☎ (051)405-2004 ⏰ 04:00～24:00 💲 免費入場 WIFI 無 ➡ 從釜山市區搭乘公車，約20～30分鐘在太宗臺終點站下車，之後往原車行方向直走約5分鐘即可到入口 **出發地：❶ 釜山火車站：** 火車站對面搭乘88、101號公車 **❷ 南浦洞樂天百貨：** 地鐵111南浦站6號出口，順著路右彎直走，在上橋前的公車站牌搭乘8、30、66、186號公車 **❸ 札嘎其市場：** 市場外大馬路邊搭乘8號公車 🌐 taejongdae.bisco.or.kr(韓) 📍 P.117

太宗臺遊園車(다누비열차)

除了步行，太宗臺的各景點也可搭遊園車輕鬆前往；中間有5個停靠站，當日票券不限次數搭乘，受到遊客歡迎，尤其假日時搭乘人數很多，特別是展望台和影島燈塔這兩

站，等車人數最多，這兩站之間步行只需要約2分鐘，建議可步行來往。

DATA

🕐 夏季09:20～20:00，冬季09:20～19:00，13:00～18:00每20分鐘一班車，其餘每30分鐘一班車，售票至運行截止前1小時(冬季為半小時前) 💲 大人2,000₩，青少年1,500₩，小孩1,000₩，持當天觀光巴士(P.31)票根，可折扣20%；購票當日不限搭乘次數，車票遺失不補發 ➡ 從太宗臺入口處沿斜坡往上直走約3分鐘可到搭乘處，後方商店旁為售票窗口 ℹ 遊園車營運路線：搭乘處(승차장)→太苑鵝卵石園(태원자갈마당)→救命寺(구명사)→展望台(전망대)→影島燈塔(영도등대)→太宗寺(태종사)→搭乘處(승차장)；天候不佳時，例下大雨、下雪等，停止運行

在透明展望台擁抱藍天大海

絕影海岸散步路
절영해안산책로

釜山影島上除了知名的太宗臺外，沿著西海岸邊的散步道路，也是島上的一絕；原為軍事保護區的絕影海岸散步道，蜿蜒的小路處處都有令我感覺既驚喜又舒服的景色，除了釜山的註冊商標「大海」外，沿著海邊峭壁所設置的吊橋，彩色磁磚鑲嵌圖案的牆面，登高望遠的75廣場和底部透明的天空展望台，運用各種不同的元素，讓看起來簡單的散步旅行，變成充滿驚喜的乘風之旅。

DATA

📧 부산시 남쪽의 영도 서해안산책로 🕐 24小時 💲 免費入場 📶 無 ➡ 請參考P.121交通說明 ℹ 部分路段為沿海的石子路，中間也多有階梯，建議穿平底鞋前往 🗺 P.117

影島上的天空展望台

韓國最早綜合海洋博物館

國立海洋博物館
국립해양박물관

　　韓國第一個綜合海洋博物館，從最大規模復原(1/2)的朝鮮通信使船開始，通過收集、研究和展覽海洋的相關遺物，讓參觀者可以了解各種海洋文化、生物和產業的過去歷史和未來發展，並設有水族館隧道、兒童博物館和各種體驗設施等，讓大人小孩都可以透過有樂趣的方式來了解海洋，為了方便外國遊客參觀，另有提供中、英、日語的導覽解說(需事先預約)，除了室內的展館外，規畫

海洋博物館內設置的海洋隧道

海洋博物館外的休憩空間

良好的戶外空間，可以看到海和大船，也有可以當成野餐休憩的公園綠地，每到假日成為闔家遊玩的好去處。

DATA

✉ 부산시 영도구 해양로 301번길 45 번지(동삼동 1125–39번지)　📞 (051)309-1900　🕐 平日09:00～18:00，週六～21:00，週日～19:00，最後入場為開放截止前半小時，週一公休，若週一為法定假日，則順延至下個平日公休　💲 免費參觀(部分展館除外)　[WIFI] 無　➡ ❶地鐵111南浦站6號出口，順路右彎直走，上橋前的公車站牌搭66、186號公車，約20分鐘在博物館站下車；週六、日人潮眾多，公車會停靠在博物館外圍的臨時站，再往內步行即可 ❷要搭公車離開時，平日在博物館園區為迴轉路線，請確認公車要前往的方向，假日在園區外候車，博物館側是往南浦洞方向，對向是往太宗臺方向 ❸可從地鐵113釜山搭接駁車，班次略少，詳細車班建議上官網查詢　[http] www.nmm.go.kr(韓、中、英、日)　[MAP] P.117

影島大橋每天下午2點會升起橋面，重現經典歷史場景

乘載釜山歷史回憶的重要橋梁

影島大橋
영도대교

　　釜山最早的連陸橋，是連接中區和影島區的重要橋梁。最早於1934年建成通車，橋面可開式設計，讓大型輪船可以進出港口，韓戰時搭載難民和物資的船隻，多要經過影島大橋進入釜山，是韓國近代很有歷史意義的標的建築。於2009年開始復原重建，2013年底再度開放通車後，每天下午2點，靠近南浦洞側的橋面會升起，重現初建當時的經典畫面。

DATA

ⓒ 橋面有人行道，步行通過約5分鐘　➡ 地鐵111南浦站6號出口，順路右彎直走，即可到上橋處，右下海邊廣場可觀看橋面開啟　ⓘ 每天下午2點，橋面從開啟到回復原狀約15分鐘，期間會有交通管制　MAP P.117

創造你的絕影散步道路線

　　絕影散步道是個沒有過度開發的幽靜海岸，可以更近距離擁抱大海，但畢竟有樓梯斜坡，若想更輕鬆、從高處欣賞海景的話，建議可走平行高處的木頭散步步道，路況更好走之外，也可以欣賞不同角度的美景喔！

出發～

地鐵111南浦站6號出口，順著路右彎直走，上橋前的公車站牌，搭7、9、71、85、508號公車。

貼近大海路線

約10分鐘在釜山保健高中(부산보건고등학교)站下車，順著路往前走約2～3分鐘，右邊的階梯往下可到絕影散步道，沿著海邊路走到75廣場的相對位置，爬樓梯上到75廣場，約需90分鐘左右，在75廣場面對馬路，左轉沿著木頭步道走約5分鐘可到天空展望台。

輕鬆漫步路線

約12分鐘在含之谷修練院(함지골수련원)站下車，順著路沿木頭散步道往前走，約2～3分鐘可到天空展望台(하늘전망대)，再走約5分鐘可到75廣場。

```
地鐵111南浦站6號出口順著路
右彎直走，上橋前的公車站牌
搭7、71、508等公車
```

貼近大海路線　　　　**輕鬆漫步路線**

❶ 太宗臺→國立海洋博物館：
太宗臺前公車總站，搭66、186號公車，約10分鐘在國立海洋博物館站下車；搭計程車約7分鐘，車資約4,600W。

國立海洋博物館→太宗臺：
國立海洋博物館站搭66、186號公車，約10分鐘在太宗臺公車總站下車；搭計程車約7分鐘，車資約4,600W。

太宗臺
태종대

國立海洋博物館
국립해양박물관

影島三大景點串連

75廣場、天空展望台
75광장、하늘전망대

❸ 75廣場、天空展望台⟷太宗臺：建議搭計程車，車程時間約9分鐘，車資約5,200W(無直達公車，換車過程較複雜)。

❷ 國立海洋博物館⟷75廣場、天空展望台：
75廣場和國立海洋博物館，因分跨影島蓬萊山的兩側，建議搭計程車，車程時間約9分鐘，車資約5,100W，或是以太宗臺為轉接點，搭公車來往。

112 中央站 중앙역

位在地鐵中央站一帶的中央洞，是近代釜山發展的起源，從舊釜山火車站、舊釜山市廳到韓戰時難民聚集的40階梯和釜山港，還有陸續進駐的商業辦公室和店面等，在西面和海雲臺還沒開始發展前，這裡就是釜山的指標，也是從這裡向周邊延伸，開始了釜山近代的建設和繁榮。

中央站街道圖

N / S / E / W

往東橫INN 釜山站2　往113釜山站
토요코인 부산역2 방향

中央大路
중앙대로

17　14

15　12

13　10

11　8

中央站
중앙역

6

釜山郵局
부산우체국

9　4

7

5　3　2

1

40階梯文化館
40계단문화관

東亞MART超市
동아마트

40階梯文化街
40계단문화거리

釜山近代歷史館
부산근대역사관

大清路
대청로

往寶水洞書房巷弄
보수동책방골목 방향

MINT HOUSE
민트하우스

精誠食堂
정성식당

新村解酒湯
새마을 해장국

國際市場
국제시장

龍頭山公園
용두산공원

愛麗舍旅館
엘리제 모텔

往111南浦站

駐韓國台北代表部釜山辦事處
주한국타이페이대표부 부산사무소

地鐵1號線

大橋路
대교로

中央大路
중앙대로

釜山港沿岸旅客碼頭
부산항연안여객터미널

遊賞去處

日式建築的歷史文物館

▶釜山近代歷史館
▶부산근대역사관

　釜山近代歷史館所在的建築物，原本是1929年日本強占時期的據點之一，光復解放後成為美國文化院的利用空間，使用權回歸到釜山市之後，2003年7月釜山近代歷史

近代的釜山街道模擬空間

館開館，展出釜山近代的歷史文物、影音資料和器具模型等，以「釜山的近代開港」、「日帝的釜山掠奪」和「近代都市釜山」為主題，結合釜山的近代街道模型等，介紹各個時期的釜山。

DATA

✉ 부산시 중구 대청로 104번지(대청동2가 24-2번지)　📞 (051)253-3845～6　🕐 09:00～18:00，1月1日和每週一公休，若週一為年節假日，則下一個平日休館　💲 免費參觀　WIFI 無　➡ 地鐵112中央站5號出口直走約6分鐘　http modern.busan.go.kr(韓、中、英、日、俄)　MAP P.123

釜山近代歷史館外觀

123

近代釜山發展起源地

▌40階梯文化館、40階梯文化街
▌40계단문화관、40계단문화거리

　　釜山地鐵中央站的40階梯一帶，因靠近碼頭，交通往來和物資流通都很方便，韓戰時成為難民聚居和商品交易的場所，也因為逃難時很多人與親人失去聯繫，所以這裡也成為尋人、探聽消息或與失散家人相逢的地方；60多年後的現在，以象徵舊釜山火車站和釜山港的鐵路與海路為主題，規畫了40階梯文化街，利用銅像和史料照片，呈現出韓戰當時的生活狀況，在苦難中帶給小孩們歡樂和希望的爆米花大叔，辛勤的生活中依然盡心照顧孩子的媽媽，在在都刻畫著當時令人感動的痕跡，在40階梯附近設立的文化館，藉由展出韓戰當時的糧食、貨幣、教科書、各式用品和模型，讓參觀者了解難民艱苦的生活狀況，彷彿可以和歷史有

↑40階梯的陳年舊照，訴說韓戰當時的歷史

更近一步的接觸，一窺從朝鮮時代開始，釜山中區的發展與變化。

40階梯

DATA

✉ 부산시 중구 동광길 49번지(동광동5가 44-3번지)　☎ (051)600-4044　🕐 文化街24小時，文化館週二～五10:00～18:00，週六～日10:00～17:00，每週一、年節假日公休　💲 免費參觀　📶 無　➡ ❶地鐵112中央站13號出口前左轉直走，穿過40階梯文化街，約3分鐘看到海螺型旋轉天橋，上天橋後即可到達40階梯文化館 ❷面對文化館往左走約2分鐘，左側可看到40階梯，下階梯後直走約3分鐘到路口，左轉往地鐵112中央站，右轉往地鐵111南浦站　🌐 40stair.bsjunggu.go.kr(韓、中、英、日)　🗺 P.123

特色美食

三餐、宵夜皆宜的熱湯飯

▌新村解酒湯 中央洞本店
▌새마을 해장국 중앙동본점

韓國人認為喝熱湯可以緩解宿醉的不舒服，所以很多熱湯都可以是解酒湯，除了解酒的功效，解酒湯就是熱湯飯，拿來當早餐也是很不錯的選擇；在釜山解酒湯多以海鮮或黃豆芽為主角，「新村解酒湯」是海鮮湯底的解酒湯，搭配海帶和雞蛋，喝起來爽口不油膩，再來份忠武飯捲，不管哪個時間吃都很適合。

DATA

✉ 부산시 중구 중앙대로41번길 7번지(중앙동1가 23-1번지) ☎ (051)254-0254 ⏰ 24小時 💲 解酒湯(해장국)4,000₩，忠武飯捲，(충무김밥)5,000₩，菜單附中、日文，可刷卡 🪑 可 🪑 西式座椅座位 📶 無 ➡ 地鐵112中央站1號出口前的巷口右轉，再直走約1分鐘的路口左斜對面 🗺 P.123

忠武飯捲(충무김밥)

一般的飯捲是用紫菜將飯和各種食材包起來，所謂的「忠武飯捲」則是指用紫菜包著白飯，體積比一般的飯捲小，和辣味的醃漬小菜一起吃；「忠武」是韓國南部沿海的地名，這個地方的居民大多以捕魚為業，為了出海時方便食用和保存，因此發展出這樣的吃法，後來就以「忠武」為飯捲命名。

1 號線

110 札嘎其站 자갈치역
111 南浦站 남포역
112 中央站 중앙역
113 釜山站 부산역
114 草梁站 초량역
115 釜山鎮站 부산진역
116 佐川站 좌천역

BPA 釜山港灣公社

KTX
K⌀RAIL

113 釜山站 부산역

釜山火車站對面的上海門內，是換錢所的集中區域

原本位於中央洞的舊釜山火車站，遭遇火災之後搬遷改建至現在的位置，除了是釜山最大的火車站之外，也是各種交通工具的樞紐轉運點，因此周邊除了是辦公大樓聚集的區域外，也有多家的旅館飯店；地鐵釜山站和釜山火車站不是共構站，兩者之間相互轉乘時，必須先走到戶外，之後再轉往站體或搭乘處。

釜山站噴泉廣場(부산역 분수광장)

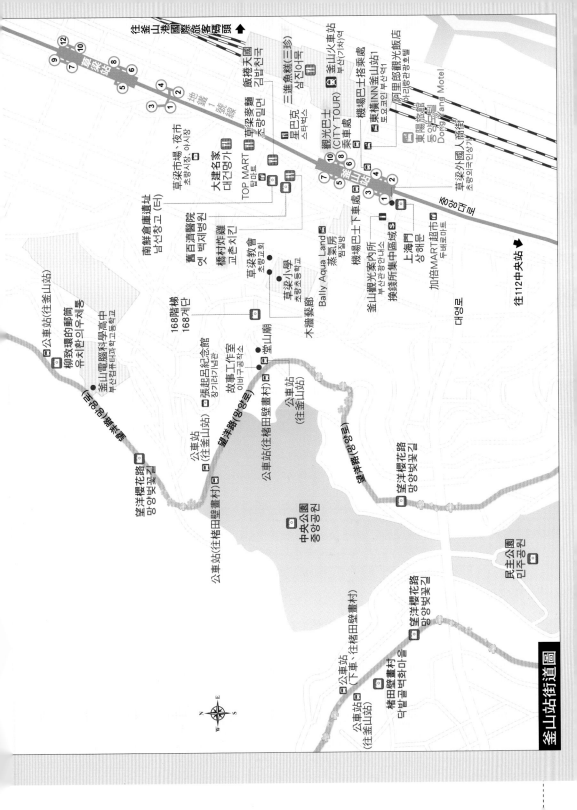

釜山站街道圖

遊賞去處

釜山代表性的山腹道路

▌草梁故事路
▌초량이바구길

　韓戰時為了紓解難民住的問題，在釜山港附近、沿著山腹(山腰)道路形成了許多村落，草梁洞就是其中之一，當時的生離死別和困頓生活，刻畫著無數動人悲傷的故事；時至今日，也許戰爭的痕跡早已不明顯，但透過保留下來的老舊建築，以及照片文物的展示、海港櫻花的景色，依然可以嗅聞到不同於海雲臺、廣安里的釜山氣息。

來走走釜山東區的故事路吧

　釜山方言裡的「이바구」，就是故事「이야기」的意思，從釜山火車站對面的巷弄開始，一直到半山腰望洋路，可以探訪擁有釜山最主要港口的東區，在歷經火車京釜線(首爾來往釜山)開通和韓戰等重大事件後，一路走來的人民生活和歷史痕跡；沿路有多個展望、展示空間，此處精選5個重點帶大家參觀，焦點1～4站約需2～2.5小時，加焦點5站大約再多1小時。

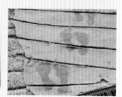

故事路上的各種指標

焦點 **1** 站 舊百濟醫院 옛 백제병원

MAP P.127

　位於西洋式的5層建築內、1922年設立的百濟醫院，是釜山最早的近代個人綜合醫院，之後這棟建築歷經中華民國領事館、治安隊辦公室、中華料理店等，1972年遭遇火災後5樓拆除，目前2樓以上是辦公室，1樓為結合展示空間的特色咖啡店。

|||| How to go ||▶

1 地鐵113釜山站7號出口直走約1分的巷口左轉直走。

2 右邊可看到橋村炸雞(P.134)，再往前走1分鐘內，就可到舊百濟醫院。

3 目前1樓為Brown Hands咖啡店，保留老舊磚牆和木頭結構，以及藝術品展示的內部設計，很符合懷舊藝術的氣氛。(營業時間10:00～23:00)

焦點2站 南鮮倉庫遺址 남선창고 (터)

MAP P.127

南鮮倉庫是釜山最早的倉庫，從北邊咸鏡道(現為北韓境內)的北鮮倉庫運過來的貨品，因為主要是明太魚，所以又被稱為明太魚庫房，之後通過火車京釜線把貨品運往全韓國；現在倉庫已拆除，原址改成超市用地，只有留下當時倉庫磚牆的痕跡。

IIII How to go II▶

1 從舊百濟醫院旁的巷子右轉，直走一下的右邊即到；繼續直走為草梁市場、夜市。

2 在超市的停車場邊，保留有南鮮倉庫的磚牆和木造牆柱。

焦點 **3** 站 **168階梯** 168계단

MAP P.127

　　舊時山腹道路和平地連接最主要、最快速的通道，韓戰時尋親、戰後討生活都得從這裡經過，至今依然有不少當地居民每天要來往於此，為了民眾和訪客的便利，設置了輕型電梯，減輕大家爬階梯的疲累。(請禮讓老弱婦孺優先搭乘)

‖‖**How to go**‖▶

1 回到舊百濟醫院路口，面對建築左轉繼續直走，到路口左轉、過馬路，從對面「光復社」旁的小弄走進去。

木牆藝廊

草梁教會

2 沿著小路往前走(不要轉彎)，會經過展示舊時照片的木牆藝廊，再往前走、上小樓梯，之後右轉直走一下，在草梁教會前左轉。

3 左轉後會經過東區人物歷史牆，這裡介紹幾位釜山東區出身的各界名人，以及釜山的歷史故事；繼續往前直走上樓梯。

4 上樓梯後右轉再左轉走進去，就可以看到168階梯和電梯搭乘處。(電梯運行時間07:00～21:00，天候不佳時可能停止)

焦點**4**站 柳致環的郵筒 유치환의우체통
MAP P.127

柳致環老師當過兩任慶南女高(在釜山東區水晶5洞、地鐵釜山鎮站附近)校長，在釜山東區去世，這裡是為了紀念他而設置的展望空間，亦可寄送明信片(寄國外郵票需自備)。

▌▌▌▌How to go ▌▶

1 搭168階梯的電梯到上面，出電梯後依照片上的動線往中間斜坡上走，右邊會經過堂山廟(類似台灣的土地公廟、可入內)；若是走最右邊彎道，可往張起呂博士紀念館。

張起呂(장기려)博士：被稱為韓國的史懷哲醫生，是韓國醫療保險的始祖，其一生濟弱扶貧，對釜山和韓國的醫療發展都貢獻頗大。

2 走上斜坡後，右轉有公車站牌，可以搭公車回到釜山站；如果是搭190號公車到這裡要往下走故事路，從面對公車站右邊斜坡反向走下去即可。

190號公車：釜山火車站前的公車專用道第二排搭乘，約16分鐘在**동일파크맨션(東一公園公寓)**站下車，這站也可稱為**이바구공작소**(故事工作室)，下車後右斜對面就是故事路入口；若搭計程車來往，車程時間約8分鐘、車費約4,000₩。

3 續Step2，右轉走過公車站牌，4月初或中可看到山頭上的櫻花；繼續往前走，順大路右彎到岔路口，往左前方有壁畫的路走過去。

4 繼續直走左邊可看到木頭步道(上面有公廁)，或是直接走下面就好，這條路上都是櫻花樹。

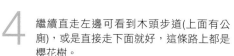

5 繼續往前走，右邊會經過釜山電腦科學高中；從本頁的Step3開始，步行約15分可到柳致環的郵筒。

6 在柳致環的郵筒前，可搭333號公車回到釜山站，車程約15分。

333號公車：釜山火車站前的公車專用道第二排搭乘，最高處可到民主公園、中央公園，經過望洋路繞一圈後再回到釜山火車站對面，是專跑釜山東區故事路周邊的循環公車。

望洋櫻花路 망양벚꽃길

MAP P.127

　　釜山火車站對面的山腰道路，走在望洋路上，除了可以看到大海，每年4月初、中還有一望無際的眾多櫻花，此處因為地勢較高，比起平地櫻花樹的開花時間稍晚一點，如果是花季末期來釜山賞櫻花，不妨來這裡看看吧！

‖‖‖**How to go**‖▶

1 參考P.131的Step2，上斜坡後到右斜坡對面搭190號公車，一路上幾乎都是櫻花樹。

2 車程約8分鐘，在**동대신2동**(東大新2洞)站下公車，往回走一下的對面，走下樓梯可到楮田壁畫村(**닥밭골벽화마을**)。

3 下壁畫村之前，右邊沿路往前有幾個漂亮的彩繪樓梯，可以走走看看。

4 楮田壁畫村不太大，可隨意走走；此處仍有居民居住，請降低説話音量、勿亂丟垃圾。

5 大約往下走到這個路口，就可以往上走回大路邊，搭190號公車往釜山站，車程約16分鐘。

柳致環的郵筒→望洋櫻花路、楮田壁畫村：兩處間無直達公車，山區也較不易攔計程車，最單純的方法，是從柳致環的郵筒，往P.131的Step2的公車站方向走，過大彎後就有公車站牌可搭190號公車往望洋櫻花路、楮田壁畫村，車程約9分。

特色美食

釜山魚糕的元老品牌
▌三進魚糕(三珍)
▌삼진어묵

　　1953年從影島蓬萊市場起家，利用新鮮食材，製作魚肉含量70%以上的釜山魚糕(P.50)，有方便選購的開架賣場，可透過玻璃看到魚糕製作過程；除了口味眾多的魚糕，外表酥脆、內裡飽滿有嚼勁的魚糕可樂餅也是人氣商品。影島本店結合銷售、體驗教室和魚糕博物館，有數十種魚糕可選購，賣場裡常擠滿人潮，另有內用座位和微波爐，購買後可直接享用；釜山火車站分店雖然品項較少、沒有內用座位，但交通方便、位置明顯，很多旅客會來購買伴手禮。

DATA

💲 魚糕500～3,000₩、可樂餅1,200₩、保冷袋(보냉가방)2,000₩(含保冷劑)，可刷卡 🅷🆃🆃🅿 www.samjinfood.com(韓)

釜山站店 ✉ 부산시 동구 중앙대로 206번지 2층(초량동 1187-1번지) 📞 (051)416-5466 🕐 06:00～22:00，年中無休 💳 可 🍴 皆為外帶 📶 無 ➡ 參考P.25釜山火車站，在2樓觀光案內所斜對面 🅼🅰🅿 P.127

影島本店 ✉ 부산시 영도구 태종로99번길 36번지(봉래동2가 39-1번지) 📞 (051)412-5468 🕐 09:00～20:00，中秋、春節公休；體驗教室週末、公休日開放 💳 可 🍴 西式座椅座位；魚糕可樂餅先結帳後，再憑收據到旁邊櫃臺領取 📶 無 ➡ 回程在去程下車處對面搭車；座位區在賣場對面，魚糕博物館在2樓(側邊樓梯)❶地鐵113釜山站7號出口，直走約2分鐘的站牌，搭101、88號公車，約8分鐘在影島蓬萊市場(봉래시장)下車，往回走的巷口左轉，再走一下的左邊 ❷地鐵111南浦站6號出口，順著路右彎直走，在上橋前的站牌搭8、113、30、66、186、190號公車，約4分鐘在影島郵局(영도우체국)下車，往右斜對面巷子裡走約3分鐘可到 🅼🅰🅿 P.117

↓魚糕可樂餅，有蝦仁(새우)、地瓜(고구마)、咖哩(카레)、起司(치즈)、馬鈴薯(감자)、辣椒(땡초)等6種口味可選擇

↑影島本店，附設有用餐座位、體驗教室和魚糕歷史館

↑釜山火車站裡的分店

現點現做酥脆炸雞

KyoChon

▌橋村炸雞 草梁店
▌교촌치킨 초량점

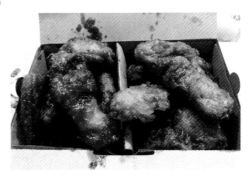

橋村是韓國知名的炸雞連鎖店,在韓國很多地方都有分店,除了口味獨特的配方外,點餐後才現炸製作,雖然平均要等約15～20分鐘,但那好吃的口感和美味,是追求快速的店家所無法比擬的,花時間等待美味,一切都是值得的!

DATA

📧 부산시 중앙대로 209번길 6번지(초량동 489-4번지) 📞 (051)441-9994 🕐 13:00～24:00 💲 炸雞每份15,000～18,000W(約2人份),可刷卡 🚫 可 🪑 西式座椅座位 📶 無 ➡ 地鐵113釜山站7號出口直走1分鐘的第二個巷口左轉,再直走一下的右側巷口 🌐 www.kyochon.com(韓、中、英) 🗺 P.127

橋村炸雞菜單中韓對照表

韓文	部位	口味
교촌오리지날	全雞	原味(간장맛)
		辣味(매운맛)
		蜂蜜(허니)
교촌윙	翅膀	原味(간장맛)
		辣味(매운맛)
교촌스틱	腿	原味(간장맛)
		辣味(매운맛)
교촌콤보	翅膀+腿	原味(간장맛)
		辣味(매운맛)
		蜂蜜(허니)
살살치킨		原味(간장맛)
소이살살	米炸雞	醬料(간장)
살살샐러드		搭配生菜沙拉

橋村炸雞店外觀

米炸雞(無骨)和附送的沾醬

釜山站附近早餐好選擇

▶大建名家
▶대건명가

　豬肉湯飯是釜山最知名的在地料理，韓戰開始後聚集在釜山的難民，用較便宜的豬肉取代牛肉，來製作日常吃的湯飯。「大建名家」是釜山草梁洞有名的豬肉湯飯專賣店，用韓國產豬骨熬製的湯

底，只要加少許鹽或蝦醬就非常美味，也可加入韭菜增加口感，推薦可點湯飯、白切肉套餐(수육백반)，豬五花肉沾特製醬料，以及附贈的豆腐，都替主餐湯飯大大加分。

DATA

✉ 부산시 동구 중앙대로231번길 5(초량동) ☎ (051)442-1117 🕐 24小時 💲 各式湯飯6,500～9,000W 🅿 可 🪑 西式座椅座位 WIFI 無 ➡ ❶地鐵113釜山站7號出口直走約5分路口左轉，再走一下的左邊巷口 ❷地鐵114草梁站1號出口直走約3分路口右轉，再走一下的左邊巷口 MAP P.127

在地特有的釜山式冷麵

▶草梁麵
▶초량밀면

圖片提供／Joey Yao

圖片提供／Joey Yao

　釜山的東萊地區，以前是韓國小麥的主要產地之一，因此來到釜山，韓國常見的冷麵，改成以小麥為原料製作的麵麵；「草梁麵」是釜山的麵麵專賣店，調味恰到好處，麵體Q彈有嚼勁，分量很足夠，建議避開用餐尖峰時段前往，一般食量的人點小碗即可！

DATA

✉ 부산시 동구 중앙대로 225번지(초량동 363-2번지) ☎ (051)462-1575 🕐 10:00～22:00(最後點餐21:30)，春節和中秋節公休 💲 水麵麵(물밀면)小3,500W、拌麵麵(비빔밀면)小3,500W、大蒸餃(왕만두)4,000W，可刷卡 🪑 可 🍽 韓式地板座位 WIFI 無 ➡ 地鐵113釜山站7號出口直走約3～4分鐘 MAP P.127

彷如置身叢林的輕食連鎖店

飯捲天國FOOD CAFÉ
草梁店
김밥천국 초량점

圖片提供／Joey Yao

　　飯捲天國是韓國的輕食連鎖店之一，各家分店的菜單都差不多，有飯捲、辣炒年糕、泡麵、湯鍋、蓋飯、豬排等近100種餐點，通常是24小時營業，可以一個人用餐；釜山火車站對面的飯捲天國，雖然店名有CAFÉ，但卻沒有賣咖啡，而是內部裝潢成咖啡店的感覺，用大樹和原木的概念，希望可以讓客人有更舒適的用餐環境。

DATA

✉ 부산시 동구 대영로 243번길 111번지(초량동 379-1번지)　📞 (051)469-1007　🕐 24小時
💲 各式餐點1,500～8,500₩，可刷卡　🪑可　🪑西式座椅座位　📶 無　➡ 地鐵113釜山站7號出口直走約2～3分鐘　🌐 www.kb1009.com(韓)
🗺 P.127

←年糕泡麵
↓飯捲

飯捲天國菜單中韓對照表

店家的營業內容，依當日實際情況為準。製表：Helena

김밥류	飯捲類	분식류	輕食類	덮밥류	蓋飯類
푸드김밥	原味海苔飯捲	고기만두	水餃	카레덮밥	咖哩蓋飯
야채김밥	蔬菜海苔飯捲	김치만두	泡菜水餃	참치덮밥	鮪魚蓋飯
김치김밥	泡菜海苔飯捲	군만두	煎餃	오징어덮밥	魷魚蓋飯
참치김밥	鮪魚海苔飯捲	비빔만두	辣味水餃	김치덮밥	泡菜蓋飯
치즈김밥	起士海苔飯捲	쫄면&비빔만두	韓式涼麵&辣味水餃	김치볶음밥	泡菜炒飯
땡초김밥	辣味海苔飯捲	냄비우동	黃銅鍋烏龍麵	제육덮밥	辣炒豬肉蓋飯
스팸김밥	午餐肉海苔飯捲	냄비김치우동	黃銅鍋泡菜烏龍麵	새우볶음밥	海鮮炒飯
소고기김밥	牛肉海苔飯捲	해물짬뽕우동	辣海鮮烏龍麵	불고기덮밥	烤肉蓋飯
계란말이김밥	蛋包海苔飯捲	뚝배기우동	沙鍋烏龍麵	낙지덮밥	章魚蓋飯
샐러드김밥	沙拉海苔飯捲	우동정식	烏龍麵定食	오삼불덮	魷魚烤肉蓋飯
돈까스김밥	炸豬排海苔飯捲	오뎅	魚漿串黑輪	매운닭вол정식	辣雞定食
땡초참치김밥	辣鮪魚海苔飯捲	쫄면	韓式涼麵	돌솥낙지불고기	石鍋章魚烤肉
누드날치알롤	魚卵飯捲	떡국	年糕湯	철판불고기덮밥	鐵盤烤肉蓋飯
라면류	**泡麵類**	만두국	湯餃	철판김치볶음밥	鐵盤泡菜炒飯
신라면	辛拉麵	떡만두국	年糕湯餃	베이컨마늘볶음밥	蒜味培根炒飯
떡라면	年糕泡麵	잔치국수	湯麵線		
치즈라면	起司泡麵	항아리칼국수	陶鍋刀切麵	**돈까스류**	**炸豬排類**
김치라면	泡菜泡麵	해물칼국수	海鮮刀切麵	돈까스	炸豬排
매운라면	辣泡麵	항아리수제비	陶鍋麵疙瘩	왕돈까스	大炸豬排
냄비라면	鍋燒泡麵	해물수제비	海鮮麵疙瘩	카레돈까스	咖哩炸豬排
만두라면	水餃泡麵	**찌개류**	**湯鍋類**	치즈돈까스	起司炸豬排
짬뽕라면	辣海鮮泡麵	순두부백반	嫩豆腐鍋	고구마돈까스	地瓜炸豬排
뚝배기라면	沙鍋泡麵	참치찌개	鮪魚鍋	오므돈까스	炸豬排蛋包飯
김치라면수제비	泡菜泡麵+麵疙瘩	김치찌개	泡菜鍋	돈까스정식(1)(돈까스+쫄면+김밥+만두1개)	炸豬排定食(1)(豬排+韓式涼麵+飯捲+煎餃1個)
라면정식(라면+돈까스1/2+밥+샐러드)	泡麵定食(泡麵+豬排1/2+飯+生菜沙拉)	된장찌개	大醬鍋(韓式味增鍋)	돈까스정식(2)(정식1+치즈or고구마돈까스 중 선택)	炸豬排定食(2)(定食1+起司or地瓜炸豬排2選1)
		꽁치김치찌개	秋刀魚泡菜鍋	곱배기	加倍
		황태콩나물해장국	黃太魚黃豆芽解酒湯	공기밥	白飯
떡볶이류	**辣炒年糕類**	갈비탕	排骨湯	캔음료수	罐裝飲料
라볶이	年糕泡麵	육개장	辣牛肉湯		
쫄볶이	年糕韓式涼麵	다슬기해장국	螺肉解酒湯	**여름특선메뉴**	**夏季特餐**
매운떡볶이	加辣辣炒年糕	오뎅백반	黑輪鍋	세숫대야 물냉면	臉盆冷麵
스페셜떡볶이	豪華辣炒年糕	부대찌개	部隊鍋	세숫대야 비빔냉면	臉盆拌冷麵(辣)
피자치즈추가	加起司	뚝배기불고기	沙鍋烤肉鍋	열무국수	小蘿蔔湯麵
사리추가	追加配料	돼지두루치기	炒豬肉鍋	열무 물냉면	小蘿蔔水冷麵
떡 / 만두	年糕/水餃	**식사류**	**主餐類**	열무 비빔냉면	小蘿蔔拌冷麵(辣)
쫄면 / 라면	韓式涼麵／泡麵	오므라이스	蛋包飯	콩국수	豆乳麵
오뎅 / 계란	黑輪／雞蛋	김치오므라이스	泡菜蛋包飯	냉쫄면	韓式湯涼麵
		카레오므라이스	咖哩蛋包飯	된장+열무 비빔밥	大醬鍋+小蘿蔔拌飯
도리아	**焗烤飯**	비빔밥	拌飯	사리추가	追加配料
김치도리아	泡菜焗烤飯	돌솥비빔밥	石鍋拌飯		
새우도리아	鮮蝦焗烤飯	참치비빔밥	鮪魚拌飯		
오므도리아	蛋包焗烤飯	양푼 이비빔밥+된장(2인용)	雙人份銅盆拌飯套餐		

地鐵1號線分站導覽

110 札嘎其站・111 南浦站・112 中央站・**113 釜山站**・119 219 西面站・127 溫泉場站・128 釜山大站

1 號線

116
佐川站
좌천역

117
凡一站
범일역

118
凡內谷站
범내골역

119/219
西面站
서면역

120
釜田站
부전역

121
楊亭站
양정역

122
市廳站
시청역

② KORAIL

119 219 西面站 서면역

位於釜山地鐵1、2號線交會的西面地區，是釜山最繁華的商圈之一，從樂天百貨開始，到購物商場、地下商街和餐飲美食等，構築成熱鬧街區，這裡販售的商品應有盡有，從各類型的服飾、鞋子、包包和化妝品，一直到各式生活雜貨等，還有各種異國料理餐廳和特色咖啡店，當然韓國美食和小吃也是不可少的；此外周邊的傳統市場、山區寺廟和金融摩天大樓，更是替西面創造出不同的風味，開創更天馬行空的未來。

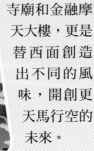

‖釜山達人3大推薦地

遊客必訪
大賢地下商街

位於釜山的中心地區，聚集各家韓系保養美妝品牌和特色服飾鞋包，可以滿足逛街血拼的欲望。(見P.144)

Helena最愛
金剛部隊鍋

熱呼呼的韓式口味火鍋，用料豐富、價格實惠，白飯、泡麵可以吃到飽，真是美味又飽足的一餐。(見P.147)

在地人推薦
皇帝潛水艇

內容豐富、分量十足的各種貝類海鮮，大章魚、魷魚已不夠看，鮮活的鮑魚、龍蝦才是王道。(見P.146)

遊賞去處

人氣不減的逛街中心

▌西面1號街
▌서면일번가

西面1號街是釜山早期的逛街中心，各式商店和餐廳林立，雖然近年大型的百貨商場進駐形成新的商圈，但經過燈飾的妝點，比起西面的任何一個地方都還要華麗明亮，除了餐廳聚集的街道外，平價的服飾、鞋子和包包等，也相當受到歡迎，這裡也是夜店和KTV聚集的地方，到處都充滿熱絡的氛圍，不亞於南浦洞的人氣，在這裡持續蔓延。

DATA

 부산시 부산진구 부전동 일대　🕙 10:00～22:00(每個店家略有不同)　➡ 地鐵119／219西面站1、2號出口出來的路面商圈　**MAP** P.139

西面站周邊順遊

釜山國際金融中心展望臺 (부산국제금용센터 전망대)

釜山最新落成的綜合金融摩天大樓,簡稱BIFC,是韓國南部經濟圈的重要地標,其63層頂樓、免費開放參觀的展望臺,是最吸引人的重點;從展望臺上可清楚看到釜山市區景色,釜山港、廣安大橋等都近在眼前,建議接近日落上去,可日、夜景一次打包,目前只有週六開放,規畫行程時需留意。(大樓外觀請看P.4作者序右上圖)

DATA

✉ 부산시 남구 문현금융로40(문현동) ☎ (051)631-0283 ⏰ 每週六14:00～21:00 💲免費參觀 📶無 ➡ ❶地鐵217國際金融中心・釜山銀行站3號出口出來,BIFC MALL後即是BIFC大樓 ❷地鐵118凡內谷站4號出口直走到巷口右轉,再直走約9分可到(中間過橋) 🌐 www.bifc.kr(韓、英) ℹ 搭電梯前,需留姓名、聯絡處基本資料;展望臺提供簡單茶水、無商店 🗺 封面裡

三光寺(삼광사)

位於釜山市區、天臺宗第二大的寺廟,於1986年創建,大雄寶殿供奉著釋迦牟尼、觀世音菩薩、大勢至菩薩,除每月1號、2號的定期法會,也舉辦許多文化活動,致力推動佛教的現代化、世界化與大眾化,此外於佛誕日前後舉辦的燃燈節慶典,結合4萬多個蓮燈、各種燈飾和多樣活動,最吸引大眾目光。

DATA

✉ 부산시 부산진구 초읍천로 43번길 77(초읍동) ☎ (051)808-7111 ⏰ 燃燈節約每年4月底～5月中 💲免費 📶無 ➡ 地鐵119／219西面站9號出口左前對面公車站牌,搭釜山鎮區(부산진구)15-小-公車,約15分在三光寺前下車,回程在對面(有候車亭)搭同號公車回西面;從西面搭計程車約10分鐘、3,500₩,但回程山上不好攔車 🌐 www.samkwangsa.or.kr(韓) ℹ 留意回程搭車方向位置,上車前先跟駕駛確認;燃燈節期間人潮眾多,建議預留緩衝交通時間 🗺 封面裡

規模最大的集合市場

▌釜田Market Town
▌부전마켓타운

在韓戰後那個動盪窮苦的年代,媽媽們為了補貼家用,把自己種植的蔬菜拿到市場去兜售,因此形成了釜田市場;位在釜山中心位置的西面地區,加上整齊的規畫,使得釜田市場的規模逐漸擴大,有人潮和商機的集中,讓販售各種物品的商人都來此聚集,為了可以容納日漸增多的商家,於是逐漸擴展成擁有6個市場、釜山最大規模的Market Town集合市場。

最早的釜田市場是以農、漁和畜產等的批發零售形成,從新鮮的蔬菜水果開始,到海鮮、乾貨、加工食品和小菜等等,後來逐漸加入生活雜貨類、寢具類和服飾等的商品,釜田市場2樓的人蔘市場,讓釜田Market Town的內容更為豐富;從凌晨就開始運轉的市場,一直到晚上休息為止,除了熱絡的買賣交易之外,不定時舉辦的各種活動,還有跟大賣場一樣的貼心購物推車,在在都替老市場注入了年輕的生命力,讓市場不再只是傳統的購物市集,同時也是了解過去、努力現在、展望未來的活力泉源。

釜田Market Town因為範圍太大,因此備有跟大賣場一樣的手推車,方便消費者逛市場購物

DATA

✉ 부산시 부산진구 부전동　📞 (051)805-2552
🕐 各店家不同,白天到傍晚前最為熱鬧　📶 無
➡ 地鐵120釜田站1號出口的對面　🌐 www.
bujeonmarket.co.kr(韓)　@ bujeon.market@gmail.
com　MAP P.139

142

凡一站熱門市場

釜山鎮市場(부산진시장)

「結婚前一定要去釜山鎮市場」是釜山人深刻的印象之一,這裡除了是歷史悠久且頗具規模的布料市場,也是釜山有名的結婚用品市場,從1樓的訂製韓服店開始,到地下1樓的各式婚禮用品、寢具家電、傳統糕點、民俗藝品和日用雜貨等,結婚所需的用品一應俱全,也可以買到韓國傳統風格的小飾品,還有一些小吃店等,此外2~3樓的空間,販售各類風格的男、女流行服飾、鞋襪、童裝、內睡衣及運動服等,

也可以在這裡買到便宜的現成生活韓服和各式布料,市場的3樓以飾品店為主,有現成可購買的,也有販售手工藝DIY的材料,有些店家也提供購買材料即可免費教學的服務。

DATA

✉ 부산시 진시장로 24번지(동구 범일2동 290번지) ☎ (051)646-7041 ⏰ 各店家不同,約07:00~19:00,每月第1、3週日(7~8月每週日)、農曆春節和中秋節公休 ᗯᕮᗱ 無 ➡ 地鐵117凡一站1號出口直走約5分鐘過天橋即到 ⊕ busanjinmart.co.kr(韓) ᛗᛅᑭ 封面裡、P.139

平和批發市場(평화도매시장)
金飾商街(귀금속상가)

從1樓的鞋子和包包開始,各種設計流行服飾、內睡衣和童裝,還有遊客到韓國喜歡購買的可愛襪子、毛巾褲、搓澡布和面膜等,除了大量批發之外,也會有較便宜的價格零售;周邊聚集的眾多金飾店,價位通常比專賣店便宜,許多釜山人會

到這裡選購結婚所需的金飾,有些店家也提供外國人購物退稅的優惠,建議前往選購時多比較,並且留意金飾的實際重量。

DATA

✉ 부산시 자유평화로 7번지(부산진구 범천1동 839-52번지) ☎ (051)646-6561 ⏰ 06:00~18:00,每週日、農曆春節和中秋節公休 ᗯᕮᗱ 無 ➡ 地鐵117凡一站10號出口對面 ⊕ www.bsph.kr(韓) ᛗᛅᑭ 封面裡、P.139

購物血拼

釜山流行購物指標
▎大賢地下商街、西面地下商街
▎대현지하상가、서면지하상가

西面最精采的血拼空間，不是在路面上，而是地下商街。西面的地下商街，由往地鐵釜田站方向的「西面地下商街」和往凡內谷站方向的「大賢地下商街」組成，兩邊的商品風格雖不太相同，但內容都非常豐富，即使有地面上的百貨公司和商場，地下商街依然吸引著各年

大賢地下商街

齡層的消費者前往購物挖寶；大賢地下街的出入口，部分和地鐵出入口重複，但上下編碼不同，若有和朋友相約在此見面，還請稍微留意一下。

商品豐富的主力商街

大賢地下商街(대현지하상가)
主要以年輕風格的商品為主，各韓系品牌的保養品、化妝品這裡幾乎都有，還有一些獨特風格的服飾店和內睡衣、鞋子、包包的專賣店，吸引很多年輕人來此逛街，尤其是下午過後和天氣不佳時，地下街裡尤其熱鬧，此外有多家化妝品的分店都可退稅，部分小物商品會比南浦洞或釜山大學商圈的價格高一些。

DATA
📞 (051)802-8881~2(辦公時間10:00～19:00) 🕐 10:30～22:30(每個店家略有不同)，每月第一個週二公休 📶 無 ➡️ 地鐵119／219西面站出刷票口後，往1～4號出口、地鐵118凡內谷站方向的地下街道 🌐 www.primall.co.kr/busan(韓) 🗺 P.139

西面地下商街(서면지하상가)
商品的風格主要以年齡層較高的服飾鞋包、嬰幼兒用品和特殊商品為主，例如登山用品服飾、西裝套裝和五金雜貨等，也有幾家販售相機、電玩等相關產品的店家。

DATA
📞 (051)817-1574 🕐 09:30～22:00(每個店家略有不同) 📶 無 ➡️ 地鐵119／219西面站出刷票口後，往12～15號出口、地鐵120釜田站方向的地下街道 🗺 P.139

韓國最夯、通訊軟體周邊專賣店

▎KAKAO FRIENDS
▎카카오프렌즈

「Kakao Talk」是韓國人最主要使用的通訊APP，頻率遠勝過LINE，其逗趣的貼圖卡通人物，不只深受韓國人喜愛，許多外國遊客也是指定要到專賣店朝聖，多樣周邊商品持續熱賣，釜山唯一分店就在西面樂天百貨，快來感受一下韓式的可愛風格吧！

DATA

✉ 부산시 부산진구 가야대로 772(부전동)西面樂天百貨7樓 ☎ (051)810-4757 ⏰ 10:30～20:00 WIFI 無 ➡ 地鐵119／219西面站7號出口旁有連結百貨公司的通道 http store.kakaofriends.com(韓) MAP P.139

特色美食 🍸

價位親民烤肉吃到飽

▎善良的豬 釜山西面店
▎착한돼지 부산서면점

用善良的價格，提供超過30種各式肉類、海鮮，以及小吃配菜、炸雞披薩、沙拉水果、白飯和湯，選擇相當豐富，肉類的品質不錯，補菜速度也快，並且用餐時間不限，此外每「桌」只要加1,000₩，飲料(酒類除外)就可無限暢飲哦！

DATA

✉ 부산시 부산진구 중앙대로680번가길 38(부전동)2층 ☎ (051)808-0712 ⏰ 11:20～23:00，用餐無限時，農曆過年、中秋當日公休 💲 平日傍晚5點前10,900₩、5點後11,900₩，小孩另有優惠價格，週末一律11,900₩；飲料每桌加1,000₩可喝到飽，酒類、冷麵和大醬鍋另計 👶 不可 🪑 西式座椅座位 WIFI 有 ➡ 參考P.150白鐵盤，位於同棟商場2樓另一側 http www.chakhanpig.com(韓) ℹ 請酌量取用，食材剩餘過多須另收費 MAP P.139

鮑魚龍蝦都有的豪華海鮮鍋

▌皇帝潛水艇 西面本店
▌황제잠수함 서면본점

　　釜山是韓國有名的海港城市，海鮮當然也是必吃美味，「皇帝潛水艇」海鮮鍋專賣店，最受歡迎的是有大龍蝦的皇帝蒸，視覺讓人驚豔，味覺也是相當滿足。

　　海鮮鍋的基本內容有各式貝類、一隻雞、魷魚、烏賊、花蟹等，依序再添加鮑魚、大章魚、蝦和龍蝦，內容相當豐富；客人確認餐點內容後，店員會將龍蝦取走處理，可選擇吃原味(찜)或焗烤(버터)，湯底是固定調味，如果覺得較辣可加熱水。

DATA

✉ 부산시 부산진구 서면로 16(부전동) ☎
(051)816-0025 🕐 12:00～翌日06:00 💲 各海
鮮鍋42,000～109,000W 🅿 可(但不建議，分量太
多) 🪑 西式座椅、韓式地板座位 📶 無 🚇 地鐵
119／219西面站1號出口直走約9分，或是大賢地下
街西1號出口直走約3分的巷口右轉，再直走約1分的
左側路口 http goo.gl/0roSCq(韓) MAP P.139

皇帝潛水艇菜單中韓對照表

韓文	中文	內容
특황제찜	特皇帝蒸	溢價海鮮王子+龍蝦2隻(1公斤) 建議4～5人
황제찜	皇帝蒸	溢價海鮮王子+龍蝦1隻(半公斤)
프리미엄바다의왕자	溢價海鮮的王子	基本鍋+鮑魚、大章魚、蝦
바다의왕자	海鮮的王子	基本鍋

實用韓文

湯有點辣，請幫我加熱水。	국물이 좀 매워서 뜨거운 물 좀 넣어주세요.

↑龍蝦可選擇原味(찜、如圖)
或是焗烤(버터)

家鄉口味的平價韓定食

▌鄉間飯桌
▌시골밥상

所謂的韓定食，指的是韓國料理的套餐，主餐之外還有數種的小菜，「鄉間飯桌」是平價的韓定食餐廳，以家鄉媽媽的溫馨口味為主，除了一般韓國餐廳會有的小菜外，也會有一些如煎魚、湯鍋和煎餅等的特別菜

色，是味蕾的滿足，也是視覺的享受，和其他韓國餐廳一樣，小菜吃完後都是可以再續盤的喔！

DATA

✉ 부산시 부산진구 중앙대로 673번지(부전2동 232-45번지) 📞 (051)806-8889 🕐 11:00～21:40，春節和中秋節公休 💲 套餐每人8,000₩，可刷卡 🅿 不可(最少2人以上) 🪑 西式座椅和韓式地板座位 📶 無 ➡ 地鐵119／219西面站1號出口直走約7分鐘 MAP P.139

豐富飽足的韓式火鍋

▌金剛部隊鍋 西面樂天店
▌킹콩부대찌개 서면롯데점

韓戰時糧食不足，難民會向駐韓美軍部隊，拿一些多餘的食物回家，混合放在大鍋裡烹煮，這就是部隊鍋的由來。演變到現在，部隊鍋不再是煮剩菜的大雜燴鍋，但保留多樣食材的特色；「金剛部

隊鍋」是韓國的部隊鍋連鎖店，基本款鍋內有各種火腿、年糕、泡菜和通心麵等食材，另外還有不辣的白湯版，並且白飯和泡麵可以吃到飽，真是美味又飽足的一餐啊！

實用韓文

| 請幫我加湯。 | 국물 좀 더 주세요. |

金剛部隊鍋菜單中韓對照表

韓文	中文(部隊鍋)	韓文	中文(部隊鍋)
킹콩부대찌개	原味金剛	햄가득부대찌개	加火腿
나가사끼부대찌개	白湯較不辣	섞어부대찌개	什錦綜合
우삼겹부대찌개	牛薄片三層肉	모둠사리	綜合配料

店家的營業內容，依當日實際情況為準。　　製表：Helena

DATA

✉ 부산시 부산진구 가야대로784번길 46-1번지(부전동 519-2번지) 📞 (051)804-8582 🕐 10:00～23:00 💲 每人份8～9千₩，另有套餐，加點配料1,000～5,000₩，白飯泡麵吃到飽(請勿剩下浪費)，店內菜單附照片，可刷卡 🅿 可(使用陶鍋，白飯可續、泡麵不可) 🪑 西式座椅座位 📶 無 ➡ 參考P.148，面對傳統手工炸醬右轉，直走約2分鐘的巷口右轉，再走一下的左邊 http www.kingkongbudae.co.kr(韓) MAP P.139

超人氣知名中華料理店

▌傳統手工炸醬
▌옛날 손 짜장

　韓式的「黑」炸醬麵是口味偏甜的,和台式的有所差異,除了炸醬麵外,韓國的中華料理店通常還會有辣海鮮麵、糖醋肉和蒸餃等料理;位在西面樂天百貨後方巷弄內的「傳統手工炸醬」,是西面地區知名的中華料理店,店內的麵食料理,都是師父在店門口的工作台現場手工製作,受歡迎的程度,從每天開店後10餘分鐘就會滿座可以得知,為了保持好口味,所以不提供外送的服務,但即使如此也無損受歡迎的人氣。

DATA

✉ 부산시 부산진구 가야대로 784번길 15번지(부전동 502-21번지)　☎ (051)809-8823(不外送)
🕐 11:30～22:00,春節和中秋節當天公休　💲 炸醬麵(짜장면)小3,500₩,海鮮炸醬麵(해물쟁반짜장) 2人份10,000₩,糖醋肉(탕수육)9,000₩,蒸餃(찐만두)4,000₩,菜單附日文,點餐後付款,內用後再打包加300₩,可刷卡　🪑 可　🪑 西式座椅座位
📶 無　➡ 地鐵119／219西面站7號出口,直走到路口右轉過馬路後,左邊巷口直走進去,到路口左轉即可看到　🗺 P.139

←用料很實在的海鮮炸醬麵

→手工製作的蒸餃

爽口不油膩的炭烤美食

▌Madangsoe王鹽烤 本店
▌마당쇠 왕소금쟁이 본점

　　Madangsoe是釜山的烤豬皮連鎖專賣店，以烤豬皮為特色主打，位於西面小巷內的本店，全店採用肉質好的母豬肉，調味和處理上很到位，看起來油膩的豬皮，經過炭火烤過之後，吃起來卻非常爽口，三層肉和脖子肉也都很好吃，此外在物價較高的西面地區，這裡的售價算是實惠，上班族和學生都可以輕鬆沒負擔地享受美味喔！

DATA

✉ 부산시 부산진구 가야대로 784번길 50번지(부전동 519-3번지)　📞 (051)805-5022　🕐 11:00～凌晨02:00　💲 參考本頁菜單，可刷卡　🈶 可(低消2人份以上)　🪑 西式座椅座位　📶 無　➡ 請參考P.148傳統手工炸醬的前往方式，麵店前路口左轉後，靠右側直走約3分鐘　http www.mdsfood.co.kr(韓)　MAP P.139

Madangsoe王鹽烤價目表

韓文	中文	價位
오겹살	五層肉	9,000₩
생삼겹	三層肉	8,000₩
생목살	脖子肉	8,000₩
껍데기	豬皮	5,000₩
네기야끼	薄片烤肉	7,000₩
된장찌개	大醬湯鍋	3,000₩
라면사리	泡麵	1,000₩

店家的營業內容，依當日實際情況為準。　　　　製表：Helena

韓式鐵板料理的代表

▍**白鐵盤 西面中央店**
◢ **백철판 서면중앙점**

　「辣炒雞排」源自韓國北部的春川市，以前窮苦年代吃不起較貴的豬、牛肉，因此發展出將切塊雞肉和其他配料、蔬菜等在大鐵盤上一起拌炒，是韓國的特色鐵板料理。「白鐵盤」是韓國名廚白種元老師開的辣炒雞排連鎖店，此外也有豬肉、魷魚和加點配料可選擇，特別推薦中午限定的太陽炒飯，可以直接當成主餐，好吃又實惠。

DATA

✉ 부산시 부산진구 중앙대로680번가길 38(부전동)2층　☎ (051)817-7001　🕐 11:30～24:00，太陽炒飯傍晚5點前提供　💲 鐵板鍋類每份7,500～

炒雞排加起司一起「牽絲」吃更對味

10,000₩(基本需點2份、可混搭)，太陽炒飯每份4,500₩(基本需點2份)，配料加點1,000～3,000₩🈳 可(基本需點2份)　🪑 西式座椅座位　📶 無　➡ 地鐵119／219西面站2號出口直走約3分左轉，再直走約2分右轉，直走一下的路口2樓　🗺 P.139

↑ 太陽炒飯

白鐵盤菜單中韓對照表

韓文	中文	韓文	中文
치즈매운닭갈비	起司辣炒雞排	치즈	起司
매운닭갈비	辣炒雞排	계란	雞蛋
매운돼지고기	辣炒豬肉	라면	泡麵
매운오징어	辣炒魷魚	밀떡	年糕
간장닭갈비	原味炒雞排	우동	烏龍麵
태양볶음밥	太陽炒飯	쫄면	馬鈴薯麵
날치알볶음밥	魚卵炒飯	공기밥	白飯

在2樓轉角處的店面外觀

店員會主動來料理雞排和炒飯

小橋流水般的空間設計

▌外食1號街 釜山本店
▌외식1번가 부산본점

　　釜山地區的大型連鎖烤肉店，以適合家族親友聚餐的風格為主，用餐空間明亮寬敞，小橋流水的設計讓人感覺更放鬆，除了好吃的烤肉外，平日中午用餐還贈送大碗冷麵或大醬(韓式味增)湯鍋，吧檯提供售價僅100～2,000W的咖啡、茶類或甜點，附設有小朋友的遊戲室，若要前往用餐，建議預先訂位。

DATA

✉ 부산시 부산진구 신천대로 222번지(부암동 123-6번지)　☎ (051)816-0007　🕐 11:30～22:30(週日11:00開始)，點餐時間到21:30，中秋節和農曆春節當天休息　💲 各式烤肉19,000～23,000W，冷麵8,000W，菜單附英文或照片，可刷卡，平日15:00前用餐另有午餐折扣，且贈送冷麵或大醬湯鍋(每人二選一)　🈺 可(低消2人份以上)　🪑 西式座椅和韓式地板座位　📶 有　➡ ①地鐵220釜岩站4號出口直走約6分鐘 ②地鐵119／219西面站周邊搭計程車前往，車程時間約5分鐘，車資約2,900W　🔗 www.first1st.com(韓)　🗺 P.139

結合素食餐點、有機冰淇淋

茶田

다전

可素食
卐

　　西面1號街鬧區裡的「茶田」，是一家結合傳統茶和素食餐點的休憩環境，除了各種韓國傳統茶之外，也有販售一些素食餐點和有機的冰淇淋，在熱鬧的西面商圈裡，是感覺很特別的溫馨空間。

DATA

✉ 부산시 부산진구 신천대로62번길 61번지4층 (부전2동 240-12번지)　📞 (051)808-6363　🕐 12:00～22:00，每週日公休　💲 各式傳統茶、素食餐點5,000～11,000₩，部分菜單有照片，可刷卡　🚻 可　🪑 西式座椅(沙發)和韓式地板座位　📶 無　➡ 地鐵119／219西面站1號出口直走約6分鐘的巷口右轉，直走到第一個巷口，之後再右轉的左側4樓　http blog.naver.com/j30737(韓)　MAP P.139

韓國傳統茶

　　韓國傳統茶的特別之處，在於除了茶葉之外，果實和植物等也可以是製茶的主角，隨著季節和身體狀況的不同，有各種的茶飲可以品嘗，例如可預防感冒和養顏美容的柚子茶、潤喉止咳的木瓜茶、去寒暖身的紅棗茶和薑茶，以及消除疲勞的梅實茶等，來到釜山旅行，除了咖啡店之外，傳統茶店也會是很好的歇腳處喔！

實用韓文

傳統茶	전통차	茶包	티백	綠茶	녹차	紅棗茶	대추차
冷	아이스	柚子茶	유자차	菊花茶	국화차	水正果	수정과
熱	핫	梅實茶	매실차	生薑茶	생강차	烏龍茶	우롱차
茶葉	찻잎	五味子茶	오미자차	人蔘茶	인삼차	木瓜茶	모과차

吮指好味、情侶慎入

▌釜山烤肋排
◢부산쪽쪽등갈비

　　請注意，這是家不適合情侶一起來吃的美食。在廚房製作的調味碳烤豬肋排，光是飄散出來的香味，就已經讓人無法顧及形象地想吃；豬肋排烤好端上桌時，更是毫不猶豫戴上店家準備的手套，迫不及待用手拿起豬肋排，就這樣豪邁地啃下去。豬肋排上桌時，還會用碳火持續加熱著，所以別太心急、小心燙口喔！

DATA
📧 부산시 부산진구 중앙대로691번가길 32번지 (부전동 516-68번지) 📞 (051)816-8803 🕐 16:00～翌日02:00 💲 參考本頁菜單，烤類餐點每單項需點3份以上，1人用餐可只點2份，可刷卡 💳 可(最少需點2份) 🪑 西式座椅座位 WIFI 無 ➡ 地鐵119／219西面站7號出口，直走約2～3分鐘的路口右轉過馬路，再直走約3分鐘的巷口左轉，走一下的左邊，位在樂天百貨後方巷口內 MAP P.139

釜山烤肋排價目表

韓文	中文		價位
바베큐	BBQ 烤肋排	不辣(순한맛)	8,000₩
		中間辣(중간맛)	8,000₩
		辣味(매운맛)	8,000₩
생소금구이	鹽烤肋排		8,000₩
고추장삼겹살	辣椒醬三層肉		8,000₩
소금삼겹살	鹽烤三層肉		8,000₩
공기밥+된장	白飯+大醬湯鍋		2,000₩

店家的營業內容，依當日實際情況為準。　　製表：Helena

聊天喝酒、續攤首選

青春包車
청춘포차

從中間藍色招牌下走進去就到

韓國有所謂的「續攤」文化，一個晚上可能不只跑一家店，吃飯、聊天、喝酒等都能換不同場所，造就有些地方不是要吃飽，而是吃氣氛的，青春包車就是如此適合喝酒聊天、很韓式風格的小店，主打的現烤大章魚，附送的泡菜+豆腐，加點要自己捏製的飯糰，可都是下酒良伴，若能喝酒千萬別錯過，不喝酒也可以來吃美味烤大章魚囉！

無 ➡ 地鐵119／219西面站6號出口往回走到路口右轉，直走約1分巷口右轉，再直走一下巷口左轉的右手邊 🈲時價餐點建議先詢價再點餐 MAP P.139

青春包車菜單中韓文對照表

韓文	中文
문어	大章魚
낙지	章魚
닭발	雞腳
똥집	雞胗
해물라면	海鮮拉麵
주먹밥	自捏飯糰
공기밥	白飯

DATA

✉ 부산시 부산진구 동천로95번길 25(부전동)
📞 010-2357-5959 🕐 18:00～翌日02:00 💲 烤大章魚、章魚時價(約3、4萬₩左右)，雞腳、雞胗15,000₩，海鮮泡麵5,000₩、自製飯糰3,000₩ 👥 可(但比較適合兩人以上) 🪑 西式座椅座位 WIFI

百分百巧克力、製造甜蜜浪漫

▌DALA 釜山田浦咖啡街店
▌달아 부산전포카페거리점

DALA是巧克力甜點飲料專賣店，最熱門高人氣的，就是韓國、台灣電視節目都拍攝過的恐龍蛋巧克力，要用槌子把蛋敲破後再吃，新奇、有趣又好玩！使用好的百分百巧克力，製作多樣美味甜點，其他如巧克力披薩、特別布朗尼等，也推薦螞蟻一族來品嘗享受。

DATA

✉ 부산시 부산진구 전포대로209번길 18(전포동) ☏

(051)818-1662 🕐 11:00～23:00，農曆過年、中秋公休 💲 恐龍蛋巧克力12,000W、巧克力披薩11,800W、特別布朗尼10,800W，主打商品櫃檯旁有貼照片 🈁 可 西式座椅座位 📶 有 ➡ ❶地鐵218田浦站7號出口直走約2分路口右轉，再直走約1分的右邊 ❷地鐵119／219西面站2號出口直走約3分路口左轉，再直走約7分的左側，可用釜田圖書館(釜田圖書館)為目標問路 🌐 www.dala100.com(韓) 🗺 P.139

新鮮水果、現打活力

▌U:DALLY 釜山西面店
▌유달리 부산서면점

位於西面周邊的田浦洞咖啡街，店名有特別、不尋常的含意，咖啡每天都要喝，總會有一成不變的感覺，希望用顏色和新鮮感來幫顧客恢復活力，現打的新鮮季節果汁類最受到歡迎，櫃檯旁都貼有主打商品的圖片，裝飲料的瓶子可以直接帶走，有時還可以拿到限量的特色水瓶喔！

DATA

✉ 부산시 부산진구 전포대로209번길 22(전포동) ☏ (051)804-2470 🕐 10:00～23:00 💲 現打果汁類約5～6千W 🈁 可 🍴 西式座椅座位 📶 有 ➡ 參考P.155，面對DALA左轉，走一下再右轉即到 🌐 u-dally.co.kr(韓) ℹ 不提供沖洗瓶子；店內有養一隻大狗(圍欄內) 🗺 P.139

1 號線

東海線

④

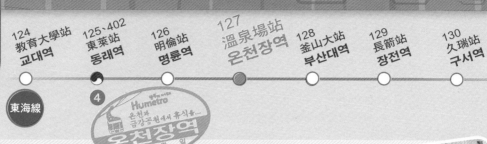

127 溫泉場站 온천장역

本站位於釜山北部的東萊區；「東萊」是釜山的舊稱，這裡是釜山發展的源頭，不靠近廣闊的大海，也沒有華麗的街道，但是在釜山的發展軌跡中，比起任何一個區域都還重要，古城遺跡的感受，羊腸小徑的探訪，還有釜山知名的溫泉區，來到此使身心都放鬆，還可以搭乘纜車前往金井山登高望遠，有別於逛街血拼的在地生活文化，歡迎來感受不一樣的釜山。

‖釜山達人3大推薦地

遊客必訪
金剛公園纜車

俯瞰釜山市區的景色，登高望遠的感受，可以藉由搭乘纜車輕鬆達成。(見P.158)

Helena最愛
虛心廳

由韓國的農心集團經營，是釜山知名的溫泉，可以同時體驗韓式三溫暖文化和溫泉泡湯的功效。(見P.160)

在地人推薦
東萊蔥煎餅街

釜山的知名料理東萊蔥煎餅，在這裡可以用合理的價格，享受道地的美味。(見P.162)

溫泉場站街道圖

釜山海洋自然史博物館
부산해양 자연사박물관

往金井山城
금정산성 방향
우장춘로

金剛公園
금강공원

金剛公園纜車賣票所
금강공원 케이블카 매표소

東萊溫泉露天足浴
동래온천 노천족탕

東萊蔥煎餅街
동래파전골목

金剛公園路
금강공원로

7-11

民俗村
민속촌

望美樓(舊址，已遷移)
망미루

Home plus
홈플러스

온천장로 119번길

虛心廳
허심청

온천장로 107번길

MINI STOP

CGV電影院
CGV영화관

溫泉場站

東萊溫泉理想鄉
동래스파토피아

農心飯店
농심 호텔

GS25

藥局
약국

7-11

BS釜山銀行
부산은행

往128釜山大站

中央大路

地鐵1號線

往126釜山明站

N
W E
S

遊賞去處 👁

俯瞰東萊地區寬闊全景

█ 金剛公園纜車
█ 금강공원 케이블카

　　南北韓交界的金剛山是韓國人心中的聖山，而金井山則是釜山人心中的小金剛山。設在金井山東南側山腳的金剛公園纜車，為總長度1,260公尺、爬升高度海拔540公尺的雙線運行纜車，搭乘纜車時可看到東萊地區的全景，天氣好時連較遠的海雲臺、廣安大橋等也都可以盡收眼底，從纜車最高處沿金井山城步行，可前往位於山腰的古剎梵魚寺，或是金井山海拔801.5公尺的主峰「姑堂峰」，而金井山下的金剛公園，則是四季宜人的市民公園，平時還可看到幼稚園老師帶著小朋友來郊遊野餐，長輩們聚在此乘涼聊天，假日則是闔家休閒的好地方。

DATA

✉ 부산시 동래구 우장춘로 155번지(온천1동 산27-9번지) ☎ (051)860-7880 🕐 09:00～17:30(週末、假日～18:00)，每20分鐘一班，人潮較多則隨時運行 💲 大人往返8,000₩、單程5,000₩，小孩往返5,000₩、單程3,000₩，可刷卡 📶 無 ➡ 從金剛公園的入口處，沿指標往上走約5分鐘可到纜車搭乘處，金剛公園的前往方式如下：❶地鐵127溫泉場站1號出口左轉直走約3分鐘的路口右轉過馬路，直走約10分鐘過「望美樓」牌樓(註)後，再直走約2分鐘到路口過馬路，之後右轉走一下可到金剛公園入口 ❷從地鐵127溫泉場站附近搭計程車前往，車程時間約6分鐘，車資約2,900₩ 🌐 geumgangpark.or.kr(韓) 🗺 P.157

(註：望美樓牌樓已遷移，原路直走會經過P.162東萊蔥煎餅街)

金井山城探訪

金剛公園纜車
(금강공원
케이블카)
(山上)

←步行30分→ 南門(남문) ←步行70分→ 東門(동문) ←步行90分→ 北門(북문)

北門 ←步行60分→ 姑堂峰(고당봉)

北門 ←步行60分→ 梵魚寺(범어사)

重返歷史遺跡的壯觀塞漠

▌金井山城
▌금정산성

在歷經壬辰倭亂(西元1592～1598年)和丙子胡亂(西元1636～1637年)後,為了加強防禦的能力,於朝鮮肅宗29年(1703年),在當時的東萊修建了全長約17公里、韓國最大規模的石造山城,隨著歲月流逝的毀損,直到純祖7年(1807年)重新修建,但日據時期又遭受到破壞,從1972年開始至今,持續修復這歷史的遺跡,金井山城的登山路上,春豔花、夏森林、秋紅楓和冬落葉,隨著不同風情的美景,讓登山客愉快地探訪歷史的痕跡。

DATA

✉ 부산시 금정구 금성동 일대　📞 (051)514-5501　🕐 24小時　💲 免費入場　📶 無　➡ ❶從梵魚寺(P.159)後的登山路前往 ❷於金剛公園內搭乘纜車(P.158)前往 ❸地鐵127溫泉場站5號出口的站牌,搭203號公車可前往金井山城的東門(동문)和南門(남문),車程時間約15分鐘　🔗 kumjungsansung.com(韓)　🗺 P.157

金井山的最高峰:姑堂峰

千年古剎的懷古悠情

梵魚寺(범어사)

位於金井山的古剎梵魚寺,相傳是在新羅文武王18年(西元678年)時由義湘大師建造,分別於新羅興德王時和壬辰倭亂後重建,曾有多位高僧在此修行,寺內有寶物第434號大雄殿、寶物第250號三層石塔等遺跡,與陝川海印寺、梁山通度寺並列為韓國嶺南的三大寺廟,後方的溪谷和樹林,夏季翠綠涼爽可以避暑,秋季色彩豐富可以賞楓,所以梵魚寺也常是登山客的起訖點之一。

DATA

✉ 부산시 금정구 범어사로 250번지(청룡동 546번지)　📞 (051)508-3122　🕐 08:30～17:30　💲 免費入場　📶 無　➡ 地鐵133梵魚寺站5或7號出口往回走到路口轉彎,直走約3分鐘到公車總站,搭90號公車約8分鐘在梵魚寺站下車,之後往前直走上階梯,步行約8分鐘可到;回程時在去程的公車下車處搭90號公車回到總站,再步行往地鐵站　🔗 www.beomeosa.co.kr(韓)　🗺 封面裡

擁有各式SPA紓壓設備

▌虛心廳
◀허심청

　　由韓國知名的農心集團經營，是釜山知名的溫泉，有數十種效能和溫度的溫泉湯、小型游泳池和水壓SPA等各式設備，很有人氣的露天溫泉，享受泡湯帶來的放鬆之餘，還可以一邊接觸到陽光和藍天，自然的力量可以徹底消除壓力和疲勞，增加有益身心的能量；韓國的溫泉和台灣的不太相同，通常都是以蒸氣房或韓式三溫暖的形式呈現，虛心廳也是以此方式經營，販賣部有各種餐點和

甜米露、紅豆冰和雞蛋等飲料零食，休息大廳有汗蒸幕、休息室、閱讀室、遊戲室和網咖等，雖然不是24小時營業不能在此過夜，但內容豐富的溫泉，在此度過一個下午也不會覺得無聊。

DATA

✉ 부산시 동래구 금강공원로 20번길 23번지(온천동 137-7번지)　☎ (051)550-2200　🕐 05:30～24:00(最後入場23:30)，年中無休　💲 入場費(泡湯、洗澡)大人8,000W(週末、假日10,000W)、小學生6,000W、幼兒4,000W，若要使用休息大廳(汗蒸幕、休息室等)，以上價格各加2,000W，可刷卡　➡ 地鐵127溫泉場站1號出口左轉直走，約3分鐘的路口右轉過馬路，之後直走約3分鐘的巷口右轉，再直走約3～4分鐘過虛心飯店後的虛心廳別館3～5樓　http hotelnongshim.com(韓、中、英、日)　MAP P.157

DATA

使用方式： ❶在洗腳區清洗足部後再泡湯 ❷每次泡20～30分鐘為佳

注意事項： ❶有高血壓、糖尿病、心臟病和飲酒後的人請謹慎使用 ❷請自備毛巾(現場無售) 📶無

東萊溫泉露天足浴(동래온천 노천족탕)

✉ 부산시 동래구 금강공원로 26번길 21번지(온천동 135-5번지) 🕐 3～10月10:00～17:00，11～2月11:00～16:00，每週三、五、夏季7/20～8/31、冬季1/1～1/31、年節連休時公休，雨天和天候不佳時暫停開放 💲 免費入場 ➡ 地鐵127溫泉場站1號出口左轉直走，約3分鐘的路口右轉過馬路，直走約5分鐘的巷口右轉，再直走約1～2分鐘的左側 🗺 P.157

東萊溫泉理想鄉(동래스파토피아)

✉ 부산시 동래구 온천장로 107번길(온천동 154-40번지) 🕐 3～10月10:00～17:00，11～2月11:00～16:00，每週二、夏季7/20～8/31、冬季1/1～1/31、年節連休時公休，雨天和天候不佳時暫停開放 💲 免費入場 ➡ 地鐵127溫泉場站1號出口左轉直走，約3分鐘的路口右轉過馬路，直走約2～3分鐘的巷口右轉，直走約3～4分鐘遇農心飯店的路口右轉，再走一下即到 🗺 P.157

通體順暢增益能量

▌東萊溫泉露天足浴
◀ 동래온천 노천족탕

在長時間的步行之後，將雙腳浸泡在足浴湯裡，可以舒緩腿部的痠痛、恢復氣力，進而使得通體舒暢，東萊溫泉場附近有兩個可以免費使用的足浴湯，歷史較久的足浴湯是開放式的，旁邊沒有圍牆，周邊有時會舉辦戶外活動，氣氛較為熱鬧，新開的足浴湯則因為是有圍牆的半開放式露天場地，所以較為安靜。

特色美食 🍸

用料實在，價格親民

▌東萊蔥煎餅街
▌동래파전골목

　　東萊蔥煎餅是釜山的知名特色美食，以滿滿的青蔥作為主角，沒有刻板的辛辣味，取而代之的是圓潤的自然口感，再搭配上豐富的鮮蚵、章魚等海產，無論是當主餐或下酒

菜都很適合，蔥煎餅街上的店家，都沒有豪華的用餐環境，但我覺得用料最實在、口味最好吃的，還是這些看來不起眼的小店，成本大都反應在蔥煎餅裡，可以用合理的價格來享受美食。

DATA

➡ 參考P.158金剛公園纜車的交通方式，蔥煎餅店家集中於望美樓舊址前後的兩側　MAP P.157

東萊奶奶蔥煎餅(동래할매파전)

釜山地區的70年蔥煎餅老店，有燈光美、氣氛佳的用餐環境，深受日本遊客的喜愛，價格略高、分量略少。

DATA

✉ 부산시 명륜로94번길 43-10번지(동래구 복천동 367-2번지)　☎ (051)552-0791　🕐 12:00～22:00，每週一、中秋節和農曆春節公休　💲 東萊蔥煎餅(小)20,000₩，可刷卡　🅿 可　🪑 西式座椅和韓式地板座位　WIFI 無　➡ 地鐵403壽安站5號出口前的巷口右轉，再直走約5分鐘的左側巷內　http www.dongnaepajeon.co.kr(韓)

圖片提供／Joey Yao

圖片提供／Joey Yao

內餡豐富的平價蔥煎餅

█ 民俗村
█ 민속촌

位在金剛公園前望美樓附近的東萊蔥煎餅街內，不太大的店面前就擺著製作蔥煎餅的工作台，製作過程和用料一目瞭然，主角青蔥搭配上滿滿的海鮮，再點綴上紅蘿蔔絲，兼顧味蕾和視覺的享受，此外也可來瓶韓國傳統的馬格利酒，嘗看看道地的韓式口味。

DATA

✉ 부산시 동래구 차밭골로 50번길 34번지(온천1동 204-11번지) 📞 (051)556-5651 🕐 09:00～22:30 💲 東萊蔥煎餅(동래파전)，小8,000W，可刷卡 🍴 可 🪑 西式座椅座位 📶 無 ➡ 請參考P.158金剛公園纜車的交通方式，過望美樓舊址後再走約1分鐘的左側路口 ℹ 酒類商品在小吃店內的價格，通常會比超市大賣場來得貴一些 🗺 P.157

溫泉川
(온천천)

位在釜山東北側的溫泉川，原本是排放廢水的河道，周邊環境髒亂、臭氣熏天，居民都會刻意避開此地，後來經過整治和美化的工程，注入洛東江的活水，使得溫泉川沿線變身成為很有人氣的市民公園，兩岸種植了各種豐富的花卉植物，並設有健身器材和自行車道，平時就是釜山市民喜愛的運動休閒環境，特別是每當櫻花盛開的時節，這裡尤其充滿人氣。

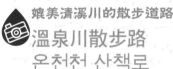

媲美清溪川的散步道路

溫泉川散步路
온천천 산책로

在首爾是清溪川的話，那麼在釜山就是溫泉川，由北到南流過釜山的金井區和東萊區，最後在蓮堤區和水營江匯流，再注入大海；作為一條都市裡的河川，雖然沒有遊覽船和露天咖啡座，但卻提供了有美麗景致的散步道路，沒有太複雜的布置，這就是最簡單的幸福，一年四季都受到人們的喜愛，春天朵朵盛開的櫻花，夏天將腳泡在溫泉川清涼的水裡，秋天沿著自行車道蔓延的楓紅，冬天在此運動暖和身體，來到釜山，試著把自己寄託給溫泉川，相信會有不同的感受，此外，溫泉川設有腳踏車道，可以免費借用腳踏車，更輕鬆地遊覽溫泉川。

DATA

✉ 부산시 동래구,금정구 일대　📞 溫泉川管理事務所，金井區(051)519-4686，東萊區(051)550-4741，蓮堤區(051)665-4981　🕐 24小時　💲 免費入場　📶 無　➡ 地鐵1號線的東萊站和斗實站間，大部分區段出地鐵站後可直接前往，建議從東萊站、明倫站、溫泉場站和釜山大站等前往　🌐 oncheon.dongnae.go.kr(韓)　🗺 封面裡

溫泉川向左走、向右走

溫泉川以地鐵東萊站為中心，往釜山大學方向的一邊，地鐵路線蓋在溫泉川之上，因此多有可遮蔽太陽的陰暗處，但若遇到大雨過後，會感覺較為潮濕；另一邊則因和地鐵路線分開無遮蔽物，所以視野良好，且兩岸種滿櫻花樹，約每年4月初櫻花會盛開。

左轉　溫泉川示意圖　右轉

往地鐵溫泉場站、釜山大站方向

地鐵125 / 402東萊站4號出口

沿溫泉川步行約8分鐘的橋下，可免費借用腳踏車，需攜帶護照和電話號碼(建議可用住宿點的電話)
開放時間：09:00～17:00，每人每次2小時，只可以在溫泉川的範圍內使用
所屬單位：東萊區廳

1 號線

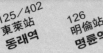
125/402
東萊站
동래역

126
明倫站
명륜역

127
溫泉場站
온천장역

128
釜山大站
부산대역

129
長箭站
장전역

130
久瑞站
구서역

131
斗實站
두실역

128

釜山大站
부산대역

有學生聚集的地方，就會年輕有活力，地鐵釜山大站和釜山大學中間的商圈，聚集了韓系彩妝保養品牌、服飾店和特色小店等，當然各式餐廳和小吃也是不可少的，相較於商業中心的西面和遊客較多的南浦洞光復路，這一帶的商品風格較年輕，價格方面也更為便宜，除了逛學校之外，這裡也是新一代的購物血拼街區。

‖釜山達人3大推薦地

遊客必訪
釜山大前保稅街

釜山年輕風格的逛街區域，價位比起西面和南浦洞更有看頭。(見P.168)

Helena最愛
馬上吃辣炒年糕

韓國的國民小吃辣炒年糕，在這裡自己動手拌炒、可以調整辣度，還有加料的泡麵和雞蛋，好吃又有趣喔！(見P.172)

在地人推薦
釜山大學前吐司巷弄

便宜又豐富的三層吐司和現打果汁，無論是當正餐、點心或宵夜都很適合。(見P.170)

釜山大站街道圖

購物血拼

涵蓋精品、特色小店的流行商街

▌釜山大學前保稅街
▌부산대학교앞 보세거리

釜山大學前巷弄是年輕人的熱門商圈

　　釜山大學是韓國南部知名的大學，學校和地鐵站間是年輕風格的熱鬧商圈，有特色服飾店、彩妝保養品店、各式美食和KTV等，學校正門前和地鐵站下的溫泉川邊，週末常會有學生舉辦的創意表演活動；保稅品原指未經賦稅就入境，在境內進行儲存、加工、裝配等作業後直接外銷或是在免稅店販售的商品，因為減少稅金成本，所以價格較為低廉，用保稅二字是為了呼應物美價廉的特色，保稅街商圈引領著釜山的年輕潮流，除了學生外，也吸引不少釜山民眾和遊客來此逛街購物。

DATA

🕐 約11:00～22:00(各店家不同)　➡ 地鐵128釜山大站1或3號出口對面和釜山大學中間的巷弄為保稅街範圍，地鐵3號出口右轉直走到路口，左轉過馬路再直走約6分可到釜山大學正門口　🅼🅰🅿 P.167

平價流行服飾是大學商圈的熱銷商品

特色美食 🍸

傳統料理、流行吃法

▶ 玫瑰光蒸雞 釜山大店
◀ 장미빛찜닭 부산대점

隨餐點送上的玫瑰花

　　通常被顧客簡稱為玫瑰蒸雞，是韓國特色料理「蒸雞」的專賣店，從韓國大邱市東城路商圈的本店開始，希望用玫瑰的熱情與氛圍，帶給顧客有別於其他地方吃傳統料理的感覺；主材料有雞肉、寬粉、馬鈴薯和紅蘿蔔等，可依照口味選擇辣度、雞肉帶骨或無骨，更符合客製化的服務精神，另外提供三種起司，招牌最推薦的是玫瑰蒸雞+치즈토핑(起司平鋪在蒸雞上)，送餐時店員還會獻

上一朵玫瑰，相當符合店名的玫瑰精神呢！

DATA

✉ 부산시 금정구 부산대학로 61(장전동)2층 ☎ 010-2913-6710 🕐 10:00～22:00 💲 蒸雞18,000～26,000₩、加起司3～4千₩、紫米飯1,000₩ 💳 可(最少點半隻) 🪑 西式座椅座位 📶 無 ➡ 地鐵128釜山大站3號出口過到對面右轉，直走約1分到路口左轉，再直走約6分的2樓 🌐 www.rosyjjimdak.com(韓) 🗺 P.167

玫瑰蒸雞菜單中韓對照表

韓文	中文	韓文	中文
장미찜닭	玫瑰蒸雞	뼈	帶骨
마약찜닭	麻藥蒸雞	순살	無骨
묵은지찜닭	酸泡菜蒸雞	순한맛	原味
반마리	半隻	조금매운맛	一點辣
한마리	一隻	매운맛	辣味
치즈	起司	흑미공기밥	紫米飯

請認明有紅玫瑰標誌的店家外觀

推薦加點起司，蒸雞配上「牽絲」口感超對味

口味多樣的豪華早餐

▌釜山大學前吐司巷弄
▌부산대앞 토스트골목

以前韓國人多會在家裡吃早餐，所以早期的韓國較少有早餐店，近年來在外吃早餐的頻率變高，除了原本就有的速食店和飯捲店之外，西式早餐店也越來越多，韓國西式早餐店的吐司，口味選擇多、內容豐富，吐司和食材煎好後，搭配上生菜、醃黃瓜、煎蛋和沙拉醬等，吃起來有幸福滿足的感覺，通常會用Best、Special或MVP等字來代表加料升級的豪華吐司，此外多會一起販售現打果汁和咖啡；釜山大學正門旁的小巷內，聚集了7家西式早餐店，多數是營業到深夜，以三層吐司為主，通常4,000～5,500₩就可以

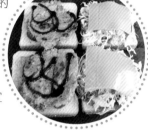

吃得很飽，豪華的吐司配上現打果汁，價格雖然較台灣的早餐高一些，但比起一般的韓國餐點卻便宜許多喔！

DATA

🕐 各店家不同，約07:00～凌晨01:00　💲 吐司2,000～3,000₩，果汁2,000₩　🏠 可　🅾 皆為外帶　📶 無　➡ 請參考P.168釜山大學前保稅街的交通方式，店家多位在學校正門旁的巷內　MAP P.167

內容豐富的
三層吐司

實用韓文

吐司	토스트	披薩	피자	藍莓	블루베리
韓式烤肉	불고기	Best綜合	베스트	山藥	마
韓式烤排	불갈비	Special綜合	스페셜	綜合果汁	섞어 쥬스
韓式年糕烤排	떡갈비	雞蛋	계란	草莓+香蕉	딸기+바나나
烤牛肉	소불고기	野菜	야채	柳橙+香蕉	오렌지+바나나
鮪魚	참치	起司	치즈	奇異果+香蕉	키위+바나나
火腿	햄	新鮮果汁	생과일쥬스	草莓+奇異果	딸기+키위
培根	베이컨	草莓	딸기	水蜜桃+李子	복숭아+자두
雞肉	치킨	奇異果	키위	柳橙+奇異果	오렌지+키위
辣海鮮	짬뽕	鳳梨	파인애플	冰咖啡	냉커피
雞胸肉	닭가슴살	番茄	토마토	溫咖啡	온커피
蝦	새우	香蕉	바나나	冰茶	아이스티
蟹味棒	게맛살	柳橙	오렌지	熱飲	뜨거운 음료
地瓜	고구마	水蜜桃	복숭아	冷飲	시원한 음료

美味現做鬆餅、水果派

Aesop's Fables
이솝페이블

釜山大學附近的祕境咖啡店，隱藏在小弄裡，入口被綠色植物覆蓋，店名「伊索寓言」剛好映襯了它的神祕吧！美味的原豆咖啡是基本，但這裡更受到顧客歡迎的，是現點現做的厚鬆餅和水果派，使用Häagen-Dazs(哈根達斯)冰淇淋和新鮮水果食材，加上原木色系和磚牆的布置，猶如身處森林木屋般輕鬆自在、享受美味。

DATA

✉ 부산시 금정구 금정로60번길 16(장전동)　📞 (051)517-7673　🕐 10:00～22:30　💲 水果派4,800～5,500₩、現做鬆餅5,900～15,900₩、咖啡飲料4,500～7,500₩；鬆餅A、B套餐分別為加美式咖啡1、2杯　💳 可　🪑 西式座椅座位　📶 有　➡ 地鐵128釜山大站1號出口對面直走約3分左側　🗺 P.167

↑ 現做綜合水果冰淇淋厚鬆餅
↖ 香醇冰拿鐵
← 時令新鮮水蜜桃甜派

DIY拌炒自己最愛的口味

▌馬上吃辣炒年糕
▌즉석떡볶이

　　辣炒年糕是韓國隨處可見的國民小吃，通常是直接吃已經煮好的，釜山大學附近的馬上吃辣炒年糕，有點類似首爾新堂洞辣炒年糕街的店家，由客人自己來拌炒年糕，主打客製化的口味，可以調整辣度，也可以加點喜歡的配料，常常擠滿來用餐的學生，為了保持好口味，加點配料請在點餐時告知，快吃完有剩下醬料時，可以再點炒飯，用醬料拌炒過後的炒飯，是很多韓國人的最愛喔！

DATA

✉ 부산시 금정구 금정로68번길 30번지 지하1층(장전동 292-3번지) ☎ (051)513-1236 🕐 11:30～22:30，假日10:30開始，最後點餐21:30，春節和中秋節當天公休 💲 基本兩人份9,000W，追加配料每項1～3千W，可刷卡，點餐後付款，醃黃瓜續盤和水請自助 🚬 可(低消2人份) 🪑 西式座椅座位 📶 有 ➡ 地鐵128釜山大站3號出口對面的巷子，直走約2分鐘的左側地下1樓(1樓是Holika Holika化妝品店) 🗺 P.167

辣炒年糕菜單

떡볶이	辣炒年糕	추가사리 (追加)					
보통맛	小辣	라면	泡麵	고구마떡	地瓜年糕	치즈100g	起司100g
매운맛	中辣	우동	烏龍麵	치즈떡	起司年糕		
아주매운	大辣	당면	韓式冬粉	단호박떡	南瓜年糕	모듬사리	綜合(烏龍麵／血腸／小香腸)
홍콩	比大辣還辣	오뎅	魚漿串黑輪	물만두	水餃		
2인분	2人份	떡	年糕	순대	血腸	모듬떡	綜合年糕(地瓜／起司／南瓜各4個)
3인분	3人份	계란	雞蛋	소세지	小香腸		
4인분	4人份	음료수(飲料)		수제비	麵疙瘩	치즈볶음밥	起司炒飯
		음료1병	飲料1瓶	양념볶음밥	調味炒飯		

店家的營業內容，依當日實際情況為準。　　　　　　　　　　　　　　　　製表：Helena

韓式黑色甜口味

▶大家戶
◀대가호

韓劇裡常看到演員們吃的韓式黑炸醬麵、炒碼麵和糖醋肉，你也想要輕鬆無負擔地都嘗試看看嗎？位在釜山大學附近的「大家戶」，客群以學生和計程車司機為主，除了有1碗只要2,000₩的炸醬麵之外，也有迷你分量的糖醋肉，韓式炸醬麵口味偏甜，和台式的鹹口味不同，很適合想要嘗鮮的遊客前往喔！

大家戶價目表

單點		
짜장면	炸醬麵	2,000₩
짬뽕	炒碼麵(辣海鮮麵)	2,500₩
미니탕수육	迷你糖醋肉	5,000₩
套餐		
짜×2+미니탕수육	炸醬麵×2+迷你糖醋肉	8,500₩
짜+짬+미니탕수육	上面單點三樣各一	9,500₩
짜+볶음밥+미니탕수육	炸醬麵+炒飯+迷你糖醋肉	10,000₩

DATA

✉ 부산시 금정구 장전로 55번지(장전동 478-18번지) ☎ (051)512-9044、(051)514-4294 🕐 10:30～21:00(最後點餐時間20:00)，每月第一、三週的週日公休，春節和中秋節當天公休 💲 請參考本頁價目表，可刷卡 🅿 可 🪑 西式座椅和韓式地板座位 📶 無 ➡ 請參考P.168釜山大學前保稅街，面對學校大門口，左轉直走約2分鐘，到路口往左前方巷口，直走約2～3分鐘的路口右轉，再直走約1分鐘的左側 🗺 P.167

服務貼心的優質烤肉店

▶好味王鹽烤烤肉
◀맛내음왕소금구이

韓國有很多烤肉店，但「好味王」的貼心令人印象深刻。桌邊提供的小秤，讓客人看到出餐的肉有足量，用測溫槍確認烤盤的溫度後，再開始幫客人烤肉；提供經過熟成的厚實三層肉、脖子肉和後頸肉，這裡的品項雖然不多，但卻是精華。此外，烤盤上還會放置小鐵架，把烤好的肉放在上面，既可以保溫，也不會讓肉烤焦，好吃的美味就是從這樣的基本功開始的喔！

好味王鹽烤烤肉價目表

韓文	中文	價位
삼겹살	三層肉	8,000₩
목살	脖子肉	8,000₩
항정살	後頸肉	8,000₩
모듬(소)	綜合(小)	34,000₩
모듬(대)	綜合(大)	48,000₩
된장찌개	大醬湯鍋	3,000₩
김치찌개	泡菜湯鍋	4,000₩
공기밥	白飯	1,000₩
떡、버섯、치즈	年糕、香菇、起司	1,000₩
명이나물	涼拌菜追加	1,000₩

DATA

✉ 부산시 금정구 부산대학로50번길 9번지(장전동 418-15번지) ☎ (051)582-3092 🕐 12:00～翌日02:00(週末12:00開始)，最後點餐01:00 💲 參考本頁價目表，部分食材追加需另收費，建議先詢問，可刷卡 🅿 可(需點2人份) 🪑 西式座椅座位 📶 無 ➡ 地鐵128釜山大站3號出口，往對面巷子直走約4分鐘到路口，右轉走到十字路口，過馬路到斜對面，往釜山大學方向(地鐵站反方向)直走的第一個巷子右轉，再直走約1分鐘左邊 🗺 P.167

多大浦
다대포

釜山西南邊、以美麗夕陽著名的多大浦，旁邊是韓國最長河流洛東江的入海口，和釜山其他海岸不同，這裡是泥沙淤積地形，除了海鷗和其他來過冬的鳥類，也可看到小螃蟹和貝類等生物，因為岸邊親和的水溫和深度，常可看到親子一同來玩沙；站在附近高處末雲臺的展望台上，可以觀察候鳥動態，也可以欣賞美麗晚霞，雖然目前因為地鐵延伸和附近整建工程，使得周邊環境不是那麼完美，但相信工程結束後，除了交通更為方便外，也可讓多大浦恢復親近自然的美麗景觀。

闔家出遊漫步在白色沙灘

多大浦海水浴場
다대포해수욕장

釜山西南邊的洛東江河口、1970年代開放的多大浦海水浴場，長約900公尺、寬約100公尺，是一座天然的白色沙灘，海岸邊平均水溫約21.6度、水深約1.5公尺，從洛東江上游沖刷淤積而來的泥沙，讓附近的水域起伏緩和，加上水溫較暖、水深較淺，讓多大浦海水浴場成為闔家遊樂的場所，在退潮的時候還可以看到貝類和小螃蟹，再加上旁邊炫

彩動感的音樂噴泉，可以盡情享受大海所帶來的舒適和放鬆。

DATA

✉ 부산시 사하구 다대동　☎ (051)207-6041
🕐 24小時，海水浴場7～8月開放　💲 免費入場
📶 無　➡ ❶地鐵102下端站8號出口直走沿路右彎的站牌，搭11、338號公車，約25～30分鐘在多大浦海水浴場站下車，之後往前步行約5分鐘的左側海邊 ❷地鐵113釜山站5、7號出口中間的公車站牌，搭1000號公車，約1小時在多大浦海水浴場站下車，之後往前步行約5分鐘的左側海邊；若遇塞車，行車時間會較長 ❸釜山地鐵1號線延長段，預計2017年4月通車，屆時可直接搭地鐵前往多大浦海水浴場站 🌐 沙下區文化觀光tour.saha.go.kr(韓、中、英、日) 🗺 封面裡

聲光效果俱足的夢幻噴泉秀
多大浦夢之噴泉
다대포 꿈의 분수

各種節奏風格的音樂，配合節拍忽暗忽明的炫彩燈光，襯托著往天空奔湧四射的高低水柱，就像是熱烈展開的音樂慶典，這裡最吸睛的主角，無疑就是夢之噴泉。在多大浦海水浴場旁的夢幻饗宴，聲光效果緊抓住觀眾的感官神經，最高達55公尺的水柱讓人驚歎不已，每晚展開的公演，當落下的水霧籠罩著熱情的群眾，20分鐘的演出彷彿呼嘯而過的疾風，讓人意猶未盡；每年4～10月

演出的多大浦夢之噴泉，除了噴水秀外，還可親近冰涼的體驗噴泉活動，雖然直接進到噴泉裡會讓全身溼透，但在炎熱的夏日午後，依然受到大人小孩喜歡。

夢之噴泉時間表

分類	季節	演出時間	
		平日	週末／公休日
音樂噴泉（每回約10～20分）	春(3～4月)	19:30～19:50	19:30～19:50
			20:30～20:50
	夏(5～8月)	20:00～20:20	20:00～20:20
			21:00～21:20
	秋(9～11月)	19:30～19:50	19:00～19:20
			20:00～20:20
體驗噴泉（每回20分）	每天14:00／15:00／16:00／17:00／平日音樂噴泉後／假日第一回音樂噴泉後		

活動演出的內容，依當日實際情況為準。　　製表：Helena

DATA

✉ 부산시 사하구 물운대1길 14번지(다대1동 482-3번지) 📞 (051)220-5891~2 🕐 約為每年的4～10月，依照季節和天候狀況而調整公演的時間，每週一公休，詳細的開始和終了日期請參考官網公布的資訊 💲 免費入場 📶 無 ➡ 請參考P.174多大浦海水浴場 🌐 fountain.saha.go.kr(韓、中、英、日) ℹ 若要參加體驗噴泉的活動，請攜帶更換的衣物鞋襪前往 🗺 封面裡

親自走入噴泉的體驗活動

望沙洲賞夕陽美景
峨嵋山展望臺
아미산전망대

位於多大浦旁的乙淑島生態保護區內，可以利用落地窗的好視野和望遠設備，觀望沙洲和夕陽的景色，以及候鳥的即時棲息動態，並有影音設備和模型資料，說明洛東江河口地形、地質和生態等的過去、現況和未來發展，附設有咖啡廳和戶外展望空間。

DATA

✉ 부산시 사하구 다대낙조2길 77번지(다대동 1548-1번지) 📞 (051)265-6863 🕐 09:00～18:00，入場時間17:00截止，1月1日和每週一公休，若週一為法定假日，則順延至下一個平日公休 💲 免費入場 📶 無 ➡ 去程：地鐵102下端站8號出口直走沿路右彎的站牌，搭338號公車，約30分鐘在樂天castle商家前(롯데캐슬 상가앞)站下車，往回沿路走約10分鐘可到，對面是沒雲臺聖堂(몰운대성당) 回程：在展望臺前的站牌，搭沙下15(사하15)號公車，約6分鐘可到多大浦海水浴場站，或是約30分鐘到地鐵105槐亭站 🔗 goo.gl/WF1vz3(韓、中、英、日) 🗺 封面裡

洛東江河口·乙淑島
낙동강하구·을숙도

洛東江是韓國最長的河流，長約525公里、流域面積約24,000平方公里，發源於江原道的太白市，流經韓國的東部，最後在釜山西邊的乙淑島附近出海，在鐵路京釜線(首爾來往釜山)開通以前，洛東江是朝鮮半島內陸交通的動脈，出海口附近以三角洲地形為主，是適合候鳥棲息的地區，此外也有很多魚類、貝類、水生昆蟲和浮游生物等在此繁殖，過去也是盛產海帶、牡蠣和鹽的地區，1988年成為自然環境的保護區域，2000年被指定為釜山沿岸特別管理海域。

鳥巢建築的生態園區
洛東江河口生態中心
낙동강하구에코센터

位在釜山西南邊、洛東江出海口的生態中心，建築物以鳥巢為設計概念，用各種模型、資料和圖書，詳細的介紹洛東江河口的鳥類和濕地生態，除了有室內設置的望遠和攝影設備，搭配上整面的落地窗，可以即時觀察鳥類的動態外，也結合戶外的生態教學園區，讓參觀的民眾可以走到戶外和大自然接觸，此外為了提供鳥類良好的棲息環境，乙淑島上於夜間8點後會全部熄燈。

洛東江河口生態中心內展示的鳥類模型

DATA
✉ 부산시 사하구 낙동남로 1240번지(하단동 1207-2번지) ☎ (051)209-2000 ⏰ 09:00～18:00，17:00截止入場，1月1日和每週一公休，若週一為法定假日，則順延至下一個平日公休 💲 免費入場 📶 無 ➡ 地鐵102下端站3號出口旁的公車專用道，搭55、58、58-1、58-2和221號公車，約2～3分鐘在乙淑島站下車後，過天橋到對面，再往內步行約6～10分鐘可到 🌐 goo.gl/WF1vz3(韓、中、英、日) 🗺 封面裡

地鐵1號線分站導覽

110 札嘎其站·
111 南浦站·
112 中央站·
113 釜山站·
119
219 西面站·
127 溫泉場站·
128 釜山大站

釜山慶南賽馬公園
부산경남경마공원

釜山慶南賽馬公園原是2002年釜山亞運的比賽用地，於2005年開始對外營運，除了是賽馬活動的場地之外，也是適合親子一同前往的大公園。

親子同遊體驗賽馬趣

目前公園內的賽馬場，每週五、日為現場賽馬，週六則是直播首爾、濟州島的賽馬，在刺激的競賽之餘，更多的是父母或老師帶著小朋友前來郊遊野餐，可看到參賽前的馬匹和騎師，園區內也提供小朋友免費體驗騎乘迷你馬、幼兒腳踏車和各式遊樂器材，還有各種的馬匹模型和大小朋友都可以體驗的滑雪橇，以及各民族和馬相關的裝

備、服飾和建築物的介紹和體驗，其中馬匹的飼養場，雖然禁止觸摸，但仍可近距離的看到馬匹，另有各種和馬有關的表演和套裝參訪活動，可參觀馬舍、動物醫院和馬游泳池等，建議週五～日前往，會有更加豐富的感受。

DATA

✉ 부산시 강서구 가락대로 929번지(범방동 1833번지)　☎ (051)901-7114　🕐 3～11月週三～日、12～2月週五～日09:30～20:00，部分設施週五～週日開放，中秋、農曆過年等連假公休　💲 週五～日賽馬日大人2,000₩，週三、週四和未成年者免費入場　WiFi 無　➡ 賽馬公園提供接駁車，於馬場的開放時間在地鐵站附近免費接送，去回程都在馬場外的停車場上下車，建議預先確認回程班車時刻，此外因站牌只有韓文，建議準備要前往的地鐵站韓文，方便問人確認，地鐵站的搭車點沒有站牌，但旁邊通常會有賣「馬報」的攤販 ❶ 地鐵102下端(하단)站5號出口，09:00～14:30每30～80分一班車 ❷ 地鐵225周禮(주례)站8號出口，09:00～14:30每30～80分一班車 ❸ 地鐵317大渚(대저)站1號出口，09:00～14:30每30～80分一班車；除接駁車外，另有公車可達，出發前請再次確認交通方式和班次時刻　http park.kra.co.kr/busan_main.do(韓)　ℹ 建議週五～日前往，部分園區蓋在橢圓形馬場的中間，需穿過地下道前往，馬場套裝參訪活動，建議請住宿點的服務人員協助預約，園區內各設施大多於12:00～13:00午休暫停開放　MAP 封面裡

2 號線

徜徉大海、韓流魅力、歷史文化

201
長山站
장산역

202
中洞站
중동역

203
海雲臺站
해운대역

204
冬柏站
동백역

205
市立美術館站
시립미술관역

206
Centum City站
센텀시티역

207
民樂站
민락역

東海線

202 中洞站 중동역

在海雲臺旁的迎月嶺上，可從高處欣賞海雲臺的全景，無論是可露天泡湯的蒸氣房，或是密集的各式咖啡店，可以用不同的形式享受美麗的海景和浪漫的氛圍，地鐵中洞站出口旁就有大型超市賣場，方便選購食品、日用品和伴手禮，往海邊的路上，亦有服飾店、各式餐廳和特色藝文空間。

釜山達人3大推薦地

遊客必訪
迎月嶺、賞月路

從高處欣賞海雲臺周邊美景，一年四季都吸引著人們的腳步，此外初春時盛開的櫻花和皎潔月色更是引人入勝。(見P.182、P.183)

Helena最愛
HILL SPA蒸氣房

可以一邊洗澡、一邊欣賞海雲臺美景的三溫暖，露天泡湯和頂樓天台的展望空間，都吸引我一去再去。(見P.185)

在地人推薦
東海南部線鐵道散步路

沿海鋪設的鐵軌，因截彎取直工程而廢棄，保留下來成為欣賞海雲臺美景的好去處。(見P.187)

中洞站街道圖

地鐵2號線

萇山站
12 10
14 11 9
13 7 5

中洞站
10 8 6
12 4 2
7 5 3 1

往地鐵203
海雲臺站

e-mart

麥當勞
맥도날드

GS25便利商店
加油站
左洞循環路

迎月嶺入口
달맞이고개입구

鐵道散步路起點
(經青沙浦、終點松亭)

海雲臺海水浴場
해운대해수욕장

海雲臺古早味大口湯
해운대 속씨원한 대구탕

尾浦港觀光遊覽船搭乘處
미포항 관광투어유람선

HILL SPA蒸氣房
힐스파 찜질방

CAFFE PASCUCCI
파스쿠찌

白鶴蘭
해오라비

盤咖啡

海月亭
해월정

推理文學館
추리문학관

TOM N TOMS COFFEE
탐앤탐스

Angel-in-us
엔제리너스

COFFINE GRUNARU
커핀 그루나루

카페 반

迎月嶺
달맞이고개

Caffe bene
카페베네

青沙浦
청사포

賞月路문탠로드
迎月嶺咖啡路달맞이고개 카페길

迎月藝術自由市場
달맞이아트 프리마켓

遊賞去處

擁有異國情懷的店家氛圍

█迎月嶺
█달맞이고개

位在臥牛山腰的迎月嶺，原指海雲臺尾浦和松亭間的15個曲道，後來則指尾浦和青沙浦間的海邊山路。迎月嶺可眺望周邊的美麗海景，搭配夜晚皎潔動人的月色，其浪漫氛圍是釜山情侶約會的首選，迎月嶺上的海月亭，名稱也是由此而來；此外迎月嶺上的大小藝廊、各式海景餐廳、咖啡廳和酒吧，營造出豐富異國情調，沒喝酒亦有微醺的陶醉，週六在海月亭廣場舉辦的藝術自由市場，結合手工藝品展售和爵士、流行歌曲的現場演出，新興藝術的清新風格，正在此開始蔓延。

在迎月嶺上可眺望海雲臺和遠方廣安大橋

藝術自由市場的手工藝品

迎月嶺的櫻花約每年4月初綻放

DATA

✉ 부산시 해운대구 중2동 일대　🕐 24小時，夜間照明的時間為早上5點～日出前、日落後～晚上11點；藝術自由市場3～11月的每週六、日14:00～21:00，天候不佳(下雨、颱風等)時取消　💲 免費　[WIFI] 無　➡ 請參考P.189「迎月嶺周邊交通指南」；藝術自由市場在海月亭廣場一帶　ℹ 海月亭前的廣場上有觀光案內所和公廁　[MAP] P.181

最浪漫的賞櫻景點

▋賞月路
▋문탠로드

賞月路的櫻花

日光浴不稀奇，月光浴才是新魅力，從迎月嶺的入口到海月亭，白天吸收陽光的通體舒暢，晚上則是體驗月光的清新滋潤，以月亮為主題，利用照明燈光來點綴，使得賞月路成為浪漫的代名詞、談情的助動詞，當然也成為情侶們喜愛的約會場所；從天空灑下的月光，幽幽地牽引著步伐，讓夜幕低垂的賞月路除了浪漫更顯溫馨，漫步於賞月路欣賞美景之餘，還可以陶冶心靈、促進身體健康，每年4月初春之時滿開的櫻花，無論白天還是夜晚，都替賞月路增添了粉嫩的點綴，讓人無不心嚮往之，成為釜山的賞櫻知名場所。

DATA

✉ 부산시 해운대구 중2동 일대 🕐 24小時，賞月路上的櫻花，約在每年的4月初綻放 💲 免費入場 📶 無 ➡ 請參考P.189「迎月嶺周邊交通指南」 🗺 P.181

享受藝文空間的午後時光

▌迎月嶺咖啡路
▌달맞이고개 카페길

迎月嶺的賞月路上，聚集有多家的咖啡店，從各家連鎖店到特色小店，還有結合藝廊的文化空間，美麗海景配上香醇咖啡，是度過悠閒午後的良伴，部分店家也有提供酒類，晚上很有特色酒吧的感覺，但除連鎖店外，部分價格有稍高一些。

DATA

✉ 부산시 해운대구 우동 ⏰ 約11:00～凌晨01:00，各店家會有差異，部分24小時營業 📶 大多會有 ➡ 請參考 P.189「迎月嶺周邊交通指南」 🗺 P.181

(照片拍攝自「白鶴蘭」咖啡店)

邊泡湯邊看景的飯店級享受

▌HILL SPA蒸氣房(原VESTA)
▌힐스파 찜질방

位於海雲臺旁的迎月嶺上，擁有遼闊的視野，2～4樓面海側採用大片的玻璃落地窗，可以一邊泡湯、一邊欣賞海雲臺的美景，也有可以更親近自然的露天泡湯，就連在休息大廳裡，用餐和休息時也不會錯過美麗的海景，另有提供女性專用睡眠室、枕頭(베개)和毯子(담요)，也可以睡在5樓的戶外露台，夏天尤其涼爽舒適。

DATA

✉ 부산시 해운대구 달맞이길117번길 17-7번지 (중동 1509-6번지) ☎ (051)743-5705~6 🕐 24小時，每次使用時間三溫暖3小時、蒸氣房12小時 💲 可刷卡(暑假、旺季價格會有調整) 📶 無 ➡ 請參考P.189「迎月嶺周邊交通指南」 🌐 goo.gl/KPHXzv(韓) 🗺 P.181

價目表　　※店家的營業內容，依當日實際情況為準

項目	價位 (平日/假日)	使用內容
三溫暖(사우나)	8,000₩／10,000₩	·附毛巾兩條 ·洗澡+Spa溫泉
三溫暖+蒸氣房 (사우나+찜질방)	12,000₩／15,000₩	·附毛巾兩條+蒸氣服一套 ·洗澡+Spa溫泉+過夜

樓層	設施內容
5F	休息室+露天溫泉
4F	男子三溫暖(洗澡)
3F	蒸氣房+餐廳
2F	女子三溫暖(洗澡)
1F	大廳+三溫暖

推理迷絕不可錯過

▌推理文學館
▌추리문학관

　　由韓國知名的推理小說家金聖鐘(김성종)老師創辦，以推理文學為主題的圖書館，收藏眾多的推理相關書籍，是推理迷的天堂，即使語言不通也沒關係，館內陳列著世界文壇知名作家的照片和推理相關的各種物品，搭配大玻璃窗外的海雲臺景色，不時也會舉辦一些學術討論活動，此外金聖鐘老師也希望提供大家一個安靜的閱讀自修空間，因此館內也提供一些報章雜誌，或是也可以帶自

己的書去看，如果有機會遇到金老師，會發現圖書館招牌上的剪影，其實就是金老師的翻版喔！

DATA

✉ 부산시 달맞이길117번 나길111번지(중동 1483-6번지)　☎ (051)743-0480、(051)742-2346　🕐 1樓09:00～19:00，2、3樓09:00～18:00，1月1日、中秋節和農曆春節公休　💲 入場費5,000₩，不可刷卡，每人附送一杯飲料，可攜帶外食入內(氣味太濃郁的食物除外)　📶 無　➡ 請參考P.189「迎月嶺周邊交通指南」　🌐 www.007spyhouse.com(韓)　@ help@007spyhouse.com　🗺 P.181

漫步廢棄鐵軌、欣賞美麗海景

東海南部線 鐵道散步路
동해남부선 철도산책로

「東海南部線」是韓國鐵路公社連接釜山市、蔚山市各車站的火車路線，釜山部分為配合截彎取直、電鐵東海線工程，海雲臺～松亭區段變更路線、車站搬遷，但保留尾浦和松亭之間的廢棄鐵道，開放為散步道路；漫步於此，可欣賞海雲臺周邊的美麗海景，走完全程當運動，亦可部分區段當休閒，體驗不同於水泥地、柏油路的特殊感受。

DATA

✉ 海雲臺尾浦～松亭間　🕐 24小時，但夜間不建議前往　💲 免費　📶 無　➡ 參考P.189「迎月嶺周邊交通指南」，依照步行❷從尾浦石碑對面上斜坡，步行約2分右邊可看到入口　ℹ 從尾浦沿鐵道散步路走到松亭海水浴場，全程至少約需1.5～2

小時；只有尾浦、青沙浦、松亭可切往一般路段搭車、較有廁所可使用，請留意體力和時間　🗺 P.181

大城市中的純樸小漁港

▌青沙浦
◀청사포

青沙浦是釜山東南邊的一個小漁村，初次來到時會有「釜山也有這樣的地方啊！」的感覺。不同於其他人聲鼎沸的海灘和漁港，青沙浦有的是恬靜清新，大海和海浪聲才是這裡的主角，沒有複雜裝飾，有的只是未出航的漁船和曝曬在岸邊的漁網和魚乾，就這樣買杯咖啡、悠閒走著，看看海釣大叔們的成果，或是品嘗新鮮海產，也可從不同角度欣賞海雲臺，大海的藍色和樹林的綠色，原來也可以如此地協調柔和。

DATA

✉ 부산시 해운대구 중1동　📶 無　➡ 請參考P.189「迎月嶺周邊交通指南」搭公車 ❷ 往青沙浦；從海雲臺尾浦走鐵道散步路(P.187)前往約40～60分鐘　🅜🅐🅟 P.181

迎月嶺周邊交通指南

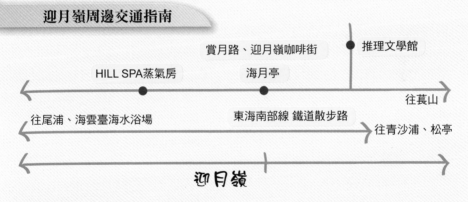

HILL SPA蒸氣房　　　賞月路、迎月嶺咖啡街　　　推理文學館

海月亭

往莨山

往尾浦、海雲臺海水浴場　　東海南部線 鐵道散步路　　往青沙浦、松亭

迎月嶺

前往迎月嶺周邊和青沙浦的交通方式

▌搭計程車：從海雲臺周邊搭計程車往HILL SPA蒸氣房和迎月嶺海月亭，車資約3,000～4,000W

▌步行：❶地鐵202中洞站7號出口直走，約8分鐘到尾浦岔路口(미포 오거리)，沿往上的斜坡再步行約10分鐘可到HILL SPA蒸氣房，再往上步行約15分鐘可到海月亭
❷從海雲臺尾浦石碑對面上斜坡，步行約5分鐘到方法❶岔路口，之後路線同方法❶

▌搭公車：地鐵203海雲臺站1號出口直走1分

鐘的路口右轉，再直走約1分鐘的公車站牌
❶搭區域公車「海雲臺02」(해운대02)、「海雲臺10」(해운대10)，約10～15分鐘在推理文學館站(P.186)下車，左邊的建築物就是推理文學館，右邊往下斜坡階梯到路邊，即是迎月嶺靠海邊的路段，右轉直走約6分鐘到海月亭，再約10分鐘可到HILL SPA
❷往青沙浦(청사포)：搭區域公車「海雲臺02」(해운대02)，約30分鐘在青沙浦海邊總站下車；回程時在去程下車處位置搭車，可回到去程出發的同一個站牌

2 號線

201
萇山站
장산역

202
中洞站
중동역

203
海雲臺站
해운대역

204
冬柏站
동백역

205
市立美術館站
시립미술관역

206
Centum City站
센텀시티역

207
民樂站
민락역

東海線

203 海雲臺站 해운대역

海雲臺是釜山最具有代表性的景點之一，潔白寬廣的白沙灘，搭配上高聳現代的大樓，充滿異國情調的氣氛，接受著太陽和月光的潤澤，無論到過釜山幾次，我的腳步還是會很自然地向著海雲臺而去；為了方便遊客在海邊嬉戲遊樂，除了每年7～8月的海水浴場設施外，也設有固定位置的水龍頭，可以在玩沙後稍做清洗，此外海雲臺周邊也聚集了星級飯店、各式美食餐廳、特色咖啡店和夜店等，無論是賞景或用餐，這裡都是玩釜山絕對不可錯過的地方。(原順遊景點、餐廳版面異動：海東龍宮寺P.248、機張市場P.255、大發大蟹P.256)

海雲臺站街道圖

鐵道散步路起點
（經青沙浦、終點松亭）

海雲臺古早味大口湯尾浦本店
해운대 속씨원한 대구탕

尾浦港觀光遊覽船
미포항 관광유람선 어유람선

달맛 이길

海雲臺傳說中的蔘雞湯
해운대 소문난 삼계탕

錦繡河豚
금수복국

海雲臺溫泉中心
해운대온천센터

東橫INN 海雲臺
토요코인 해운대

iNDY HOUSE
인디하우스

海雲臺海水浴場
해운대해수욕장

달맛이길

海雲臺區廳
해운대구청

BLUE BOAT GUEST HOUSE
블루보트 게스트하우스

OPS麵包店
OPS빵집

BNK
釜山銀行부산은행

The Planet Guest house
星球民宿

NOVOTEL HOTEL
노보텔 호텔

郵局 우체국

往 MART
아이마트 방향

海雲臺市外巴士站
해운대시외버스터미널 해운대2호선
地鐵2號線

海雲臺市外巴士站、迎月嶺、
青沙浦和推理文學館等的公車站牌

Sfunz
스펀지

海雲臺元祖奶奶湯飯
해운대 인조 할매국밥

海雲臺名物炸物
해운대 명물튀김

海雲臺市場
해운대시장

老洪蒸豬肉切麵
노홍 만두 칼국수

海雲臺2號線

NH農會365銀行
해운대 농협365

釜山國家飯店
상국이네김밥

密陽血腸豬肉湯飯
밀양순대돼지국밥

BBQ炸雞
비비큐 치킨

往新海雲臺火車站
往沙浦方向回海雲臺
的下公車站牌

海雲臺龍宮寺、
機張張市場和松亭
海水浴場等的181
號公車站牌

古來思 (코래사) 魚糕
古來思

Guest House inn
게스트하우스 인

螞蟻窟炒章魚
개미집 낙지볶음

OLIVE YOUNG
올리브영

郵局
우체국

SEALIFE釜山水族館
부산아쿠아리움

往(新)海雲臺火車站
139號公車搭乘處

從海雲臺市外巴士停靠站、
青沙浦方向靠近

往海雲臺
市外巴士停靠站

吳班長炒飯
오반장 볶음밥

HELLO Guest House
헬로우 게스트하우스

해운대로570번길

(新)海雲臺火車站→海雲臺海水浴場
139號公車下車處
해운대

海雲臺包裝馬車村
해운대 포장마차촌

往WESTIN朝鮮飯店
웨스틴조선호텔 방향

海雲臺海水浴場
해운대해수욕장

‖ 釜山達人3大推薦地

遊客必訪
海雲臺海水浴場

韓國海岸線的代名詞，一年四季都擁有旺盛的超人氣，是來到釜山的必遊景點No.1。(見P.192)

Helena最愛
古來思魚糕

用新鮮材料製作的釜山魚糕，豐富多樣、更精緻化的在地口味，深受饕客喜愛。(見P.205)

在地人推薦
海雲臺市場

了解釜山文化的起點，新鮮海產和美味小吃，用視覺欣賞、味蕾品嘗。(見P.196)

遊賞去處 👁

超人氣夢幻白沙灘

▌海雲臺海水浴場
◀ 해운대해수욕장

　　海雲臺是個釋放浪漫的人氣度假海灘，不只是韓國人，就連外國遊客也都頻頻到訪。長1.8公里、寬30～50公尺，由潔白沙灘、貝殼碎片組合而成的海水浴場，搭配上有親和力的海浪，一年四季都受到男女老幼的青睞，夏季避暑戲水是重點活動，冬季看看來過冬的可愛海鷗，春秋也不在話下，搭著地鐵就可以輕鬆前往散心；周邊有星級飯店、旅館和Pub夜店聚集，還有各式美食和咖啡廳，可以在繁忙都市裡，享受片刻的輕鬆優閒。旁邊有海雲臺市場，傳統市場裡的釜山在地美食和小吃，更為海雲臺增添豐富的魅力，還有沙灘上不時舉辦的各種慶典活動，也替這裡增色加分不少。

DATA

✉ 부산시 해운대구 중동　◷ 沙灘24小時開放，海水浴場每年7、8月開放　$ 免費入場　📶 有
➡ 地鐵203海雲臺站3、5號出口直走約7～10分鐘即可到海邊　http 海雲臺區廳haeundae.go.kr(韓、中、英、日)　MAP P.191

全景拍照小幫手

如今全景、自拍當道，海雲臺也跟上流行，在沙灘邊增加了可拍攝全景照的裝置，只要把手機放上去，再轉動下方木頭，就可以拍出漂亮的全景照喔！

海雲臺名稱的由來

崔致遠(西元857年～卒年不詳)、字海雲，新羅時期有名的學者，在亂世中辭官，隱居在伽耶山海印寺附近；先生迷戀冬柏島一帶景色，用自己的號「海雲」來替此地命名，親自雕刻紀念石碑，為了懷念崔致遠先生，在冬柏島上設有其銅像和紀念石碑。

感受悠游魚兒的海洋世界

▌SEALIFE釜山水族館
▌부산아쿠아리움

　　占地3,600坪的水族館，有大小近百個展室水槽、約3,500噸的水量，飼育展示約400種、4萬餘隻的各種海洋生物，館內有韓國最大的鯊魚水族館隧道，還有水深7公尺、韓國最深的珊瑚水族館。參觀動線從地下2樓開始，除了各種大小魚類外，還有可愛的企鵝、水獺和水母等，此外也有各式體驗活動和動物餵食秀，也可以搭乘透明小船從水族館隧道的上方觀賞悠游的魚兒，是大人小孩都會喜歡的海洋世界。

DATA

✉ 부산시 해운대구 해운대해변로 266번지(중1동 1411-4번지) ☎ (051)740-1700 🕐 週一～四10:00～19:00、週五～日09:00～22:00，每日可能略有差異，暑假期間平日時間會延長，最後入場為打烊前1小時；全年無休 💲 大人(中學生以上)26,000₩，小孩20,000₩，透明船每人7,000₩，語音導覽機3,000₩，可刷卡 📶 無 ➡ 地鐵203海雲臺站3、5號出口，直走約7～10分鐘，到海邊後右轉再直走約1分鐘可到 🌐 www.busanaquarium.com(韓、中、英、日) ℹ 可上官網列印優惠券 🗺 P.191

白天晚上都閃耀的美麗海景

▶尾浦港觀光遊覽船
▶미포항 관광투어유람선

來到釜山，最常看海的角度是從沙灘或岸邊看向大海，美到讓我流連忘返，就算在海邊待一整天也不會覺得無聊，但有的時候也會想換個角度來欣賞不同的釜山；搭乘尾浦港的遊覽船，可以從海上欣賞釜山的美，無論是白天的二妓臺和五六島，或是夜間

打上燈光的廣安大橋，都讓我有不同的感受，但其中我最愛的，還是晚上特別耀眼的廣安大橋囉！

DATA

✉ 부산시 해운대구 달맞이길62번길 33-1번지 (중동 957-8번지) 📞 (051)742-2525 🕐 09:00～22:00，單趟船程約1小時，天候不佳時會有異動 💲 大人22,000₩，小孩13,000₩，可刷卡 📶 無 ➡ 地鐵203海雲臺站3、5號出口，直走約7～10分鐘到海邊左轉，沿海邊再走約10～15分鐘的右側為乘船處 **行經路線：**❶**09:00～日落前：**海雲臺尾浦港←→冬柏島←→廣安大橋←→二妓臺←→五六島 ❷**日落後～22:00：**海雲臺尾浦←→冬柏島←→廣安大橋←→廣安里海水浴場 🌐 www.haeundaecruise. com(另有冬柏島旁的 TIFFANY 21遊覽船) ℹ 船票上需填寫個人資料，乘船時須出示身分證件 🗺 P.191

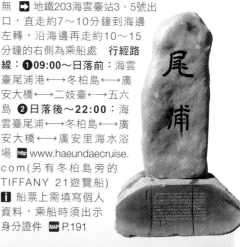

特色美食 🍸

小小市場也能了解當地風情

▌海雲臺市場
▌해운대시장

要了解一個地方的風俗民情，傳統市場是很適合的地方之一，走完海雲臺市場不用5分鐘，但這裡卻是釜山的縮影，從釜山常見的新鮮海產、韓國人常吃的各種小菜，到不可錯過的韓式小吃，跟著韓國人一起站在市場裡，享受辣炒年糕、黑輪和血腸等美味，吃飽喝足後，還有雜貨超市可以購買香蕉牛奶、泡麵和餅乾零食等人氣商品喔！

DATA
🖂 부산시 해운대구 중동　© 每個店家不同，午餐時間到晚餐後最為熱鬧，亦有店家24小時營業　📶 無　➡ 地鐵203海雲臺站3號出口直走約5～6分鐘的巷口左轉即到，若要穿過市場，步行時間約5分鐘　🗺 P.191

價格實在，分量充足

▌海雲臺名物炸物
▌해운대 명물튀김

海雲臺市場內的「海雲臺名物炸物」，是賣辣炒年糕、血腸、黑輪、各式炸物和飯捲等的韓式小吃店面，雖然內部裝潢簡單、空間較小，銷售的品項較少，但相對附近的其他店家，價格較便宜，分量也較多，飯捲是用軟黏有口感的米飯，其中我最喜歡蒸血腸和每個500₩的炸魷魚腳，是我每次到海雲臺時一定會去光顧的小店。

DATA
🖂 부산시 해운대구 구남로 41번길 45번지(중동 1394-162번지)　📞 010-6221-3588　© 10:00～24:00　💲 請參考下方價目表，不可刷卡　🅿 可　➡ 西式座椅和韓式地板座位　📶 無　➡ 地鐵203海雲臺站3號出口直走約6分鐘，左轉進入海雲臺市場，直走約4分鐘的左側　🗺 P.191

海雲臺名物炸物價目表

韓文	中文	價位
떡볶이	辣炒年糕	3,000₩
튀김	炸物(個)	500₩
김밥	飯捲(條)	1,500₩
꼬마김밥	小飯捲(個)	500₩
순대	血腸	3,000₩

店家的營業內容，依當日實際情況為準。　　製表：Helena

乾淨整齊的小吃用餐環境

▶ 尚國家飯捲
▶ 상국이네김밥

在海雲臺市場內、海雲臺名物炸物對面的「尚國家飯捲」，是有賣飯捲、泡麵湯麵、魚漿串黑輪、血腸、各式炸物和蓋飯、煎餅等餐點的韓式小吃店，經過整修後的店面，較為整齊明亮，飯捲是粒粒分明的米飯，內餡沒有紅蘿蔔，比其他店家厚的魚漿串黑輪較有口感，但售價略高，部分餐點以雙份一起出售，24小時營業，半夜也可前往用餐。

DATA

✉ 부산시 해운대구 구남로 41번길 46번지(중동 1394-190번지) 📞 (051)742-9001 ⏰ 24小時 💲 請參考下方價目表，可刷卡 📷 可 🪑 西式座椅座位 📶 無 ➡ 請參考P.196海雲臺名物炸物，在對面位置 🗺 P.191

尚國家飯捲價目表

韓文	中文	價位
김밥	飯捲	2,000₩
튀김	炸物(6個)	4,000₩
떡볶이	辣炒年糕	3,500₩
순대	血腸	4,000₩
오뎅	魚漿串黑輪(3個)	2,000₩

店家的營業內容，依當日實際情況為準。　　　製表：Helena

海鮮料理的韓式路邊攤

▶ 海雲臺包裝馬車村
▶ 해운대 포장마차촌

「包裝馬車」來自韓文的「포장마차」，指的是韓式的路邊攤，韓國一般包裝馬車所販售的餐點，以辣炒年糕、黑輪、煎餅和各式炸物等小吃為主，但海雲臺海邊的包裝馬車，主角換成了各種新鮮海產；釜山水族館附近的空地，聚集了多家包裝馬車，早期沒有系統的規畫，所以環境和價格略顯混亂，近年為了推展觀光和挽回顧客的信心，相關單位在此做了整理改造，對各攤販進行編號管理，希望大家可以吃得放心。

圖片提供／Joey Yao

DATA

✉ 부산시 해운대구 중동 ⏰ 各店家不同，約是晚上6點左右至深夜 💲 中低價位餐點約5,000～20,000₩，其他海鮮以時價為主，點餐前建議先詢問價格 📷 可 🪑 主要為西式座椅座位 📶 無 ➡ 請參考P.194 SEALIFE釜山水族館，面對海邊往右走約5分鐘的停車場旁空地 🗺 P.191

大海般新鮮健康的傳統口味

▌海雲臺古早味大口湯 尾浦本店
▌해운대 속씨원한 대구탕 미포본점

　　大口(대구)魚的韓文和韓國的城市大邱相同，盛產於釜山附近的加德島，因為魚嘴很大，所以取名大口，外型和鱈魚相似，魚肉有豐富的維他命A、蛋白質和礦物質，且脂肪含量低，對解除疲勞、恢復肝機能和改善視力有幫助，

也有益於消化不好的老人小孩，是很好的補身料理；海雲臺尾浦港的古早味大口湯是釜山有名的大口湯專門老店，原味魚湯喝起來鮮甜，也可以加一點辣椒粉調味，韓國人認為熱湯有解酒的功能，因此除了正餐外，也有很多韓國人把這美味當成早上的解酒湯來享用。

DATA

✉ 부산시 해운대구 달맞이길62번길 28번지(중1동 957-1번지)　📞 (051)744-0238　🕐 24小時　💲 大口湯(대구탕)9,000₩，加湯免費，加魚腸1,000₩，可刷卡　🪑 可　🪑 西式座椅座位　📶 無　➡ 請參考P.195尾浦港觀光遊覽船，在乘船處的斜對面　🗺 P.191

實用韓文

| 請幫我加湯 | 국물 좀 더 주세요. |
| 請幫我加魚腸 | 대구곤 좀 더 주세요 |

釜山河豚料理名店

錦繡河豚 海雲臺本店
금수복국 해운대본점

　　海納百川的廣闊，充分凸顯在釜山的海鮮料理上，數量和種類都很豐富，當然也包括河豚這美味；在釜山開業超過40年的「錦繡河豚」，非用餐時間也常是高朋滿座，1樓主打各式河豚創意料理，除了各品種的河豚湯外，也可以是煎、煮或炸任一樣的主角，2樓則是價格較高的河豚生魚片和鮮魚壽司等，河豚的魅力在於肉質鮮美，口感比起其他的魚肉更有嚼勁，加上多變的烹調方式，讓饕客們愛不釋口喔！

DATA

✉ 부산시 해운대구 중동1로 43번길 23번지(중1동 1394-65번지)　☎ (051)742-3600，2樓預約電話(051)742-7749　🕐 24小時，2樓11:30～22:00，春節和中秋節當天公休　💲 1樓各種河豚湯10,000～35,000₩，可選鮮魚湯(지리탕)或辣魚湯(매운탕)，炸河豚(복튀김)20,000₩；2樓河豚生魚片(복사시미)60,000₩起，菜單附英、日文和照片，可刷卡　🅿 可(2樓需兩人以上)　🪑 西式座椅和韓式地板座位　📶 無　➡ ❶ 地鐵203海雲臺站1號出口直走約2分鐘，過馬路後右轉直走約6分鐘的巷口左轉，再直走約2分鐘的左側 ❷ 地鐵203海雲臺站3號出口直走約7～8分鐘的路口左轉(不用過馬路)，再直走約5分鐘，穿過左側停車場旁小巷後的右前方　🗺 P.191

←河豚湯

炸河豚

24小時營業的平價湯飯

▌密陽血腸豬肉湯飯
▌밀양순대돼지국밥

　　相較於牛肉的高價，豬肉的價格便宜許多，因此韓戰時釜山的難民們使用豬肉來製作湯飯；1978年開業的密陽血腸豬肉湯飯，豬肉和高湯燉煮得很入味，全店採用湯和飯分開的樣式，可以單吃，也可以加入小菜裡的蝦醬或韭菜調味，如果想嘗試不同的湯料，也可以選擇混合湯飯，24小時營業，當作三餐或宵夜都非常適合。

DATA

✉ 부산시 해운대구 구남로24번길 3번지(우동 543-1번지) ☎ (051)731-7005 🕐 24小時 💲 請參考下方價目表，可刷卡 🅿 可 🪑 西式座椅座位 WIFI 無 ➡ 地鐵203海雲臺站5號出口直走約3分鐘 MAP P.191

密陽血腸豬肉湯飯價目表

韓文		中文	價位
돼지국밥		豬肉湯飯	7,000₩
왕순대국밥		血腸湯飯	7,000₩
내장국밥		內臟湯飯	7,000₩
수육백반		白肉定食(註)	8,500₩
섞어국밥		混合湯飯	7,000₩
돼지고기		豬肉	7,000₩
순대	混合選項	血腸	7,000₩
내장		內臟	7,000₩
맛보기수육		小份沾醬白肉	7,500₩

註：豬肉湯飯店的白肉料理，有點類似蒜泥白肉的吃法，將煮熟的切片豬五花肉沾特製醬料或辣椒醬一起吃，可以單點白肉，或是湯飯和小份白肉組合的白肉定食

店家的營業內容，依當日實際情況為準。製表：Helena

外皮酥脆，肉質鮮嫩

▌BBQ炸雞 海雲臺店
▌비비큐치킨 해운대점

　　韓國新一代的炸雞連鎖店，客人點餐後才開始製作，雖然所需時間較長，但好口味是值得等待的，海雲臺的分店空間寬敞，除了外帶外送，也推薦點杯啤酒和炸雞一起內用。

DATA

✉ 부산시 해운대구 구남로 30번길 6번지2층(우1동 1324번지)　☎ (051)746-2002、1588-9282(代表號)　🕐 15:00～凌晨02:00　💲 各種口味炸雞16,000～19,000₩，可刷卡　📷 可　🪑 西式座椅座位　WIFI 無　➡ 地鐵203海雲臺站5號出口直走約4～5分鐘的2樓　http www.bbq.co.kr(韓)　MAP P.191

圖片提供／Joey Yao

圖片提供／Joey Yao

圖片提供／Joey Yao

圖片提供／Joey Yao

BBQ炸雞菜單中韓對照表

韓文		部位／口味
황금올리브치킨		原味
황금올리브치킨	닭다리	原味雞腿
	날개	原味翅膀
	양념	調味
	매운양념	辣的調味

店家的營業內容，依當日實際情況為準。　　製表：Helena

口感扎實，內餡飽滿

▌老洪蒸餃刀切麵
▌노홍 만두 칼국수

　　海雲臺市場裡的手工麵食店，每次經過時，看到師傅正在揉製的白胖麵糰，還有蒸籠上熱騰騰的包子蒸餃，看著心裡也充滿溫暖的感覺，更不用說口感扎實，再加上飽滿內餡，水餃和包子就是要這樣才好吃。

DATA

✉ 부산시 해운대구 구남로41번길 26-4번지 (중1동 1394-107번지) 📞 (051)644-9313、(010)7676-6067 🕙 10:00～22:30 💲 蒸餃(찐만두)4,000₩、泡菜蒸餃(김치만두)4,000₩、肉包(왕만두)1,500₩／個，不可刷卡(部分菜單附英、日文和照片) 💳 可 🪑 西式座椅和韓式地板座位各半 📶 無 ➡ 地鐵203海雲臺站3號出口直走約6分鐘，左轉進入海雲臺市場，直走約2分鐘的右側 🗺 P.191

以「牛」為食材的傳統美味

▋海雲臺元祖奶奶湯飯
▋해운대 원조 할매국밥

　　「牛」在韓國的補身料理中占有很重要的地位，例如很有名的雪濃湯就是用牛骨和牛胸肉連續熬煮而成，但因為牛肉較貴，所以韓戰時難民集中的釜山，用豬肉來取代牛肉製作湯飯，但是在海雲臺的公車總站旁，聚集了維持傳統、用牛肉來製作湯飯的店家，「海雲臺元祖奶奶湯飯」就是其中之一；看起來紅通通的湯頭，吃起來卻是清爽的感覺，搭配上豐富的黃豆芽，真是營養滿分的餐點，除了牛肉湯飯外，也有牛血湯飯，可以選擇飯和湯裝在一起或分開，此外也可以選擇混合湯飯，一次品嘗牛肉和牛血的美味。

DATA

✉ 부산시 해운대구 구남로21번길 27번지(우1동 612-2번지)　📞 (051)746-0387　🕐 24小時　💲 湯飯裝在一起4,000₩，湯和飯分開裝4,500₩，可刷卡　🚻 可　🪑 西式座椅座位　📶 WIFI 無　➡ 地鐵203海雲臺站3號出口直走約2～3分鐘的路口左轉，再直走約2～3分鐘的左側(公車總站對面)　MAP P.191

海雲臺元祖奶奶湯飯菜單中韓對照表

韓文	中文	韓文	中文
소고기	牛肉	국밥	湯飯
		따로국밥	湯、飯分開
선지	牛血	국밥	湯飯
		따로국밥	湯、飯分開
소고기+선지	混合	국밥	湯飯
		따로국밥	湯、飯分開

店家的營業內容，依當日實際情況為準。　　　製表：Helena

復古風Pub鐵桶炭火烤肉店

▌吳班長
▌오반장

位在海雲臺的吳班長，店內播放的流行音樂和布置，沒注意還以為來到復古風的Pub，除了好吃的烤肉外，把泡菜、辣蘿蔔和豆芽菜也一起放在鐵盤上烤，溫熱的感覺也很好吃，還有店家附贈的烤盤蒸蛋；一般的韓式烤肉會用生菜包著肉和小菜一起吃，近年來出現以讓朋友間聊天放鬆、喝酒吃肉為主的烤肉店，這類店家通常沒有提供生菜，吳班長雖然也是走這樣的風格，但還是很貼心地有準備生菜(야채)，若有需要可以和店員說喔！

DATA

✉ 부산시 해운대구 구남로24번길 20번지(우1동 542-11번지) 📞 (051)747-8085 🕐 11:00～隔天07:00 💲 請參考下方價目表，蒸蛋第一份為贈送，可刷卡 🍽 可(烤肉低消2份) 🪑 西式座椅座位 WIFI 無 ➡ 地鐵203海雲臺站5號出口直走約2～3分鐘的路口右轉，再直走約2分鐘的右側 🗺 P.191

建議把溫熱的小菜跟烤肉一起吃

吳班長烤肉價目表

소고기(牛肉)			김치찌개	泡菜鍋(中)	10,000₩
꽃갈비살	牛排骨	9,500₩	된장찌개	大醬鍋	5,000₩
꽃갈비주물럭	牛排骨(辣味)	9,500₩	짬뽕라면	辣海鮮泡麵	4,000₩
돼지고기 (豬肉)			누룽지정식	鍋粑定食	5,000₩
갈매기살	橫膈膜肉	9,500₩	등갈비찜	燉排骨(中)	20,000₩
갈매기주물럭	橫膈膜肉(辣味)	9,500₩	공기밥	白飯	1,000₩
항정살	後頸肉	9,500₩	라면사리	追加泡麵	1,000₩
두툼목살	前頸肉	9,500₩	계란찜리필	追加蒸蛋	1,000₩
삼겹살	三層肉	9,500₩	맥주	啤酒	4,000₩

店家的營業內容，依當日實際情況為準。

製表：Helena

饕客推薦的釜山魚糕

▌古來思 釜山海雲臺店
▌고래사 부산해운대점

韓戰後(1963年)從釜田市場起家，使用新鮮材料和獨門工法，製作無防腐劑、經過脱油程序的釜山魚糕(P.50)，富含蛋白質、脂肪含量較低，開架式賣場可自由選購；除了豐富多樣、更精緻化的魚糕，口感酥軟的魚糕可樂餅，創新開發的魚糕漢堡、魚糕壽司和魚糕烏龍麵等，也都受到饕客歡迎。全新

店面結合體驗教室，並附設內用座位和微波爐，購買後可直接享用，另有攜帶方便的真空包裝產品，送禮自用兩相宜。

DATA

✉ 부산시 해운대구 구남로 14 (우동) ☎ 1577-9820 🕐 10:00～22:00 💲 魚糕約1,000～5,000₩，可樂餅2,000₩，魚糕烏龍麵(어묵우동)、魚糕壽司(어묵초밥)5,000₩ 🪑 可西式座椅座位 📶 無 ➡ 地鐵203海雲臺站5號出口，直走約1～2分即到 🔗 www.goraesa.com(韓) MAP P.191

→魚糕烏龍麵

傳統健康補身料理

▌海雲臺傳說中的蔘雞湯
▌해운대 소문난 삼계탕

　　韓國人有「以熱治熱」的飲食觀念，在炎熱的夏天喝熱湯讓身體變暖，到戶外後才不會覺得太熱，所以韓國人在夏天會多食用人蔘雞，也有利於補身；位在海雲臺的「傳說中的蔘雞湯」，販售有紅蔘、韓方和土種等三種口味的人蔘雞，初次嘗試建議可選味道不會太濃的紅蔘口味，在童子雞的肚子裡塞入糯米、人蔘、紅棗、栗子和大蒜等材料後，熬煮到肉和骨頭都軟爛好入口，附贈的人蔘酒可以直接喝，也可以倒入雞湯裡一起喝，第一次吃的人建議酒以少量慢慢加，比較好調整到符合自己的口味喔！

DATA

✉ 부산시 해운대구 중동2로 6번지(중동 1394-39번지)　☎ (051)741-4545、011-842-3028　🕙 10:00～22:00　💲 紅蔘蔘雞湯(홍삼삼계탕) 17,000₩，韓方蔘雞湯(한방삼계탕)15,000₩，土種蔘雞湯(토종삼계탕)13,000₩，菜單附有英、日文，可刷卡　🏧 可　🪑 西式座椅和韓式地板座位 📶 無　➡ 地鐵203海雲臺站3號出口直走，約7～8分鐘的海邊路口左轉(不用過馬路)，直走約6分鐘的路口左轉，再直走一下的右側巷口　🗺 P.191

釜山的歐風麵包之王
▌OPS麵包店 海雲台店
▌OPS빵집 해운대점

　　原名三益製菓，1989年在釜山開業，後來改為較洋派的名稱「OPS」。歐式風格的店面裝潢和多樣麵包甜點，分店數雖比不上全國連鎖店多，但品質口味卻不亞於其他店家，不使用冷凍麵糰是「OPS」好吃的祕訣，天然發酵、不加人工香料也是健康的堅持；每當走進OPS，幸福溫暖的感覺就湧上心頭，結合咖啡廳的設計，可以直接在店內享用香氣四溢、新鮮出爐的麵包，一不小心，要帶走當早餐的麵包就吃光了呢！

DATA

✉ 부산시 해운대구 중동1로 31번지(중1동 1394-82번지)　☎ (051)747-6886　🕐 08:00〜23:00　💲 各式麵包、點心約1,000〜5,000W，可刷卡　🚬 可　🍴 西式座椅座位　📶 無　➡ 地鐵203海雲臺站1號出口，直走約2分鐘，過馬路後右轉，再直走約5分鐘可到　🌐 www.ops.co.kr(韓)　🗺 P.191

2號線

201 養山站 장산역
202 中洞站 중동역
203 海雲臺站 해운대역
204 冬柏站 동백역
205 市立美術館站 시립미술관역
206 Centum City站 센텀시티역
207 民樂站 민락역

東海線

204 冬柏站 동백역

位在海雲臺旁的冬柏島，設有完善的海邊散步道路和PU步道，是釜山多個海岸道路區段中較輕鬆可以完成的，也是欣賞海雲臺周邊日夜美景的好位置，和附近居民喜歡前往運動的空間，島上有舉行2005年APEC會議的世峰樓，可以搭地鐵前往，也可以從海雲臺沿海邊沙灘步行前往。

→思念家鄉的黃玉公主像

↑ The bay ↑

冬柏站街道圖

往205市立美術館站

海雲臺站

地鐵2號線

釜山機械工業高中
부산 기계공업고등학교

冬柏站
冬柏站櫻花路

海雲臺市外巴士站
新增的搭乘處

釜山帆船競技場
부산요트경기장

해운대해변로

해운대해변로

Home plus
홈플러스

海雲臺海水浴場
해운대해수욕장

The bay 101
더베이101

WESTIN朝鮮飯店
웨스틴조선호텔

電影的街道
영화의 거리

冬柏公園
동백공원

韓華渡假村 海雲臺
한화리조트 해운대

電影的街道
영화의 거리

冬柏島海岸散步路
동백섬 해안산책로

世峰樓
누리마루

燈塔
영화의 거리

遊賞去處

APEC會議舉行場地

▌世峰樓
▌누리마루

　世峰樓(圓形屋頂建築)意指「聚集世界各國高層人員於一堂的世界頂峰之家」，是2005年亞太經濟合作會議(APEC)的舉行場地，位於冬柏島的中間位置，以韓國傳統的涼亭和冬柏島的稜線為概念，建造了這棟極具意義的建築物，搭配遠方的廣安大橋與周邊海景，更是有不凡的氣勢；除了當時開會的圓桌會議室外，也展示各種和會議相關的物品、照片和影像等，1樓展示各國代表和韓國盧武炫總統穿著韓國傳統服飾的合影，別具歷史意義。

DATA

✉ 부산시 해운대구 동백로 116번지(우동 714-1번지)　☎ (051)744-3140　🕐 09:00～18:00(每週一公休)　💲 免費入場　WIFI 無　➡ 地鐵204冬柏站1號出口沿大路直走約15～20分鐘　http www.busan.go.kr/open_content/APEC_2005(韓、英)
ℹ 在世峰樓的內部須順方向往前參觀　MAP P.209

都市裡的美麗綠洲

▌冬柏島海岸散步路
▌동백섬 해안산책로

以前冬柏島是單獨坐落於大海之上，後來因為泥沙淤積而成為陸地島，可從海雲臺沙灘步行前往，為了紀念新羅時代的學者崔致遠先生，用自己的號「海雲」來命名旁邊的海雲臺，在冬柏島上設立了崔致遠先生的銅像和石碑；冬柏島地勢較高，是觀賞海雲臺全景和廣安大橋的理想地點，沿著海岸散步路繞行冬柏島，一望無際的碧海藍天，搭配上蔥鬱茂密的冬柏樹林和松樹林，感覺就像是沙漠裡的綠洲，可以讓人瞬間恢復能量，自海平面湧出的美景和多變的大海風情，從白天日出後的晶瑩剔透，到夜晚日落前的奪目燦爛，無論何時拿著一杯咖啡坐在海邊，都是如此地令我陶醉。

DATA

✉ 부산시 해운대구 우1동 일대　🕐 24小時　💲 免費入場　📶 無　➡ ❶ 地鐵204冬柏站1號出口沿大路直走約10分鐘到海邊，可連接島上的PU步道，再走過世峰樓旁的燈塔，木頭階梯往下可接海岸散步道路　❷ 海雲臺的中間位置，面海右轉沿海岸線步行約15分鐘，過WESTIN朝鮮飯店後，旁邊的木頭階梯可連接海岸散步道路　🅼🅰🅿 P.209

盡賞海灣摩天高樓夜景

▌The bay 101
▌더베이101

　　位於海雲臺旁的冬柏島，集合幾家不同類別的餐廳、咖啡店，傍晚到入夜是此處最有人氣的時刻，尤其是夏天日落後，拋開白天擾人的暑氣，來此處吹海風、喝冰啤酒，欣賞海灣高樓的迷人夜景，戶外露天區常一位難求；1樓的FINGERS&CHAT是最熱門的美食店，海鮮炸物是這裡的招牌，雖然價格較高，但沒有厚重裹粉，相當真材實料，是最佳賞景良伴。

DATA

✉ 부산시 해운대구 동백로 52(우동) ☎ 1833-5880 ⏰ 各店家不同，1樓FINGERS&CHAT營業時間11:00～翌日01:00 💲 免費參觀；炸海鮮、炸雞12,500～45,000₩，各品牌啤酒6,000～15,000₩，有英文菜單 🆆 無 ➡ 地鐵204冬柏站1號出口沿路順步行約9分鐘 🅗 www.thebay101-haema.com(韓) 🅜 P.209

影像主題濱海散步路

▌電影大道
▌영화의 거리

　　每年10月初在釜山舉辦的電影節，已是國際上知名的盛會活動，「電影大道」是結合電影元素、以廣安大橋為背景，在冬柏島旁海邊打造的濱海散步路；和海雲臺有段距離，因此這裡通常是清靜的，散步、放空都很享受，也吸引喜歡拍照的人前來，晚上附近居民來跑步運動，是這裡最熱鬧的時刻，但依然有別於人氣海邊的喧囂，有它獨特的迷人魅力。

DATA

✉ 부산시 해운대구 우동 ⏰ 24小時 💲 免費 🆆 無 ➡ 地鐵204冬柏站1、3號出口往海邊步行約15分鐘；搭計程車可用韓華渡假村(한화리조트)為目標，車程約6分、車費約2,800₩ 🅜 P.209

2 號線

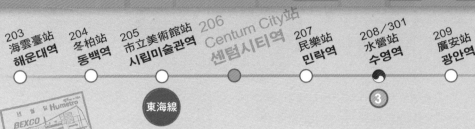

| 203 海雲臺站 해운대역 | 204 冬柏站 동백역 | 205 市立美術館站 시립미술관역 | 206 Centum City站 센텀시티역 | 207 民樂站 민락역 | 208/301 水營站 수영역 | 209 廣安站 광안역 |

東海線

3

206

Centum City站 (百城)
센텀시티역

與韓國兩大連鎖百貨公司「新世界百貨」、「樂天百貨」相連接的地鐵站，周邊有結合國際化的BEXCO會展中心，舉行電影盛會的電影的殿堂，和推展藝術文化的釜山市立美術館，此外也有各式的餐廳和大型賣場，無論是出差開會或血拼逛街都很方便，因為是以商業辦公區域為主，所以餐廳和店面的打烊時間會比海雲臺和廣安里等地區早一些。

新世界百貨Centum City店

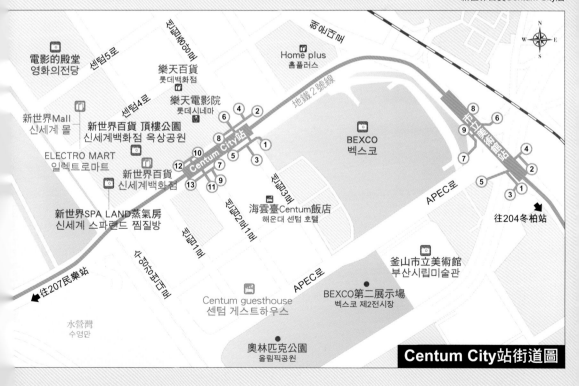

電影的殿堂
영화의전당

센텀5로

센텀6로

樂天百貨
롯데백화점

Home plus
홈플러스

동아대로

센텀4로

樂天電影院
롯데시네마

地鐵2號線

新世界Mall
신세계 몰

新世界百貨 頂樓公園
신세계백화점 옥상공원

Centum City站

④
②

⑥

⑧

센텀9로

⑧

⑥

⑨

④

②

ELECTRO MART
일렉트로마트

⑩

①

BEXCO
벡스코

⑦

新世界百貨
신세계백화점

⑫
⑬

⑦
⑪ ⑨

③

APEC로

⑤

③
①

新世界SPA LAND蒸氣房
신세계 스파랜드 찜질방

센텀3로

往204冬柏站

海雲臺Centum飯店
해운대 센텀 호텔

센텀2의1로

센텀1로

往207民樂站

釜山市立美術館
부산시립미술관

수영강변대로

APEC로

BEXCO第二展示場
벡스코 제2전시장

Centum guesthouse
센텀 게스트하우스

水營灣
수영만

奧林匹克公園
올림픽공원

Centum City站街道圖

遊賞去處 👁

世界最大的百貨公司

▌新世界百貨Centum City店
▌신세계백화점 센텀시티점

　　獲得世界紀錄認證，是目前世界上最大的百貨公司，成為釜山的重要地標。集合各知名品牌進駐外，多國美食小吃點心、室內溜冰場、SPA三溫暖、電影院和高爾夫練習場等各種設施商品齊全，另提供退稅、外文翻譯和物品保管等服務；後方全新的新世界Mall商城，B1為新世界免稅店，B2的大型書店、創意文具店、玩具模型店、3C家電賣場和Apple store，以及4樓的多樣化美食、DORÉ DORÉ彩虹蛋糕等，都讓逛百貨公司更為豐富有趣。

DATA

✉ 부산시 해운대구 우동 센텀남대로 35번지 (우동 1495번지)　☎ (051)745-2983　🕐 百貨商場平日10:30〜20:00、週末和節假日10:30〜21:00，溜冰場平日10:30〜20:00、週末和節假日10:30〜22:00；Mall商城為10:30〜22:00，免稅店09:30〜20:00、週末假日到21:00　**WIFI** 無　➡ 地鐵206 Centum City站往10、12號出口方向，有連接百貨公司的出入口；百貨公司和Mall商城於B2、3、4樓有連接通道　**http** www.shinsegae.com(韓、中、英)　**MAP** P.215

新世界百貨內的注目焦點

新世界百貨 頂樓公園
신세계백화점 옥상공원

　　靠海的釜山，有著充足的、令人覺得舒服的海風，臨海的百貨公司將頂樓規畫成戶外休閒空間，逛街逛到痠痛疲累的時候，就來吹吹風、休息一下吧！此外為了吸引家長帶小朋友前來，在這邊還設置了小型恐龍公園，恐龍造景、溜滑梯、海盜船，還有持消費收據就可免費搭乘的旋轉木馬，幫忙小朋友防無聊、找樂趣，大人就可以多逛街血拼啦！

DATA

✉ 請參考P.216新世界百貨Centum City店　💲 免費入場　**WIFI** 無　➡ 請參考P.216新世界百貨Centum City店，設於9樓中央區的戶外　**MAP** P.215

ELECTRO MART Centum店
(일렉트로마트 센텀점)

逛街血拼的主力多為女性，為了吸引男性顧客目光，新世界集團和旗下e-mart大賣場，推出以2015年韓國火紅的網路漫畫人物「ELECTRO MAN」(일렉트로맨)為主角的系列商品，並且在百貨公司設置結合銷售玩具模型、家電3C商品和啤酒零食等的綜合電子賣場，讓大人可以回到童年時光，超人、鋼鐵人、蝙蝠俠等穿梭其中，還有知名人物的仿真模型、樂高、玩具車等也是焦點，賣場內可以拍照，光合影就超開心，但小心荷包別破大洞就是了(可現場退稅)。

DATA

✉ 位於P.216新世界百貨Centum City店Mall商城B2　☎ (051)745-2383　🕐 10:30～22:00　📶 無　➡ 請參考P.216新世界百貨Centum City店　🗺 P.215

BANDI／LUNI'S(반디앤루니스)

「BANDI／LUNI'S」是韓國前5大連鎖書店，接替教保文庫進駐新世界Mall商城的B2，以豐富書籍內容與優質閱讀環境為主要概念，打造明亮寬敞的賣場和書櫃牆面，設置大量的看書區座位，並將書籍雜誌、文具精品等分開兩區，各自都可以逛得盡興，外國遊客喜歡買的偶像畫報雜誌和貓咪系列商品，在這裡都可以找到，部分商品亦可退稅，是喜歡逛書店的人來到釜山的好選擇。

DATA

✉ 位於P.216新世界百貨Centum City店Mall商城B2 ☎ (051)750-2900 ◷ 10:30〜22:00
WIFI 無 ➡ 請參考P.216新世界百貨Centum City店 http www.bandinlunis.com(韓) MAP P.215

新世界SPA LAND蒸氣房
(신세계 스파랜드 찜질방)

位於新世界百貨Centum City店內，走高級豪華的路線，從裝潢到多樣的設施，堪稱城市中的休養型溫泉，寬敞明亮的室內空間，數種不同功能的泡湯浴池、戶外露天浴池和足浴，還有各國特色的主題式汗蒸幕，也附設有美容美甲、餐廳咖啡廳、娛樂休息室等，除了豪華的設備外，環境保持得很清潔，浴室內提供的沐浴梳妝用品也很完備，服務台另設有貴重物品保管處，但也因為走高級路線，所以消費比其他一般的蒸氣房較貴，飲料餐點的價格也較高，部分飲料只有出售鋁罐裝樣式，非一般蒸氣房的杯裝。

足浴

SPA LAND蒸氣房價目表

類別	平日	週末／假日	備註
大人	15,000₩	18,000₩	
學生	12,000₩	15,000₩	國／高中生
早上	10,000₩	13,000₩	早上9點前入場
晚上	10,000₩	13,000₩	晚上8點後入場

DATA

✉ 請參考P.216新世界百貨Centum City店 ☎ (051)745-2900 ⏰ 06:00～24:00，最後入場22:30，公休日同新世界百貨Centum City店 💲請參考左側價目表，每次使用時間為4小時，超過需另付費，場內消費(不含入場費)超過1萬韓幣，可使用到6小時，可刷卡 WIFI 無 ➡ 請參考P.216新世界百貨Centum City店，左側玻璃帷幕的1～3樓，入口在百貨公司的1樓內 ℹ 7歲以下不可入場，小學孩童須有同姓監護人同行，未滿18歲22:00後須有成年人陪同 MAP P.215

星光閃耀的電影節盛會

▌電影的殿堂
◀영화의전당

釜山國際電影節是亞洲的電影盛會之一，原本每年10月在釜山南浦洞的BIFF廣場舉辦，從2011年開始，電影節的開、閉幕式和相關活動，改在新落成、位於海雲臺地區的「電影的殿堂」舉辦；這裡設有影像資料室、試映室、資料室、大小劇場和電影院等，除了收集保存電影相關的資料作品，平常也舉辦各種藝文活動，另附設咖啡廳、上網休息區和活動空間，相信喜歡電影或是對電影有研究的人，可以在這裡得到不少的收穫，此外屋頂下裝設的大片LED照明設備，每晚7～9點照亮夜空，與一旁的水營江相互融合成美麗夢幻的夜景。

DATA

✉ 부산시 해운대구 수영강변대로 120번지(우동 1467번지)　📞 (051)780-6000　🕐 09:00～21:00，或依活動演出的時間　💲 公共空間免費入場，各演出則有可能需另外購票　📶 無，6樓電影院售票處旁設有桌上型電腦可免費上網　➡ 地鐵206 Centum City站12號出口直走，約3分鐘到路口右轉，再直走約5分鐘可到　🌐 www.dureraum.org(韓、英)　🗺 P.215

媲美國際規模的會展中心

▌BEXCO
▌벡스코

具有國際級規模的「BEXCO」，是釜山最大的會展場地，用先進的設備舉辦各種會議、展覽和儀式等，設計現代、採光好、樓板面積寬敞的空間，從2002年在韓日舉辦的世界盃足球賽決賽分組抽籤儀式開始，持續舉辦各種產業類別的國際級活動。

DATA

✉ 부산시 해운대구 APEC로 55번지(우동 1500번지) ☎ (051)740-7300 🕐 依各展覽的展出時間 💲 各展覽不同 📶 無 ➡ 地鐵206 Centum City站1號出口(距離正門較近)，或地鐵205市立美術館站7、9號出口旁 🌐 www.bexco.co.kr(韓、中、英、日) 🗺 P.215

市民文化藝術空間

▌釜山市立美術館
▌부산시립미술관

1998年開館的釜山市立美術館，是釜山代表性的文化空間，收藏、研究並展出各種風格門派的藝術作品，以及舉辦國際交流展等推廣活動，還有戶外的露天雕刻公園，希望提供給市民陶冶性情和振興文化的藝術空間，2011年有專為小朋友設立的兒童美術館開館，2014年舉辦了釜山美術雙年展，喜歡文化藝術的人來到釜山，也可以有不同於大海美景的享受。

DATA

✉ 부산시 해운대구 APEC로 58번지(우동 1413번지) ☎ (051)744-2602 🕐 10:00～20:00，兒童美術館10:00～18:00，每週一和1月1日公休，若週一為法定假日，則順延至下一個平日公休 💲 免費參觀，部分特展需另收門票 📶 無 ➡ ❶地鐵205市立美術館站5號出口直走約3分鐘 ❷地鐵206 Centum City站1號出口直走約5分鐘，過馬路左轉後，再直走約3分鐘 🌐 art.busan.go.kr(韓、中、英、日) 🗺 P.215

→釜山美術雙年展的裝置藝術

2號線

206
Centum City站
센텀시티역

207
民樂站
민락역

208、301
水營站
수영역

209
廣安站
광안역

210
金蓮山站
금련산역

211
南川站
남천역

212
慶星大．釜慶大
경성대．부경대

3

209

廣安站
광안역

位在海雲臺附近的廣安里海邊，多了聲光效果的妝點，一年四季都受到大家的關注喜愛，特別是每年的4～10月，在海邊展開的露天電影會、音樂會和多采多姿的各式活動，以大海贈送的美麗畫布為背景，吸引著老老少少聚集於此；廣安里海邊最吸睛的活動，莫過於每年10月展開的釜山國際煙火節，當數以萬計、色彩繽紛的華麗煙花被鑲繡在天空的同時，人們心裡的悸動也隨之綻放，每年都吸引難以計數的遊客前往朝聖，景觀視野好的飯店、餐廳和咖啡店，通常都會提早被預約一空。

‖釜山達人3大推薦地

遊客必訪
廣安里海水浴場
夜晚比白天更閃亮精采、吸聚人氣，浪漫滿分的約會勝地。(見P.224)

Helena最愛
BEANSBINS COFFEE
韓國知名的甜點鬆餅配廣安里日夜美景，如此絕美組合，只有在釜山才有喔！(見P.228)

在地人推薦
黃豆芽湯飯巷弄
無論是解酒，或是三餐加宵夜，都可以吃到健康營養滿分的熱湯飯。(見P.228)

廣安站街道圖

遊賞去處

融合大海與聲光的露天夜店

▌廣安里海水浴場
▌광안리해수욕장

　　位在海雲臺西側的廣安里海水浴場，是個與天放鬆、同地搖滾的露天夜店，因夜晚而存在的廣安里，日落時分開始徐徐地顯露浪漫的本色，結合燈光、影像和音樂的藝術演出，每晚都在廣安里的海邊精采上演，藝術大師在海邊的廣安大橋上妝點繽紛的光影藝術，像魔法般灑落於暗夜的燦爛，再搭配上各式節奏的音樂，同時滿足視覺和聽覺的聲光饗宴，成為釜山人夜生活的一部分，也讓廣安海邊成為另類的露天「海・光美術館」。

　　廣安里海邊聚集了各式餐飲店，無論是傳統韓食或異國料理，都可以滿足老饕們的口腹之欲，在旁邊民樂生魚片中心(민락회센터)周邊聚集的海鮮商家餐廳，提供新鮮豐富的魚貨和海產料理，搭配上廣安里的浪漫氣氛，形成和札嘎其魚市場相異的情趣，此外

也聚集了很多的Pub夜店和咖啡店，在室內品嘗美食配美景也好，在露天咖啡店喝咖啡配海風也罷，或是在夜店裡喝調酒配帥哥美女，多樣的選擇可以滿足大家的喜好，深刻地體會廣安里特有的光之浪漫。

DATA

✉ 부산시 수영구 광안2동　🕐 海灘24小時，海水浴場約每年7～8月；廣安大橋點燈時間，1～4月、11～12月：日落～24:00(週末～凌晨02:00)，5、6、9、10月：日落～凌晨01:00(週末～凌晨02:00)，7～8月：日落～凌晨03:00　💲 免費入場　📶 有　➡ ❶地鐵209廣安站3、5號出口往回走到路口轉彎，再直走約10～15分鐘可到海邊中段位置 ❷地鐵210金蓮山站1、3號出口往回走到路口轉彎，再直走約6分鐘可到海邊　🌐 gwangalli.suyeong.kr(韓、中、英、日)　🗺 P.223

廣安里的海邊散步路

整個廣安里海岸線的範圍，約涵蓋地鐵2號線民樂站和南川站之間的相對位置，若要前往中段的沙灘海岸，建議可從地鐵廣安站或金蓮山站前往，如果想散步運動，從民樂水邊公園沿著海岸線，一直走到南川站附近的櫻花社區，約需1小時左右。

地鐵2號線分站導覽

202
中洞站・203
海雲臺站・204
冬柏站・206
Centum City站・**209
廣安站**・212
慶星大・釜慶大站・213
大淵站

韓國最長的雙層跨海大橋

▌廣安大橋
▌광안대교

　　成為韓國和釜山新一代象徵的廣安大橋，總長7.4公里，是韓國最長的雙層跨海大橋，也是韓國第一座結合造型藝術和照明設施的橋樑，燦爛的燈光將暗夜妝點的更為動人，尤其是每年10月的國際煙火節，更是吸引著大家驚豔的目光，如果想更近距離的接觸廣安大橋，可以在海雲臺尾浦搭乘遊覽船(P.195)，

經過橋底的光之隧道，也可以搭乘釜山的觀光巴士(P.31)或計程車行經廣安大橋。

DATA

✉ 부산시 수영구 광안동　🕐 24小時　💲 汽車通行費單趟1,000W起　WIFI 無　➡ 請參考P.224廣安里海水浴場，橋上需搭車通過；元旦早晨或不定期會舉辦橋上健行活動　http www.gwanganbridge.or.kr(韓)　MAP P.223

實用韓文

請到地鐵慶星大・釜慶大站(經由廣安大橋)。
지하철 경성대・부경대역까지 가주세요(광안대교 경유).

如何搭車到廣安大橋

雙層設計的廣安大橋，從海雲臺周邊往西面的方向是走上層，可以看到較漂亮的風景，反之則是走下層，視野會有遮蔽的樑柱，目前沒有一般公車行經，若想從廣安大橋的上層經過，除了搭釜山觀光巴士(P.31)的部分路線外，建議可於地鐵206 Centum City站周邊搭計程車前往地鐵212慶星大・釜慶大站的附近，請司機走廣安大橋(需付1,000W的過路費)的路線，車費加過路費約需8,500W。

視野絕佳，空間寬敞

▌AQUA PALACE蒸氣房
▌아쿠아펠리스 찜질방

絕佳的位置和視野是這裡的優點，位於正對廣安大橋的AQUA PALACE飯店內，過個馬路就是廣安里海水浴場，加上寬敞的空間和大片的落地窗，無論是在浴室泡湯，或是在大廳休息，都可以輕鬆的欣賞廣安大橋的美景，白天夜晚都有吸引人的魅力，更別說是國際煙火節的時候，除了周邊的餐廳咖啡店，這裡也是賞煙火的熱門場地之一，附設有游泳池和滑水道，室內活動空間很大，有各種溫度功能的蒸氣房和休息空間可以選擇，適合在這放鬆身心或過夜休息。

AQUA PALACE蒸氣房價目表　　製表：Helena

類別	三溫暖 (사우나)	三溫暖+蒸氣房(사우나+찜질룸)	
		白天(주간)	夜間(심야)
大人	9,000₩	12,000₩	15,000₩
小孩 (7歲以下)	6,000₩	8,000₩	11,000₩

店家的營業內容，依當日實際情況為準。

DATA

✉ 부산시 수영구 광안해변로 225번지 5층(광안동 192-5번지)　📞 (051)790-2345　🕐 蒸氣房24小時，游泳池10:00～19:00(7、8月外的平日休息)　💲 請參考上方價目表，可刷卡，游泳池依據時段和月分，大人30,000～40,000₩，小孩25,000～35,000₩(請自備泳衣)，夜間時段為晚上18:00～05:00之間入場　WiFi 無　➡ 地鐵209廣安站5號出口往回走到路口轉彎，再直走約10分鐘到海邊前的路口右轉，再直走約1分鐘，入口位於AQUA PALACE飯店的5樓　http www.aquapalace.co.kr(韓、英)　MAP P.223

特色美食 🍸

補身湯與海鮮的完美結合

▌白頭山
▌백두산

　　白頭山在中國稱長白山，是中國和北韓的界山，取其店名代表，這裡是北韓式咸興冷麵與排骨湯、燉排骨的專賣店。排骨湯(牛)和雪濃湯(牛)、蔘雞湯合稱韓國的三大補身名湯，再加入章魚、鮑魚等釜山元素，更是豐富美味。這裡的餐點，單鍋湯類是清湯，可一人點一份獨享，名品排骨湯包含牛排骨、章魚和鮑魚；而燉鍋類是肉湯，適合兩人以上，可選擇辣度、加湯，也可以請店員把辣椒醬另外給，再自己調整口味。

DATA

✉ 부산시 수영구 남천바다로 33번길 97(광암동)　☎ (051)757-9365　🕐 11:00～15:00、17:00～23:00　💲 燉排骨鍋類(小)34,000～46,000₩、排骨湯類10,000～22,000₩　🪑 可　🪑 西式座椅、韓式地板座位　WIFI 無　➡ 地鐵209廣安站5號出口迴轉到路口右轉，再直走約10分鐘到海邊前的路口右轉，直走約5分鐘的巷口右轉，再直走一下的巷口；亦可從海邊前的路口就轉彎前往　MAP P.223

白頭山菜單
製表：Helena

中文	韓文	中文	韓文
原味	순한맛	排骨湯	갈비탕
辣味	매운맛	排骨章魚湯	갈낙탕
很辣味	아주매운맛	鮑魚排骨湯	전복갈비탕
燉排骨	갈비찜	名品排骨湯	명품갈비탕
燉排骨章魚	갈낙찜	水冷麵	물내면
燉排骨鮑魚	전복갈비찜	辣拌冷麵	비빔내면

店家的營業內容，依當日實際情況為準。

實用韓文

請幫我加湯	국물 좀 더 주세요.
辣椒醬請另外給我	고추장 따로 주세요.

鬆餅與海景的雙重體驗

▍BEANSBINS COFFEE 廣安里店

▍빈스빈스 커피 광안리점

　　從首爾三清洞開始的「BEANSBINS」，最被大家熟知且印象深刻的，應該是10多種口味的鬆餅吧！現點現做、帶有核桃香的厚鬆餅，加上豐富的新鮮水果、冰淇淋或鮮奶油，搭配廣安里海邊、廣安大橋的日夜美景，靠窗面海的座位，夏日尤其熱門，味蕾和視覺的雙重享受，讓人捨不得離開呢！

椅座位　**WIFI** 有　➡ ❶地鐵210金蓮山站1號出口往回走到路口轉彎，直走約6分鐘到海邊路口，不用過馬路直接左轉，再直走約30公尺即到 ❷地鐵209廣安站5號出口往回走到路口轉彎，再直走約10～15分鐘可到海邊中段位置，不用過馬路直接右轉，直走約12分鐘可到 **http** www.beansbins.com(韓、英) **MAP** P.223

DATA

✉ 부산시 수영구 광안해변로 155번지 (광안2동 204-7번지)　☎ (051)752-1995　🕐 10:00～24:00(週五、六～翌日01:00)　💲 鬆餅單點4,900～15,000₩，飲料4,300～6,300₩，鬆餅可單點，或搭配美式咖啡SET A、原豆咖啡SET S(可換兩杯美式咖啡)，菜單有英文、照片，可刷卡　🈚 可　🪑 西式座

健康營養又解酒的熱湯飯

▍黃豆芽湯飯巷弄

▍콩나물국밥 골목

　　廣安里海邊聚集很多的海鮮餐廳和Pub，喝酒後宿醉的客人也比較多，因為韓國人覺得喝熱湯有解酒的功效，所以周邊開始聚集賣解酒湯(해장국)或熱湯飯的店家，其中又以全州口味的黃豆芽湯飯最多；全州的黃豆芽湯飯，以滿滿的黃豆芽為主角，用高湯當陪襯，再打上蛋，也可以用蝦醬來調味，無論是否真的可以解酒，健康營養是一定會有的，當正餐或宵夜都很適合！

韓國全州美食

朝鮮半島的大面積平原多在西南邊的全羅道，所以農業發達，食材便宜又新鮮，當地的飲食歷來就是以美味便宜著稱，其中又以全州的拌飯和黃豆芽湯飯最為有名。

元祖清晨家全州式黃豆芽解酒湯
(원조새벽집 전주식 콩나물해장국)

口味較清爽

傳說中全州式黃豆芽解酒湯
(소문난 전주식 콩나물해장국)

口味較濃郁

菜單		價位
콩나물국밥	黃豆芽湯飯	5,000₩
콩나물따로국밥	黃豆芽分開湯飯(飯另外裝)	5,500₩
김치콩나물국밥	泡菜黃豆芽湯飯	5,000₩

店家的營業內容，依當日實際情況為準。　　製表：Helena

DATA

✉ 부산시 수영구 광안해변로 267번지(민락동 176-32번지) ☎ (051)753-5821 ⏰ 24小時 💲 參考上方價目表，可刷卡 🪑 可 💺 西式座椅座位 📶 無 ➡ 地鐵209廣安站3號出口往回走到路口轉彎，再直走約10分鐘到海邊前的路口左轉，再直走約5分鐘 🗺 P.223

菜單		價位
콩나물해장국	黃豆芽解酒湯	5,000₩
콩나물따로국밥	黃豆芽分開湯飯(飯另外裝)	5,000₩
김치해장국	泡菜解酒湯	5,000₩
해물콩나물해장국	海鮮黃豆芽解酒湯	6,000₩
황태콩나물해장국	黃太魚黃豆芽解酒湯	6,000₩

店家的營業內容，依當日實際情況為準。　　製表：Helena

DATA

✉ 부산시 수영구 광안해변로 269번지(민락동 176-21번지) ☎ (051)753-2328 ⏰ 24小時 💲 參考上方價目表，可刷卡 🪑 可 💺 西式座椅座位 📶 無 ➡ 地鐵209廣安站3號出口往回走到路口轉彎，再直走約10分鐘到海邊前的路口左轉，再直走約5分鐘 🗺 P.223

209
廣安站
광안역

210
金蓮山站
금련산역

211
南川站
남천역

212
慶星大·釜慶大站
경성대·부경대역

213
大淵站
대연역

214
池谷站
못골역

215
支架谷站
지게골역

212

慶星大·釜慶大站
경성대·부경대역

慶星大學和釜慶大學分別在本站的左右兩側，所以成為年輕人聚集的街區，相較於釜山大學前保稅街的化妝品店和服飾店等聚集的商圈，這裡以各式餐廳和酒吧為主，無論是要輕鬆的享受美食，或是和三五好友聚會聊天，韓國傳統的馬格利酒和冰涼豪邁的啤酒都可以帶來穿越時空、融合傳統和現代的特殊氛圍。

‖ 釜山達人 3 大推薦地

遊客必訪
二妓臺海岸散步路

沒有過多人為破壞的天然絕景，也可以從不同的角度欣賞廣安大橋。（見P.232）

Helena最愛
韓屋家燉泡菜

老泡菜發酵的自然酸味，白飯和泡麵免費供應，平價就能吃好又吃飽喔！（見P.234）

在地人推薦
鄉土家鮮蚵湯飯

用飽滿味美的鮮蚵，製作成湯飯和煎餅，每一口都吃得到大海的感覺。（見P.235）

慶星大．釜慶大站街道圖

往213大淵站　釜慶大．慶星大　往釜山南川站

釜山大學　부경대학교

慶星大學　경성대학교

SPAO

麥當勞　맥도날드

大淵洞文化巷弄　대연동 문화골목

CAFÉ 301　카페 301

W鬆餅店　W오븐

大家豬肉湯飯　큰집 돼지국밥

鄉土家鮮蚵湯飯　향토집 굴국밥

往二妓臺　이기대 방향

韓屋家燉泡菜　한옥집 김치찜

地鐵2號線

용소로346번길
한옥집 김치찜
수영로334번길
용소로7번길
수영로322번길
수영로13번길
용소로8번길
용소로14번길
수영로298번길
용소로28번길
용소로40번길
수영로266번길

遊賞去處

漫步海鷗路的天然美景

▌二妓臺海岸散步路
▌이기대 해안 산책로

壬辰倭亂時倭軍占領水營城(現釜山水營區)後，舉辦慶功宴時，兩名妓生抱著倭軍將領投水身亡，當時安葬兩位妓生的地方被稱為二妓臺；這裡一直到1993年都還是軍事管制區，經過長時間的封閉，使得二妓臺沒有過多的開發和破壞，層疊的岩石衛著濃綠的樹葉，除了連接海邊岩石的吊橋和木階梯，二妓臺所擁有的就是天然美景，走過木梯可以更接近大海，越過吊橋可以更接近天空，在大自然的擁抱中，最簡單的呼吸也可以感覺幸福和滿足。

距離二妓臺入口步行約15分～1小時的區段，可以從不同的角度欣賞廣安大橋，中段區域的木造平臺為韓國電影「海雲臺」的拍攝地之一，此外還有推測為極龍的足跡化石和復原海女捕撈海產的保存現場；從二妓臺入口步行到五六島前的區段，全程約需3.5～4小時，雖然不算太難走，但部分區段高低差稍大、左右較窄，樹林密集區域較為泥濘，且途中多有上下坡和樓梯，沒有賣飲食的商店和少有廁所，若要前往請務必攜帶足夠的飲用水，並且注意安全。

DATA

✉ 부산시 남구 용호3동 산25　☎ (051)607-4062
🕐 中段部分屬歷史／教育保存的管制區，禁止進入的時間夏季20:00～凌晨05:00，冬季18:00～凌晨05:00，其他區段24小時開放，日落後較為黑暗
💲 免費參觀　📶 無　➡ 去程：地鐵212慶星大·釜慶大站5號出口往回順路右轉走約2分鐘的公車站牌，搭20、22、24、27、39或131號公車，約6分鐘在二妓臺入口(이기대입구)下車，往回走到路口過馬路到對面，往巷子裡直走約15分鐘，上斜坡後在公園附近左轉，再直走上斜坡約20分鐘，可連接二妓臺海岸散步路 回程：散步路尾端為住宅社區，在大樓前站牌搭27或131號公車，約18分鐘回到地鐵站，27號公車另可前往釜山火車站　🗺 P.231、封面裡

海上的天空步道

▶五六島Sky Walk
◀오욱도 스카이워크

釜山南部、跨東海和南海的地區，地形像是馬鞍，後因海浪侵蝕，沿海逐漸產生了六個小島，就是現在的五六島，此外也形成了鄰海的渡口和小丘陵，因此這裡被稱為「乘頭馬」(승두말)，像是馬匹一拐一瘸的樣子，當地居民也把這裡稱為「잘록개」(瘸腳的意思)。

在五六島對面、2013年完工開放的「五六島Sky walk」，是個建造在30公尺懸崖上、全長15公尺的U型透明玻璃步道，如同「行走在天空」的名稱涵義，從岩壁向大海的方向延伸，透過玻璃地板，可以看到海浪拍打著岩壁，如此寬闊氣勢的景色，在視覺上有著強烈的刺激感，也彷彿可以更貼近大海。

DATA

✉ 부산시 남구 용호동　📞 (051)607-6395
🕐 09:00～18:00(最後入場17:50)　💲 免費入場　📶 無　➡ **去程**：地鐵212慶星大 · 釜慶大站5號出口，往回順路右轉走約2分鐘的公車站牌，搭27、131號公車，約18分鐘在底站五六島SK社區後門(오욱도SK뷰후문)下車，直走到路口後右轉，往海邊斜坡走即可看到　**回程**：在去程下車處對面，搭27、131號公車，約18分鐘可回到地鐵站，27號公車另可直接前往釜山火車站　ℹ 為了安全問題，下雪、下雨和強風(颱風)等情況時暫停開放；參觀時請配合穿上鞋套、勿飲食　🗺 封面裡

象徵釜山港的自然保護區 五六島

五六島位於釜山南邊的海面上，是船隻進入釜山港的必經之地，因此成為釜山港的象徵，屬於自然保護區的五六島，隨著潮汐的情況不同，小島看起來的數目也會不同，漲潮時可以看到五個島，退潮時看起來卻像六個島，所以被稱為五六島，韓國國立海洋調查院以五六島為起點，劃分東海和南海的區域。

DATA

✉ 부산시 남구 오욱도로 130번지(용호동 941번지)　📞 (051)607-4062　🕐 24小時　💲 釜山南區的沿岸邊免費參觀　📶 無　➡
去程：❶步行：從二妓臺入口步行往可觀賞五六島的海岸區段，約需3.5～4小時 ❷參考本頁五六島Sky Walk，在透明步道對面海上 ❸搭船：搭乘尾浦港觀光遊覽船從海上觀賞(請參考P.195)　**回程**：在去程下車處對面搭乘27或131號公車，約18分鐘可回到地鐵站，27號公車另可前往釜山火車站　🗺 封面裡

地鐵2號線分站導覽

202 中洞站 · 203 海雲臺站 · 204 冬柏站 · 206 Centum City站 · 209 廣安站 · **212 慶星大 · 釜慶大站** · 213 大淵站

特色美食 🍸

有自然發酵酸味的老泡菜

▌韓屋家燉泡菜
▌한옥집 김치찜

　　泡菜不只是韓國飯桌上的小菜，也可以是美食的主角，維持傳統好口味的韓屋家燉泡菜，使用的是有自然發酵酸味的老泡菜，燉煮的口味較酸、肉類較軟好入口，泡菜鍋則是比較不會太酸、肉類口感有嚼勁，此外白飯和泡麵免費供應，可以享受好口味又吃的飽，受到附近學生和居民的歡迎。

DATA

📧 부산시 남구 용소로7번길 79번지(대연3동 38-4번지)　📞 (051)627-2703、010-6456-8592　🕐 10:00～22:00(最後點餐時間21:20)　💲 燉泡菜(김치찜)7,000W，泡菜鍋(김치찌개)7,000W，白飯(공기밥)和泡麵(라면)免費提供(可續，燉泡菜提供白飯)，可刷卡　🍴 可(低消7,000W)　🪑 韓式地板座位　📶 無　➡️ 地鐵212慶星大‧釜慶大站1號出口直走約3分鐘右轉，再直走約1分鐘左轉，之後直走約1分鐘內的左側　🗺️ P.231

香醇濃郁的馬鈴薯湯最對味

▌大家豬肉湯飯
▌큰집 돼지국밥

　　馬鈴薯湯是韓國常見的料理之一，用帶肉的豬骨、馬鈴薯和韓式冬粉，加入辣椒粉、胡椒粉和芝麻葉等的調味料一起燉煮，常會被韓國人拿來當解酒湯，通常分量較大，因此建議2人以上一起吃；在釜慶大學旁的大家豬肉湯飯，除了釜山常看到的豬肉湯飯外，我覺得馬鈴薯湯更有味道，分量十足，小鍋建議2～3人吃較為適合。

DATA

📧 부산시 남구 수영로266번길 132번지(대연동 558-4번지)　📞 (051)627-0094　🕐 24小時　💲 馬鈴薯湯(감자탕)小18,000W、白飯(공기밥)1,000W，可刷卡　🍴 可　🪑 西式座椅和韓式地板座位　📶 無　➡️ 地鐵212慶星大‧釜慶大站5號出口往回順路右轉後，直走約8分鐘　🗺️ P.231

飽滿鮮蚵的美顏聖品

鄉土家鮮蚵湯飯

朝鮮名醫許浚在其著作「東醫寶鑑」裡提到，吃「蚵」對美麗有益，可以活化肌膚，恢復漂亮的氣色，在釜山這個大海的城市裡，自然少不了這美味，湯飯、炸物到人氣蔥煎餅裡，常可以看到鮮美的「蚵」料理；鄉土家是釜山地區的鮮蚵湯飯專賣

店，肥美飽滿的鮮蚵讓人看了就會心情愉快，搭配上鮮甜的湯頭，吃起來更是滿滿好滋味。

DATA

✉ 부산시 남구 용소로64번길 3(대연동) ☎ (051)627-9985 🕐 24小時 💲 各鮮蚵湯飯(굴국밥)7,000₩，海藻鮮蚵湯飯(매생이굴국밥)9,000₩，鮮蚵煎餅(굴전)原味(순한맛)14,000₩、辣味(매운맛)15,000₩ 🅿 可 🪑 西式座椅座位 📶 無 ➡ 地鐵212慶星大‧釜慶大站5號出口往回順路右轉，再直走約10分鐘 🗺 P.231

學生最愛的溫馨風咖啡店

CAFÉ 301　카페 301

慶星大學和釜慶大學周邊以刨冰、草莓拿鐵出名的咖啡店，針對每個不同的季節，推出限定版的冰品或冰沙，不僅看起來豐富，新鮮扎實的口感和布置溫馨的環境，讓「CAFÉ 301」在眾多店家中得到學生們的

青睞。

DATA

✉ 부산시 남구 용소로 15번지4층(대연3동 58-11번지) ☎ 070-8631-0301 🕐 平日11:00～23:00，週五、六11:00～凌晨01:00 💲 各式飲料刨冰和西式簡餐約4,000～15,000₩起，菜單附照片和英文，餐點內容會隨季節而有所不同，每人低消為一樣餐點或飲料，熱飲改冰的加500₩ 🅿 可 🪑 西式座椅座位 📶 有 ➡ 地鐵212慶星大‧釜慶大站3號出口往回順路左轉，直走約2～3分鐘的巷口3樓 🗺 P.231

2 號線

210
金蓮山站
금련산역

211
南川站
남천역

212
慶星大·釜慶大站
경성대·부경대역

213
大淵站
대연역

214
池谷站
못골역

215
支架谷站
지게골역

216
門峴站
문현역

213

大淵站
대연역

釜山博物館的歷史文物展出和傳統文化體驗，是最吸引外國觀光客的項目之一，除了可以更了解釜山之外，還可以免費試穿保存狀況良好的韓服和體驗韓國傳統的茶道，附近還有在韓戰中犧牲的外國軍士的紀念公園，來到釜山也可以很文藝感人喔！

釜山達人3大推薦地

遊客必訪
釜山博物館 文化體驗館

免費體驗試穿韓服和韓國茶道，還有朝鮮時代各階層的傳統服飾展出和傳統婚禮的場景。(見P.238)

Helena最愛
釜山博物館

展出並介紹釜山各時期的文物和歷史，是最適合想要深入了解釜山的文化空間。(見P.238)

在地人推薦
雙胞胎豬肉湯飯

釜山知名料理豬肉湯飯的專門店，這個好口味僅此一家、別無分號。(見P.240)

地鐵2號線

往212慶星大・釜慶大站 ➡

大淵站

6 ④ ② ①
⑤ ③

유엔평화로

◀ 往214池谷站

🍴 明洞一隻雞
명동닭 한마리

🍴 雙胞胎豬肉湯飯
쌍둥이 돼지국밥

🍴 五六島 炒章魚
오륙도 낙지볶음

유엔평화로

유엔로

釜山博物館 文化體驗館
부산박물관 문화체험관 📷

📷 釜山博物館
부산박물관

UN雕刻公園
UN조각공원 ●

● 在韓UN紀念公園
재한 유엔기념공원

大淵站街道圖

遊賞去處 👁

深入了解釜山的歷史文物

█ 釜山博物館
█ 부산박물관

1978年開館的釜山博物館，以現在的釜山和周邊區域為範圍，收集、保存和研究相關的歷史文物，從史前時代到近代，分為各個時期的展館和生活文化館、民俗館等，分門

別類展出，讓有興趣的人可以更清楚地了解釜山的過去，此外還有2009年增設的文化體驗館，是喜歡文史古物的人來到釜山一定要參觀的地方。

DATA

✉ 부산시 남구 유엔로 152번지(대연4동 948-1번지) 📞 (051)610-7111 🕐 09:00～18:00，每週六、每月最後週三到21:00，最後入場為開放截止前1小時，1月1日和每週一休館，若週一為法定假日，則順延至下個平常日休館 💲 免費入場(在櫃檯先領門票後入場) 📶 無 ➡ 地鐵213大淵站3號出口往回到路口左轉，直走約8分鐘，過馬路後穿過停車場即到 🌐 www.museum.busan.go.kr(韓、中、英、日、俄) 🗺 P.237

體驗韓國傳統文化

█ 釜山博物館 文化體驗館
█ 부산박물관 문화체험관

2009年釜山博物館增設的文化體驗館，透過傳統服飾、茶道和拓本的體驗，更近一步的接觸韓國傳統文化，其中茶道建議提前預約，而韓服體驗因為服飾的狀態佳、數量豐富，最受到外國遊客的喜愛，對於體驗的人數有所限制，要當天現場預約，每個團體無

論幾人前往，同時段體驗名額固定、不會增加，建議一早先去登記為佳。

DATA

📞 (051)610-7156 🕐 10:00～17:00，休館日同博物館 💲 免費體驗(拓本體驗需購買相關用品) 📶 無 ➡ 請參考P.238釜山博物館，位於面對本館正面樓梯的左邊B1，可以不用通過大廳，直接前往體驗館 ℹ 當日早上開始現場預約，建議先去登記，避免人數過多無法體驗 🗺 P.237

韓戰聯合國軍士的安息之地

▌在韓UN紀念公園
▌재한 유엔기념공원

為了安葬並紀念在韓戰中壯烈犧牲的各國軍士，1955年選定於釜山建立紀念聯合國軍官公園的用地，在規畫良好、占地約13萬5

千坪的碧綠墓園內，陸續設置有紀念館、紀念碑、悼念館和慰靈塔等，追念各位英勇的戰士外，也展示韓戰當時聯合軍的相關資料照片和紀念物，並且舉辦各種紀念活動。

DATA

✉ 부산시 남구 유엔평화로 93번지(대연4동 779번지) ☎ (051)625-0625 ⏰ 5～9月09:00～18:00，10～4月09:00～17:00 💲 免費參觀 📶 無 ➡ 請參考P.238釜山博物館，從博物館依指示步行前往約5～10分鐘 🌐 www.unmck.or.kr(韓、英) ℹ 在園區內參觀時請保持肅靜 🗺 P.237

特色美食 🍸

鮮嫩美味的人蔘雞湯

▌明洞一隻雞
▌명동닭한마리

用大鐵盆烹煮的雞湯料理，緣起自首爾東大門市場。韓戰後經濟不景氣，以雞肉取代價高量少的牛、豬肉，最早賣的是雞肉刀切麵，後來演變成現在的全雞湯；「一隻雞」的基本材料有全雞、大蔥、年糕和馬鈴薯，釜山的「明洞一隻雞」還加了人蔘，湯頭和雞肉都鮮嫩美味，雞湯快喝完時記得加點刀切麵，感覺更滿足對味喔！

DATA

✉ 부산시 남구 천제등로 4번지(대연동 1764-4번지) ☎ (051)636-2834、011-9239-2205 ⏰ 11:00～22:00(最後點餐20:30)，元旦、農曆新年、中秋節公休 💲 參考本頁價目表，店內菜單

附日文，可刷卡 🪑 可(需點一整隻雞) 🛋 西式座椅座位 📶 無 ➡ ❶地鐵214池谷站1號出口，直走約3分鐘的十字路口右轉，再直走約30公尺 ❷地鐵213大淵站5號出口，直走約7分鐘的十字路口過馬路後左轉，再直走約30公尺 🗺 P.237

明洞一隻雞價目表

韓文	中文	價位
닭한마리	一隻雞	18,000₩
삼계탕	蔘雞湯	9,000₩
전복삼계탕	鮑魚蔘雞湯	13,000₩
칼국수면	刀切麵	2,000₩
떡사리	年糕	2,000₩
볶음밥	炒飯	2,000₩
닭모래집	雞胗	5,000₩

湯飯分開食用的好滋味

▌雙胞胎豬肉湯飯
▌쌍둥이 돼지국밥

　　湯飯是韓國常見的料理，從海鮮、黃豆芽到各種肉類，都可以是湯飯的主角，韓戰時到釜山避難的難民，用價格較便宜的豬肉來製作湯飯，大淵站附近的雙胞胎豬肉湯飯，是釜山知名的豬肉湯飯店家，高湯和豬肉內臟等燉煮入味，採用湯和飯分開的樣式，可以單吃，也可以加入小菜裡的蝦醬或韭菜調味，湯飯內有辣椒粉提味，但是不太會辣，沒有豬肉的腥味，如果想嘗試不同的湯料，在菜單之外，也可以和店家要求點混合湯飯(豬肉+內臟)。

雙胞胎豬肉湯飯價目表
製表：Helena

韓文	中文		價位
돼지국밥	豬肉湯飯		6,000₩
내장국밥	內臟湯飯		6,000₩
수육백반	白肉定食(註)		8,000₩
순대국밥	血腸湯飯		6,000₩
내장수육	內臟白肉	小	17,000₩
		大	22,000₩
돼지수육	豬肉白肉	小	17,000₩
		大	22,000₩

註：豬肉湯飯店的白肉料理，有點類似蒜泥白肉的吃法，將煮熟的切片豬五花肉沾特製醬料或辣椒醬一起吃，可以單點白肉，或是湯飯和小份白肉組合的白肉定食
店家的營業內容，依當日實際情況為準。

DATA
✉ 부산시 남구 유엔평화로 13번길 2번지(대연1동 887-1번지) 📞 (051)628-7020 🕐 09:00～24:00 💲 請參考上方價目表，可刷卡 📷 可 🪑 西式座椅座位 📶 無 ➡ 地鐵213大淵站3號出口往回到路口左轉，再直走約2～3分鐘 ℹ 過本店再直走約100公尺有直營店10:00～23:00 🗺 P.237

實用韓文
請給我肉和內臟混合的湯飯。
고기하고 내장 섞어서 주세요.

240

韓國拌飯的另類吃法

▌五六島 炒章魚
▌오륙도 낙지볶음

　　拌飯是韓國的傳統料理，將蔬菜和肉類攪拌均勻後食用，來到釜山這個大海的城市，拌飯有了不一樣的吃法，搭配釜山的特產海鮮，將放入青菜和韓式冬粉一起炒好的章魚或鮮蝦等，和紫菜、白飯拌均勻後食用；這裡採用新鮮的海產為主角，如現場新鮮處理的活鮑魚等，和可調整辣度的湯底，口感開胃下飯，價格也實在，是習慣吃熟海鮮的好選擇。

DATA

✉ 부산시 남구 유엔평화로13번길 8번지(대연1동 1737-7번지)　📞 (051)627-1473　🕐 09:00～22:00　💲 請參考下方價目表，可刷卡　🈺 可　🪑 韓式地板座位　📶 無　➡ 地鐵213大淵站3號出口往回到路口左轉，再直走約2～3分鐘的巷口左轉往前直走一下　🗺 P.237

→可口下飯的
炒章魚+鮑魚

五六島炒章魚價目表

韓文	中文	價位
낙지볶음	炒章魚	6,500₩
낙+새볶음	炒章魚+鮮蝦	7,500₩
새우볶음	炒鮮蝦	7,500₩
낙+곱+새	炒章魚+肥腸+鮮蝦	8,500₩
낙지+전복전골	炒章魚+鮑魚(1～2人份)	14,000₩
공기밥	白飯	1,000₩

店家的營業內容，依當日實際況為準。　　製表：Helena

電鐵東海線

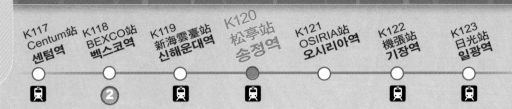

K117
Centum站
센텀역

K118
BEXCO站
벡스코역
②

K119
新海雲臺站
신해운대역

K120
松亭站
송정역

K121
OSIRIA站
오시리아역

K122
機張站
기장역

K123
日光站
일광역

K120 松亭站
송정역

韓國有多處地名為「松亭」，其中的一個說法是，相傳在壬辰倭亂的時候，倭軍間傳言不能攻打朝鮮有「松」字[註]地名的地區，否則對戰事不利，知道這個傳聞後，朝鮮各地紛紛把地名改為叫松亭，以避免倭軍的攻擊。如今的釜山松亭地區，是個人潮相對來說不多的地方，有釜山的海洋氣息，但卻沒有大城市的喧鬧，不妨轉換一下心情，來一趟清靜放鬆之旅吧！

註：松樹在韓國有愛國心的象徵，因此推測，當時倭軍擔心攻打有松字的地區，會激起強烈反抗，所以才避開這些區域。

→K120松亭站(電鐵、火車同站)

松亭站街道圖

往機張市場
기장시장

公車站
(往海雲臺方向)

OSIRIA電鐵站
오시리아역

公車站(往機張方向)

樂天MALL、OUTLETS
롯데몰、아울렛

國立水產科學院
국립수산과학원

公車站
(往海雲臺方向)

侍郎臺
시랑대

해운대로

松亭川
송정천

公車站
(往龍寺、機張方向)

松亭火車站、電鐵站
송정역

海東龍宮寺
해동용궁사

侍郎山
시랑산

松亭三岔路口
송정삼거리

公車站(往海雲臺方向)

公車站(往龍寺、機張方向)

往K119新海雲臺站

해운로

松亭站(舊)
송정역(구)

海水浴場入口交叉路
해수욕장입구교차로

竹島公園
죽도공원

往海雲臺
해운대

全釜美食店
다솥맛집

松亭海水浴場
송정해수욕장

遊賞去處

小清新的島國風情

▌松亭海水浴場
▌송정해수욕장

位於韓國東部最南邊的海水浴場，水深較淺、浪濤平靜，是擁有清澈海水相伴的白沙灘，雖然海岸邊咖啡店、咖啡車林立，但整體來說是有著寧靜、放鬆且帶有島國風情的地方，和海雲臺、廣安里等的熱鬧華麗相比，有著截然不同的感覺；雖然交通稍有不

便，但若想體驗海景旅館民宿，此處較為實惠的價格也是吸引人的重點，暑假旺季記得提早預訂，這清新的氣氛也是有不少支持者的呢！

DATA

✉ 부산시 해운대구 송정동 712-2　☎ (051)749-5800　🕐 沙灘24小時，海水浴場每年7、8月開放　💲 免費　**WIFI** 有　➡ ❶東海線電鐵K120、火車松亭站1號出口，出站後右轉直走7分到「松亭三岔路口」，左轉過馬路直走約8分到「海水浴場入口交叉路」小圓環，右轉海灘即到　❷地鐵203海雲臺站7號出口公車站牌搭100、181號公車，約20分在松亭海水浴場站下車，再往前直走約3～5分的路口，右轉海灘即到　❸在去程下公車處的站牌，可搭100、181、海雲臺9號公車往海東龍宮寺方向，車程約10分　❹在去程下公車處對面的站牌，可搭100、181號公車往海雲臺方向　**http** sunnfun.haeundae.go.kr(韓)　**MAP** P.243

特色美食

電鐵東海線分站導覽

K120
松亭站・

K121
OSIRIA站・

K122
機張站

美食海景絕佳搭配

▌全釜美食店 松亭店
▌다솥맛집 송정점

拌飯是韓國的知名美食，將各種蔬菜和肉類均勻攪拌後享用，滿滿的韓式風味由此而生，但是來到釜山，我們來點不一樣的吧！「全釜」的石鍋拌飯，以鮑魚、章魚、鮮蝦等海洋元素為主角，搭配上口味清新的小菜，直接把「松亭」的氣氛搬上餐桌，再加上可一邊享用美食，一邊從落地窗欣賞美麗海景，味覺固然重要，但若能同時兼顧視覺，那享受可就很不一般囉！

全釜美食店菜單中韓文對照表　製表：Helena

韓文	中文
전복송이밥	鮑魚松茸飯
전복새우문어밥	鮑魚鮮蝦章魚飯
전복영양밥	鮑魚營養飯

店家的營業內容，依當日實際情況為準。

DATA

⊠ 부산시 해운대구 송정광어골로 29(송정동)6층 ☎ (051)702-3130 🕐 11:30〜15:30、16:30〜20:40 💲 石鍋飯15,000〜20,000W，同餐點貴的價錢為加料升級 💳 可 ☉ 西式座椅座位 📶 無 ➡ 參考P.244松亭海水浴場，位於6樓 ❶ 從「松亭三岔路口」往電鐵、火車站對面反方向步行約10分 ❷ 從「海水浴場入口交叉路」沿海灘步行約12分鐘，穿過舊鐵軌後左轉走一下即到 ℹ 用餐尖峰點餐後，有可能需要等待20〜30分鐘 🗺 P.243

電鐵東海線

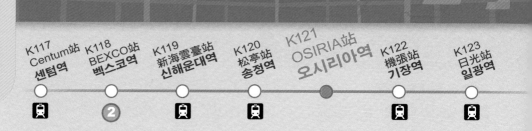

K117
Centum站
센텀역

K118
BEXCO站
벡스코역

K119
新海雲臺站
신해운대역

K120
松亭站
송정역

K121
OSIRIA站
오시리아역

K122
機張站
기장역

K123
日光站
일광역

K121 OSIRIA站 (奧西利亞) 오시리아역

K121 OSIRIA站

本站位於釜山東部，是東釜山觀光園區建設規畫的一部分；自古以來釜山機張地區的五郎臺(오랑대)、侍郎臺(시랑대)一帶風景優美，建造於海邊岩石上的海東龍宮寺，其景色更是一絕，因此結合地名和韓文強調語氣，形成這個感覺上帶有西方風味的名稱；除了岩岸美景，以地中海風格打造的樂天OUTLETS暢貨中心，也是來到釜山逛街血拼的新好選擇。

OSIRIA站街道圖

↑往K122機張站

📷 國立釜山科學館
국립부산과학관

기장대로

↑往機張市場
기장시장

기장해안로

• 五郎臺公園
오랑대공원

🚇 OSIRIA電鐵站
오시리아역

公車站
(往海雲臺方向)

해운대로

樂天MALL、OUTLETS
롯데몰、아울렛

國立水產
科學院
국립수산과학원

기장해안로

公車站(往海
雲臺方向)

公車站(往龍宮
寺、機張方向)

侍郎臺
시랑대

公車站
(往機張方向)

松亭火車站、電鐵站
송정역

松亭川
송정천

📷 海東龍宮寺
해동용궁사

◀往K119新海雲臺站

해운대로

往海雲臺↑
해운대

侍郎山
시랑산

遊賞去處

海邊岩石上的美景寺廟

▌海東龍宮寺
◢해동용궁사

　　韓國的寺廟大多隱身山林之間，但海東龍宮寺坐落於海岸岩石之上，翻湧的大海近在眼前，海浪波濤不斷拍打著，雖然不是規律的節奏，但心靈上卻是平靜的；由高麗時期的懶翁大師創建，最初稱為普門寺，經過壬辰倭亂時損毀後又重建，後來到晸庵大師任主持時，在夢境裡看到白衣觀音在五色光環的簇擁之下乘龍升天的景象，所以將寺名改為海東龍宮寺。

　　從入口前的12生肖石像、得男佛到寺內的黃金豬，代表人生旅程充滿希望，歡喜的彌勒佛和原石雕刻的觀音像迎接著眾生的來到，前往祈福的信徒絡繹不絕，再搭配上遼闊海景，令人發出驚豔的讚歎聲，一旁的日出岩上，是信徒們喜歡來迎接新年日出並且許願的地方，相傳於新年踏過寺前入口的108階梯，就可以邁向康莊大道的希望和未來。

DATA

✉ 부산시 기장군 용궁길 86번지(기장읍 시랑리) 📞 (051)722-7744 🕐 04:00～19:00 💲 免費 📶無 ➡ 參考P.251海東龍宮寺與樂天MALL交通說明 http www.yongkungsa.or.kr(韓、中、英、日) MAP P.247

購物血拼

血拼休閒合而為一

樂天MALL、OUTLETS 東釜山店
롯데몰、아울렛 동부산점

　　韓國樂天集團在東釜山觀光園區打造的複合式購物商城，以地中海式的藍色風格，結合暢貨中心、樂天超市、美食街、電影院和Hi-mart(電器賣場)等，多數品牌除了下折扣之外，購物滿3萬韓幣都還可以再退稅；除了血拼選擇豐富，1樓設有小火車和旋轉木馬遊樂器材，3樓打造成戶外空中花園，燈塔頂層可眺望周邊海景、寄送未來明信片(郵票自備)，以及燈塔4樓的小型泰迪熊展場等，讓此處成為適合全家一同前往的休閒空間，還有燈塔3樓美食街的草葉屋(풀잎채)韓食吃到飽，選擇豐富多樣，是不錯的選擇。

DATA

📧 부산시 기장군.읍 기장해안로 147번지(당사리)　📞 (051)901-2500　🕐 週一～四10:00～20:00、週五～日10:00～21:00　**WIFI** 無　➡️ 參考P.251海東龍宮寺與樂天MALL交通說明　**http** store.lotteshopping.com(韓、中、英、日)　**MAP** P.247

電鐵東海線分站導覽

K120
松亭站

**K121
OSIRIA站**

K122
機張站

海東龍宮寺與樂天MALL交通說明

　　預計於2016年11月通車的東海線電鐵OSIRIA站，與樂天MALL相距約600公尺，通車後可步行約10分前往，或是從地鐵203海雲臺站搭公車前往，在海東龍宮寺的前一站下車對面即到，可直接用景點名稱詢問駕駛。

　　海東龍宮寺與OSIRIA站相距約2公里，東海線通車後，視情況也許可以搭計程車前往，但目前或通車初期，暫時仍建議以搭公車為主。

搭公車來往：

❶地鐵203海雲臺站7號出口的公車站牌，搭100、181、海雲臺(해운대)9號區域公車，約25分在龍宮寺站下車，從旁邊斜坡走上去，經過停車場、餐廳和攤販，約15分鐘過12生肖石雕可看到龍宮寺入口

❷回程時，在去程下車處斜對面搭100、181號公車(海雲臺9號回程繞路，較不建議)，約25分可回到地鐵203海雲臺站

❸在去程下車的站牌(龍宮寺側)，可搭181號公車往機張市場(P.255)方向

搭計程車來往：

❶來往龍宮寺、海雲臺周邊，車程約20分、車費約8,000₩

❷來往龍宮寺、機張市場周邊，車程約16分、車費約7,000₩

❸電鐵K120、火車松亭站：前往龍宮寺，車程約10分、車費約4,500₩；前往樂天MALL，車程約7分、車費約3,300₩

K117
Centum站
센텀역

K118
BEXCO站
벡스코역

K119
新海雲臺站
신해운대역

K120
松亭站
송정역

K121
OSIRIA站
오시리아역

K122
機張站
기장역

K123
日光站
일광역

K122 機張站 기장역

K122機張站(電鐵、火車同站)

機張郡是釜山東北邊的行政區,位於韓國東海岸,與蔚山、梁山市相接,其餘和大海為鄰,是釜山知名的漁港所在地,各類海鮮中以帝王蟹、大蟹、鰻魚、鯷魚和刀魚等最有名,因為是產地和主要進口港,所以海產價格會比札嘎其等市區的海鮮市場更便宜,雖然距離主要市區稍遠,但實惠新鮮的好口味不容錯過;此外,韓國東海岸風景優美、景色宜人,可避開熱門景點的嘈雜,感受另類的釜山風情。

圖片提供／Joey Yao

機張站街道圖

機張市場公車站
(181、1003號公車上車處)
(往龍宮寺、海雲臺、釜山市區)

DUNKIN' DONUTS
던킨도너츠

읍내로

機張市場公車站
(181、1003號公車下車處)

儂特利LOTTERIA
롯데리아

차성로

機張市場
기장시장

大發大蟹
대박대게

Home plus express超市

機張市場公車站
(往竹城聖堂)

機張火車站、電鐵站
기장역

CU便利商店
차성로288번길

大創
다이소

機張長老教會
기장장로교회

↑往K123日光站

기장대로

往竹城聖堂
죽성성당

往龍宮寺、海雲臺
용궁사、해운대

↓往K121 OSIRIA站

遊賞去處

給我浪漫、其餘免談

竹城聖堂
죽성성당

位於機張竹城里的韓國東海岸邊，原來只是為了拍攝戲劇搭建的臨時場景，經過韓國、台灣等地的電視節目和連續劇曝光，成為熱門的休閒外拍景點，也吸引新人們前來拍攝婚紗照，無論是買杯咖啡坐在海邊，抑或是就單純走走看看，都是相當美好的簡單享受。

DATA

✉ 부산시 기장군.읍 죽성리　🕐 24小時，但不建議夜間前往　💲 免費　📶 無　➡ ❶ 大發大蟹(P.256)外機張市場公車站，搭機張(기장)6號小公車，約8～10分在豆湖(두호)站下車，從後面小巷往海邊步行約6分可到，回程在下車同站位置搭同號公車，約20分回到機張市場(對面)；此班公車為循環路線，車費投現1,300W、交通卡1,130W ❷ 從機張市場搭計程車前往，車程約8～10分、車費約4,700W，但回程較不易攔車　ℹ 斜對面有咖啡店，有時會有行動咖啡車，其餘都是提供海鮮料理的小店　🅼 P.253

※整修中，預計2016.12.23重新開放

機張(기장)6號公車時刻

上午		下午	
06:10	09:30	13:05	18:05
06:35	10:30	14:00	18:35
06:55	11:00	15:00	19:30
07:25	11:30	15:30	20:00
07:45	12:00	16:00	20:25
08:10	12:35	16:30	20:55
08:35		17:00	21:20
		17:30	21:50

※加8分為豆湖站的到達、出發時刻。

各式海鮮、農產品、小吃

▌機張市場
▌기장시장

　　從古早雜亂的臨時市場，到現在整齊的常設市場，除了種類豐富的海鮮外，因為居民的聚集，機張市場裡也販售各式的農產品和小吃，80年代的市場現代化後，讓這裡成為釜山知名的市場之一；比起市區裡的市場，這裡價格更親民，除了一般人會來採買外，各地往來的批發商也不在少數，無論是現買現煮的海鮮料理餐廳，或是已經熱在爐上的攤販小吃，甚或只是感受那交易熱絡的喧鬧，海洋都市特有的新鮮活力，都在這裡真實展現。

圖片提供／Joey Yao

DATA

✉ 부산시 기장군 읍내로 104번길 16(기장읍 대리리)　📞 (051)721-3963　🕐 06:00～21:00，各商家略有不同，每月最後一週的週二公休　📶 無　➡ 參考P.256大發大蟹的交通方式；機張市場和東海線電鐵K122、火車機張站相距約300公尺，東海線通車後可步行約5分前往　ℹ 購買未標價的海產時，建議先詢價、比價，帝王蟹的價格約比札嘎其市場便宜約4～6成左右　🅼 P.253

特色美食

蟹膏新鮮、肉質Q彈

▌大發大蟹
▌대박대게

　　機張市場裡的螃蟹專賣店，為了保持螃蟹的新鮮度，使用低水溫保存設備，從水裡撈起的螃蟹相對來說很有活動力，確定螃蟹的價格和重量後，不用過多處理就直接清蒸，店家會將螃蟹剪好後才端上桌，方便客人輕鬆食用；新鮮的螃蟹肉彈性佳、不容易斷裂，蟹膏可請店家做成好吃的炒飯，此外和一般韓國餐廳一樣，附贈的小菜可以吃完再續盤的喔！

DATA

✉ 부산시 기장군.읍 차성동로 67번길 2(기장읍 동부리) ☎ (051)724-8282、010-4711-8845 🕙 10:00～22:00 💲 參考本頁價目表，每人低消螃蟹1公斤，另每人加3,000₩食材處理醬料費 🈂 可 🪑 韓式地板座位 📶 無 🚶 住在西面、南浦建議搭電鐵、火車前往，住在海雲臺可搭公車，或是到電鐵、火車共用的海雲臺站再換乘前往：❶電鐵K122、火車機張站共用站體，從1號出口出車站後直走一下到路口右轉，直走約3分過馬路後右轉，再直走約1分鐘、經過機張市場公車站牌的市場入口左轉，再直走一下的右側 ❷地鐵203海雲臺站7號出口公車站，搭181號公車約50分在機張市場站下車，往前直走約1～2分路口右轉，再直走約2分的市場入口右轉，再直走一下的右側 ❸釜山火車站前公車專用道第一排，搭急行1003號公車，約70分在機張市場站下車，之後同方法2的步行路線 🌐 hajangs.fordining.kr(韓) ℹ️ 問路時，可以用Home plus(홈플러스)超市當目標，就在對面 🗺️ P.253

大發大蟹價目表

韓文	中文	價位
킹크랩	帝王蟹	時價
대게	大蟹	時價
털게	毛蟹	時價
랍스타	龍蝦	時價
1인기본양념	1人基本醬料	3,000₩
볶음밥	炒飯	3,000₩
공기밥	白飯	1,000₩

店家的營業內容，依當日實際情況為準。　　製表：Helena

釜山近郊之旅

釜山是韓國南部最重要的交
通樞紐，除了密集來往的國際航班
之外，韓國國內串聯的部分，無論是搭乘
巴士、火車或飛機，都可以方便地順遊周邊
的其他城市，對於行程規畫上來說更為彈性，
朝鮮半島千年古都「慶州」的歷史風味，韓國
最有名櫻花城市「鎮海」的浪漫情懷，還有世
界自然遺產「濟州島」的休閒步調，在在
都替韓國之旅增色加分不少，也可以
豐富旅遊和人生的回憶。

慶州舊稱雞林，是朝鮮半島新羅(西元前57年－西元935年)時期的都城，曾是王居住的千年古都。慶州有眾多被暱稱為「大饅頭」的古墳坐落其中，即使現代居民的陽宅和古代王族的陰宅比鄰而居，也絲毫沒有陰森的感覺，就像公園綠地般的親切，為了保持歷史的風味，在市中心的區域內限制建築物的高度，因此沒有現代化的高樓大廈；歷經近千年古新羅首都的歲月，累積了難以計數的珍貴文物，詳細記錄著新羅的歷史軌跡，被喻為一座沒有圍牆的博物館。

泰迪熊的善德女王，攝於Toy Village

新羅王冠的複製展示品

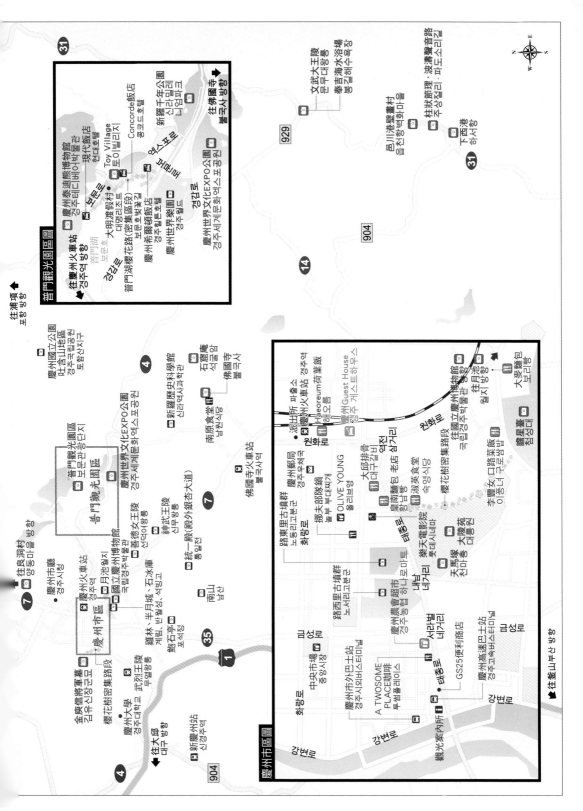

慶州旅遊黃頁簿

Gyeongju

生活旅遊資訊

觀光案內所(관광안내소)

在主要車站和景點設置，提供觀光方面的諮詢服務，會有通英、日、中文的服務人員，另新設置24小時翻譯電話專線1588-5644，中文按3轉接，若有需求亦可利用。

慶州相關網站

慶州市：www.gyeongju.go.kr(韓、中、英、日)

慶州文化觀光：guide.gyeongju.go.kr(韓、中、英、日)

建議可前往觀光案內所，索取最新的旅遊資料或不定時的各種優惠券

來往慶州的交通

從釜山或首爾出發前往慶州的交通工具選擇很多，去回程的行車資訊差不多，通常無須提前訂票，但若是特殊節、假日或慶典時，則建議提早預購車票。

貼心小叮嚀

沒有一般民間換錢所

目前慶州沒有一般的民間換錢所，必須去銀行或大飯店的櫃檯兌換，因此建議在釜山或首爾預先兌換所需的韓幣。

景點多在戶外

慶州的景點大多在戶外，請準備足夠的飲水，並做好防曬或防寒的準備。

慶州的觀光案內所

製表：Helena

觀光案內所	位置	電話	服務時間
慶州火車站觀光案內所	出火車站大門左前方	(054)772-3843	09:00～18:00
巴士站觀光案內所	高速巴士站和市外巴士站間的轉角處	(054)772-9289	
佛國寺觀光案內所	佛國寺山下停車場、10和11號公車佛國寺停靠站的站牌旁	(054)746-4747	
新慶州站觀光案內所	新慶州站大門、候車大廳旁	(054)771-1336	

釜山→慶州

製表：Helena

交通工具		高鐵KTX	火車(無窮花號)		高速巴士	市外巴士		金海機場利木津機場巴士
出發		釜山火車站	釜山火車站／海雲臺火車站(後者晚約15～20分鐘)		釜山綜合巴士站(老圃洞)		西部市外巴士站(沙上)	金海國際機場
到達		新慶州站	慶州火車站	佛國寺火車站	慶州高速巴士站	慶州市外巴士站	慶州市外巴士站	慶州高速巴士站
行車資訊	頭末班車	05:30～22:00	05:47～22:45	06:21～19:33	08:30～20:30(深夜22:20、23:00)	05:30～21:00(深夜22:20、22:30、23:30)	07:30～19:30	07:00～22:00(國際線出發)
	班車間距	每天26班	每天18班	每天9班	60分(每天15班)	15～20分(每天64班)	每小時的30分一班車(每天13班)	每除07:00、20:45、22:00外，每小時的35分一班車(每天16班)
	車資(大人票價)	特席15,800W 一般11,000W 自由10,500W	一般6,700W 自由5,700W	一般6,000W 自由5,100W	優等4,800W 深夜5,200W	一般4,800W 深夜5,300W	5,800W	9,000W
	行車時間	約26～32分	約92～115分	約100分	約50分	約50分	約60分	約70分

以上資訊若有異動，依當地最新公布為準，前往時請務必再次確認。

首爾→慶州(首爾各車站的前往方式請參考P.29)

製表：Helena

交通工具		高鐵KTX	高鐵轉火車	高速巴士	市外巴士	仁川機場利木津機場巴士
出發		首爾火車站	首爾火車站	首爾高速巴士站	東首爾巴士站	仁川國際機場
到達		新慶州站	慶州火車站(中間在東大邱火車站換車)	慶州高速巴士站	慶州市外巴士站	慶州市外巴士站
行車資訊	頭末班車	05:15～22:00	05:30～19:10	06:10～20:15(深夜22:50、23:55)	07:00～19:00(深夜23:10、23:59)	07:00、08:50、13:40、21:30 17:10 19:30
	班車間距	每天26班	高鐵轉乘一般火車(無窮花號每天15種組合(無窮花號無特席)	60分	每天20班(含深夜2班)	每天6班
	車資(大人票價)	特席55,400～69,000W 一般39,600～49,300W 自由33,700～41,900W	一般47,000W 自由40,000W	優等30,300W 一般20,400W 深夜33,300W	一般21,100W 深夜23,200W	39,200W
	行車時間	約2小時07分～2小時38分	約2小時52分～3小時18分	約3小時45分	約4小時	約5～5.5小時

以上資訊若有異動，依當地最新公布為準，前往時請務必再次確認。

慶州的交通車站

高鐵╱火車站(KTX╱기차역)

高鐵、火車站的網址和代表電話，請參考P.25。

新慶州站(신경주역)

2010年底落成啟用的新慶州站，是高鐵KTX在慶州的停靠站，距離主要市區較遠、票價較貴，但可減少城市間的交通乘車時間，從新慶州站搭70或700號公車可前往巴士站附近，700號公車也可往佛國寺方向。

DATA

➡ 從慶州市區搭計程車、70或700號公車前往，約需20～30分鐘 **MAP** P.259

慶州火車站(경주역)

一般火車(新村號、無窮花號)在慶州的停靠站，鄰近市中心鬧區，附近可搭公車往佛國寺或良洞村等方向。

DATA

➡ 從慶州的巴士站前往，公車車程約5分

新慶州站(신경주역)

慶州火車站(경주역)

鐘，步行時間約20～25分鐘，計程車車程約7分鐘，車資約3,400₩ **MAP** P.259

新慶州站聯外交通資訊

新慶州站來往市區

製表：Helena

來往方向		巴士站╱慶州火車站	佛國寺
公車行車時間		約30分鐘	約60分鐘
計程車	行車時間	約20分鐘	約40分鐘
	車資	約13,000₩	約30,000₩

從新慶州站出發的公車

從新慶州站出發的公車	700號	70號	203號
頭末班車	07:30～22:00(深夜班次22:15、23:20、00:20)	06:15～22:00(週末假日班次不同、較少)	09:00、10:15、15:15、16:35
行車間距	每30～60分鐘一班車	每10～50分鐘一班車	每天4班
前往方向	巴士站、佛國寺	新慶州站和慶州火車站之間	良洞村
備註	深夜班次只行駛新慶州站和慶州市外巴士站之間	白天班次較密集，約10～20分鐘一班車	約60分鐘可到良洞村

以上資訊若有異動，依當地最新公布為準，前往時請務必再次確認。

佛國寺火車站(불국사역)

佛國寺火車站(불국사역)

　一般火車在慶州的停靠站，從釜山的釜田、海雲臺火車站前往慶州，也可在此下車，轉搭公車往佛國寺。

DATA

➡出佛國寺火車站，靠右直走到馬路邊過到對面，再直走約1分鐘的站牌搭11號公車，約10分鐘在佛國寺(公車)站下車，再步行往佛國寺　MAP P.259

巴士站(버스 터미널)

慶州高速巴士站(경주고속터미널)
慶州市外巴士站(경주시외버스터미널)

　慶州的兩個巴士站，分別在路口轉角的兩側，周邊是一般旅館的聚集區，中間有觀光案內所，附近有農會超市可採購日用品；從

慶州火車站前往，公車車程約5分鐘，步行時間約20～25分鐘，計程車車程約7分鐘，車資約3,400₩。

高速巴士站(경주고속터미널)

從韓國各地搭乘長途直達或座位較寬的「高速巴士」前往慶州的停靠站。

DATA

📞(054)741-4000　http全國高速巴士www.kobus.co.kr(韓、英)　MAP P.259

市外巴士站(경주시외버스터미널)

從韓國各地搭乘短途中轉或一般座位的「市外巴士」前往慶州的停靠站。

DATA

📞1666-5599　MAP P.259

慶州市外巴士站(경주시외버스터미널)

慶州高速巴士站(경주고속터미널)

慶州的市內交通

公車

在慶州搭乘公車，可使用首爾的T-money和釜山的cash bee交通卡，車資一般公車單程投現1,300W、刷卡1,250W，座席公車(座位較多、路線較長、特殊路線)單程投現1,700W、刷卡1,650W，用交通卡搭乘不同路線公車有換乘優惠，除了上車時刷卡，下車前也要在後門刷卡，之後轉乘才有優惠。

因應韓國交通卡的全國通用政策，目前T-money卡、cash bee卡在慶州的使用情況，和釜山大致上都相同，相關購買／儲值資訊可參考釜山P.75「交通卡的銷售與儲值」。

腳踏車／計程車

慶州市區內可騎腳踏車參觀，建議以大陵苑周邊到慶州博物館中間為主，普門觀光園區建議到園區再租車，腳踏車的租金平日每天約10,000W，假日或淡旺季會有約2,000～3,000W的價差，火車站、巴士站和普門湖附近有腳踏車出租店；慶州一般計程車起跳價為2,800W，沒有公車到的景點、多人一起旅遊或時間較趕，建議可考慮搭計程車。

慶州市區公車站位置圖

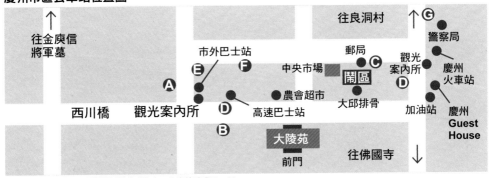

註：簡圖只標示方向，距離遠近請參考內文。公車站說明(A～G)。
・A／B／C／D：可前往國立慶州博物館、佛國寺、石窟庵、新羅歷史科學館、新羅千年公園、奉吉海水浴場、邑川港壁畫村等景點。
・E／F／C／G：可前往良洞村。
・慶州火車站步行至C約2分鐘，至G約2分鐘。

慶州10、11、12號公車路線說明

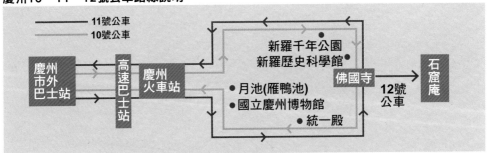

註1：從巴士站出發，經過慶州火車站，10、11號公車會在月池附近開始走不同的路線，各繞一圈後，最後再回到月池附近會合，因此雖然都有到同一個景點，但是前後順序會不太一樣。
註2：佛國寺山下停車場公車站，10號公車停靠停車場側，11號公車停靠對向。

行程路線規畫　當天來回或1天1夜

早上開始 → 佛國寺 → 石窟庵 → 南原食堂 → 月池(雁鴨池)

離開慶州 ← 天馬塚 ← 大陵苑 ← 瞻星臺 ← 半月城

2天1夜

第一天

早上開始 → 良洞村 → 大陵苑 天馬塚 → 瞻星臺 → 月池(雁鴨池) → 李豐女 口路菜飯 → 回住宿點

第二天

早上開始 → 佛國寺 → 石窟庵 → 南原食堂 → 普門觀光園區的景點 → 離開慶州

3天2夜

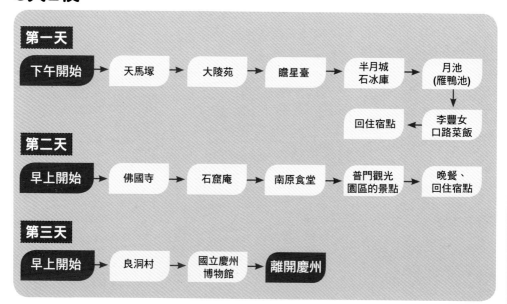

第一天

下午開始 → 天馬塚 → 大陵苑 → 瞻星臺 → 半月城 石冰庫 → 月池(雁鴨池)

回住宿點 ← 李豐女 口路菜飯

第二天

早上開始 → 佛國寺 → 石窟庵 → 南原食堂 → 普門觀光園區的景點 → 晚餐、回住宿點

第三天

早上開始 → 良洞村 → 國立慶州博物館 → 離開慶州

必遊景點

巴士站周邊景點

從巴士站附近的大陵苑到慶州博物館為止，中間會行經瞻星臺、雞林、半月城、石冰庫和月池等景點，每個景點之間的距離大約步行3～10分鐘即可到達。

建議步行路線

大陵苑後門(天馬塚)

↓

大陵苑前門

↓ 過馬路到對面直走約5分鐘

瞻星臺

↓ 對面直走約3分鐘

雞林

↓ 右轉上斜坡後左轉

半月城

↓ 直走約1分鐘

石冰庫

↓ 往前直走到馬路邊，過到對面右轉直走約5分鐘

月池(雁鴨池)

↓ 出大門後左轉直走約10分鐘的對面

國立慶州博物館

朝鮮半島最古老的天文臺
瞻星臺 첨성대

以前百姓只能依賴官員發布的資訊來從事農耕，所以常被有心人以天文現象欺騙利用，善德女王(西元632～647年在位)時在新羅王宮月城的北邊建造了瞻星臺，用於觀測天候和星象的變化；用花崗岩磚塊的個數和設計來代表一年天數、12個月和24節氣，總共27層被認為是代表善德女王為新羅的第27代王，此後人民可以自行觀測天候的變化，歷經千年的瞻星臺大致保存完整，1962年被指定為國寶第31號。

DATA

✉ 경주시 인왕동 839-1번지　☎ (054)772-5134
🕐 09:00～22:00　💲 免費參觀　WIFI 無　➡ 請參考P.266巴士站周邊景點的建議步行路線　MAP P.259

散步運動皆宜的古墳公園

大陵苑、天馬塚
대능원、천마총

　　大陵苑是以新羅第13代味鄒王(西元262～284年在位)的王陵為首的古墳公園,就像一般的市民公園,白天、夜晚都是散步的好去處,每年4月初櫻花盛開時,石牆路旁的櫻花路尤其受到歡迎。位於大陵苑內的天馬塚,是慶州唯一可以走進去參觀內部的古墳,從被挖掘出土的遺物,有金冠、金帽、金腰帶、玉製飾物等陪葬品來看,被推定為新羅第22代智證王(西元500～514年在位)的陵墓,出土文物中有一件以馬為主題的馬鞍,所以取名天馬塚,內部復原完整,真實呈現新羅時代堆石木墩棺槨的構造,塚內目前展示的為複製品,真品於國立慶州博物館內專館收藏展示。

DATA

📧 경주시 황남동 262번지 📞(054)772-6317 🕐09:00～21:00(最後入場20:00) 💲大人2,000₩、青少年1,200₩、小孩600₩ WIFI 無 ➡請參考P.266巴士站周邊景點的建議步行路線;面對大陵苑前門,右邊的石牆路為櫻花樹密集區段
MAP P.259

新羅金姓始祖出生地
雞林 계림

傳說是新羅金姓王族始祖「金閼智」的出生地，相傳在某天的雞啼聲中，一個金櫃出現在樹林裡，新羅第4代脫解王打開金櫃，發現裡面有個男嬰，於是收養為子嗣，因為男嬰來自金色的盒子，所以命名為金閼智，當初發現金櫃的樹林改稱「雞林」，成為當時新羅的國號，從其後裔新羅第13代味鄒王開始，新羅大部分的君王皆為金姓。

DATA

✉ 경주시 교동　📞 (054)779-8743　🕐 24小時
💲 免費入場　📶 無　➡ 請參考P.266巴士站周邊景點的建議步行路線　🗺 P.259

地形如上弦月的王宮遺址
半月城、石冰庫
반월성、석빙고

位於慶州市區的月城遺址，從西元101年新羅第5代婆娑王22年，一直到西元935年最後的敬順王為止，是新羅王宮的所在地，地形像上弦月，又稱為新月城或半月城；原來的月城是由泥土和石頭為建材的土石宮城，東邊有東宮臨海殿和月池，北邊有瞻星臺，幾經戰亂後被毀壞殆盡，現在的半月城遺址裡留有朝鮮英祖14年(西元1733年)建造的石冰庫，顧名思義就是用石頭做成的冰箱，特

殊的構造加上稻草的隔熱，可以有效保存冰塊不融化。

DATA

✉ 경주시 인왕동 387-1번지　📞 (054)779-8743
🕐 24小時　💲 免費入場　📶 無　➡ 請參考P.266巴士站周邊景點的建議步行路線　🗺 P.259

古都王族的宴會場所
臨海殿址、月池、雁鴨池
임해전지、월지、안압지

圖片提供／Rosena

離宮臨海殿原本是新羅王位繼承人居住的東宮，根據史書上記載，新羅第30代文武王(西元661～681年在位)下令在王宮月城旁的離宮挖一個蓮花池，池中造一座假山，飼養各種動物和花草，此外還建造多座用來當作設宴場所的宮殿和庭院，當時所挖的蓮花池取名月池，朝鮮時期因為在這裡聚集了很多的大雁和鴨子，而改名為雁鴨池，之後又改

回原稱月池。

DATA

✉경주시 인왕동 26-1번지 ☎(054)772-4041 ⏰09:00～22:00(最後入場21:30) 💲大人2,000₩，青少年1,200₩，小孩600₩ 📶無 ➡請參考P.266巴士站周邊景點的建議步行路線 🗺P.259

匯聚新羅時期的諸多文物
國立慶州博物館
국립경주박물관

以收藏、展出新羅時期慶州地區的文物為主，包括從古墳出土的金飾陪葬品和一般平民的日常生活用品等，月池館展出從月池內出土的大批文物，室外展示場展出宮殿或寺廟遺址的各種石頭雕刻作品，在入口附近可租借語音導覽器(有中文)，每次每個3,000₩，有助於了解展覽的內容。

DATA

✉경주시 일정로 186번지(인왕동 76번지) ☎(054)740-7500 ⏰09:00～18:00，週六及假日延長1小時，3～12月每週六延長開放到21:00，參觀時間結束前30分鐘截止入場，元旦、週一為公休日，如週一為法定假日，則順延至下一個平日休館，公休日戶外展示場照常開放 💲免費入場(部分特展除外)，需在售票口先領門票，然後再入場 📶無 ➡❶從巴士站或火車站出發：搭11號公車，約10分鐘在國立慶州博物館站下車，穿過停車場後即到 ❷從月池出發：出大門後左轉步行約10分鐘的對面 🌐gyeongju.museum.go.kr(韓、中、英、日) 🗺P.259

入口附近可租借語音導覽器，每次每個3,000₩

世界文化遺產的千年古蹟

佛國寺 불국사

位於慶州吐含山區的佛國寺，建於新羅第23代法興王15年(西元528年)，當時稱為華嚴佛國寺或法流寺，但根據史書「三國遺事」(朝鮮半島的三國為高句麗、新羅、百濟)的記載，佛國寺為新羅第35代景德王(西元742～765年在位)時的宰相金大城為紀念父母所興建的，於西元751年動工，直到金大城去世後的西元774年，由新羅王室接手完工，命名為佛國寺。

經過多次修整擴建的佛國寺，壬辰倭亂時木造部分全被燒毀，目前的建築物是之後陸續整修的成果，石造部分則是最原始的千年古蹟，1995年佛國寺被指定為世界文化遺產；寺內的紫霞門和安養門，分別通往大雄殿和極樂殿，紫霞門前的青雲橋和白雲橋，上下分別代表著佛祖和一般眾生的世界，而安養門前的七寶橋和蓮花橋則是代表通往極樂世界的路，為保護文化遺產，大雄殿、極樂殿前的門和橋都禁止通行，要從側邊的路進去。

DATA

✉ 경주시 불국로 385번지(진현동 15번지) ☎ (054)746-9913 ◷ 夏季07:00～18:00，冬季07:30～17:00 💲 大人5,000₩，青少年3,500₩，小學生2,500₩，不能刷卡 🆆🅸🅵🅸 無 ➡ ❶ 從巴士站或火車站出發：搭10、11號公車，約30分鐘在佛國寺(公車)站下車，之後往停車場後方山上步行約10分鐘可到達 ❷ 從新慶州站出發：搭700號公車，約60分鐘在佛國寺(公車)站下車，之後往停車場後方山上步行約10分鐘可到達 🅷🆃🆃🅿 www.bulguksa.or.kr(韓) 🅼🅰🅿 P.259

↓大雄殿前的多寶塔，是韓幣10元銅板上的建築物

→佛國寺內的福金豬

千年花崗岩石窟寺院
石窟庵 석굴암

正式名稱為石窟庵石窟，位於慶州的吐含山區，是一座建於高麗時期(西元918〜1392年)的人工花崗岩石窟寺院，但根據朝鮮史書「三國遺事」的記載，石窟庵為新羅時期的宰相金大城為紀念前世父母所興建，於西元751年動工，直到西元774年才完工；石窟庵主室屋頂呈半月形，上有蓮花紋的圓盤為蓋，供奉著釋迦如來佛像，於1962年被指定為國寶第24號，1995年被指定為世界文化遺產，為保護歷史遺跡，主室內只能隔著玻璃參觀並禁止拍照。

DATA

✉ 경주시 불국로 873-243번지(진현동 999번지)
📞 (054)746-9933 🕐 2〜3月中、10月07:00〜17:30，3〜9月06:30〜18:00，11〜1月07:00〜17:00 💲大人5,000₩，青少年3,500₩，小孩2,500₩，不能刷卡 📶無 ➡Step1：在佛國寺觀光案內所對面的公車站牌，或佛國寺大門對面往山上路邊的站牌，搭12號公車，約10分鐘可到石窟庵的停車場 Step2：下公車後往停車場後方上階梯直走，可到售票處和入口處，進去後再步行約20分鐘可到 Step3：回程時，在去程下車處搭12號公車，約10分鐘可回到佛國寺山下 🌐www.sukgulam.org(韓) 🗺P.259

12號公車時刻表(夏、冬季末班車會有差異)

佛國寺出發 (불국사 출발)	石窟庵出發 (석굴암 출발)
08:40	09:00
09:40	10:00
10:40	11:00
11:40	12:00
12:50	13:05
13:40	14:00
14:40	15:00
15:40	16:00
16:40	17:00
17:20	18:20

以上資訊若有異動，依當地最新公布為準，前往時請務必再次確認。製表：Helena

←石窟庵主室的釋迦如來佛像模型，攝於慶州世界文化EXPO公園的慶州塔內

世界文化遺產—歷史的村落
良洞村 양동마을

在慶州北側、被雪倉山環繞的良洞村，是韓國規模最大、歷史最悠久的兩班貴族(朝鮮時代的統治階層)居住的村落，也是朝鮮時代具代表性的同姓村，在月城孫氏和驪江李氏兩個家族的努力發展下，成為政治人才和學者倍出的寶地；依山而建的良洞村，貴族的住宅是地勢較高的瓦房，而百姓的家屋則是地勢較低的草房，村內有數量豐富、保存良好的民俗文化財，1984年被指定為韓國重要民俗資料第189號，2010年以「歷史的村落」之名被指定為世界文化遺產。

貼心小叮嚀

❶建議住在慶州市區，用半天時間前往良洞村，走完一圈約需2～2.5小時(含拍照停留時間)。

❷良洞村並非每間房屋都開放參觀，若遇到用木頭或鐵鍊擋住門口就請不要進入，避免打擾居民的生活。

DATA

✉ 경주시 강동면 양동리　☎ (054)762-2633　🕐 4～10月：09:00～19:00、11～3月：09:00～18:00，售票時間至參觀截止前1小時　💲 大人4,000₩、青少年2,000₩、小孩1,500₩　📶 無　➡ ❶在慶州市區搭203號公車，約30分鐘在良洞小學(양동초등학교)前下車即到，回程在同一個站牌搭車即可；203號公車班次少，建議到慶州後再確認時間是否有更改 ❷搭200～208(203除外)、212、217等公車可到良洞村外的路口，需再步行約20分鐘前往，此路較荒涼，人車不多，回程在去程下車處對面的站牌搭車 ❸從慶州巴士站附近搭計程車前往良洞村，車資約為25,000₩，車程約25～30分鐘，當地計程車較少，建議預先詢問叫車電話 http yangdong.invil.org(韓、中、英、日)　MAP P.259

203號公車時刻表(起→訖方向)

班次	新慶州站→良洞村	良洞村→新慶州站
1	06:20	07:30
2	07:35	08:45
3	09:00	10:40
4	10:15	12:00
5	12:30	13:40
6	13:45	15:00
7	15:15	17:00
8	16:35	18:30
9	18:30	20:00
10	19:50	

※標底色班次的起或訖站為市外巴士站，未行經新慶州站
以上資訊若有異動，依當地最新公布為準，前往時請務必再次確認。製表：Helena

依山而建、呈「勿」字型的良洞村

菜色豐富的菜包飯定食

李豐女 口路菜飯
이풍녀 구로쌈밥

慶州大陵苑正門的附近被稱為菜包飯街，顧名思義就是用新鮮蔬菜包著飯一起吃，雖然名稱叫菜包飯，但受到韓國傳統韓定食的影響，除了菜包飯外，飯桌上也有很多樣的小菜和烤肉、烤魚、湯鍋等，但相較於傳統的韓定食，新鮮蔬菜比較多；口路菜飯的經

營者「李豐女」女士，1995年由韓國傳統文化保存會指定為傳統飲食名人，除了提供菜色豐富好吃的菜包飯定食外，也有經營慶州皇南麵包和大麥麵包的伴手禮店，因此在菜飯桌上，還會提供店內的產品當餐後甜點。

DATA

📧 경주시 첨성로 155번지(황남동 106-3번지) 📞 (054)749-0600 🕐 10:30～20:30，春節和中秋節當天公休 💲 菜包飯套餐(쌈밥)每人12,000₩，可刷卡 🍴 可 🪑 西式座椅和韓式地板座位 📶 無 ➡️ 從大陵苑正門出來直走到路邊左轉，過馬路直走約3～4分鐘可到 🗺️ P.259

辣蒸豬排骨，下飯好滋味

大邱排骨 대구갈비

慶州的大邱排骨，店內招牌的辣蒸豬排骨，幾乎是每桌客人的必點選擇，雖然口味有點辛辣，但非常好吃下飯，也可以用生菜包著吃，不

敢吃辣的人，也可以點附有麵線的排骨湯，以上兩樣招牌菜都可以單點1人分，並且24小時營業，隨時都能享受美味喔！

DATA

📧 경주시 북정로 5번지(황오동 329-3번지) 📞 (054)772-1384 🕐 24小時，春節和中秋當天休息 💲 參考本頁價目表，可刷卡 🍴 可(辣蒸排骨、排骨湯可單點1人分) 🪑 西式座椅和韓式地板座位 📶 無 ➡️ ❶慶州火車站前面對馬路，左邊直走過馬路到對面，直走約2分鐘過郵局的巷口左轉，再直走約5分鐘的右邊 ❷高速巴士站前面對馬路，左轉直走約18分鐘的巷口左轉，再走一下的左邊 🗺️ P.259

大邱排骨價目表

韓文	中文	價位
돼지갈비찜	辣蒸豬排骨	9,000₩
갈비탕	排骨湯	7,000₩
소갈비찜	辣蒸牛排骨	16,000₩
공기밥	白飯	1,000₩

人情味十足，價格親民
南原食堂 남원식당

　　這是一家在餐廳群裡、不太起眼的韓食小店，老闆娘用充滿熱情和誠意的心在做生意，除了一般韓國店家都會提供的小菜之外，還有可比擬正餐的餐前菜(例海鮮煎餅或涼拌橡實凍等)，用餐時老闆娘也會主動詢問是否要添加小菜，餐點內容豐富，價格平易近人，是佛國寺附近飽餐一頓的好選擇。

DATA

✉ 경주시 불국사 숙박촌 상가내
☎ (054)746-8296、(016)523-8296
🕐 07:00～18:00　💲 各項餐點約7,000～15,000₩，排骨湯(갈비탕)7,500₩，菜單附英日文，可刷卡
🚻 部分餐點可(韓定食須2人以上)　🪑 西式座椅和韓式地板座位
📶 無　➡ 搭10、11或700號公車在佛國寺(公車)站下車，往公車站與觀光案內所中間對面的路直走，靠右側第二排的第三家店面
🗺 P.259

←菜色豐富的平價韓定食

南原食堂菜單中韓對照表

中文	韓文	中文	韓文
嫩豆腐定食	순두부정식	辣湯鍋	매운탕 백반
泡菜鍋	김치찌개	野菜烤肉套餐	산채불고기정식
牛肉鍋	쇠고기찌개	野菜套餐	산채정식
大醬鍋(韓式味噌)	된장찌개	韓定食	한정식
野菜拌飯	산채비빔밥	海鮮煎餅	해물파전
石鍋拌飯	돌솥비빔밥	冷麵	냉면
刀切麵	칼국수	涼拌橡實凍	도토리묵

店家的營業內容，依當日實際情況為準。　　　　製表：Helena

	11號公車站牌		南原食堂 ●
			12號 ● 公車站牌
	10號 ● 公車站牌		觀光 ● 案內所
	往佛國寺 ↓		

天然新鮮食材超健康

日出荷葉飯
해오름

　由韓國保健福祉部在慶州的指定團體經營，該團體從事各種社會福利事業，如老人復健療養中心、結婚新住民女性生活支援、環境生態農場、古蹟維護保存和婦女再就業等，特別是60歲以上的長輩，希望可以藉由工作，協助他們找到新的生活方向和意義；使用天然的調味料和專用農場的蔬菜，用荷葉包著紅棗、五穀和紫米等健康食材的米飯一起炊煮，搭配上豐富如韓定食的小菜，荷葉飯每天限量供應，店面空間不大，用餐時間常座無虛席，建議事先訂位。

DATA

✉ 경주시 원화로 258번지(황오동 134-1번지)　☎ (054)749-6185　🕐 11:30～20:00，中秋節、農曆春節的當天和前後各一天，以及1月1日公休　💲 荷葉飯定食(연잎밥정식)每人11,000₩，菜單附英文，可刷卡　🍴 部分餐點可(荷葉飯定食須2人以上)　🪑 西式座椅和韓式地板座位　WIFI 無　➡ 慶州火車站前面對馬路，左轉直走約1分鐘　MAP P.259

在韓屋吃家常飯菜
淑英食堂 숙영식당

　　位於大陵苑石牆路旁，由韓屋改建、慶州知名的傳統韓食餐廳，主要餐點是大麥飯定食，將各種新鮮蔬菜和大麥飯攪拌在一起食用，是相當清爽的口感；為了要烹煮好吃的大麥飯，製作時也加入了各種穀類，此外隨餐提供的大醬湯鍋和煎魚也是輕口味、不油膩，是很受到當地人喜愛的家常美味。

DATA

✉ 경주시 계림로 60(황남동)　📞 (054)772-3369、5589　🕐 09:00~21:00(最後點餐20:00)　💲 大麥飯定食(찰보리밥정식)單人10,000₩、兩人以上每人9,000₩、煎餅(파전)10,000₩　💳 可　🪑 韓式地板座位為主　WIFI 無　➡ ❶慶州火車站前左轉，步行約6分的路口右轉過馬路，再直走約6分左轉，再走一下的左邊 ❷慶州高速巴士站對面左轉，直走約15分右轉，再走一下的左邊　ℹ 偶而客人較多時，可能無法一人用餐，建議先電話詢問　MAP P.259

↑每兩人份會有一尾香噴噴的煎魚
→記得把大麥飯加到蔬菜碗裡一起攪拌吃喔

慶州的伴手禮

皇南麵包(황남빵)VS.大麥麵包(보리빵)

韓國刨冰中最常出現的材料「紅豆」，來到慶州化身成點心的主角，薄麵皮包裹著滿滿紅豆泥的圓形點心，用原產地慶州的皇南洞來命名，後來又出現以大麥製作的外皮夾

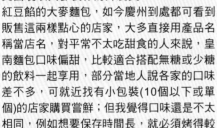

紅豆餡的大麥麵包，如今慶州到處都可看到販售這兩樣點心的店家，大多直接用產品名稱當店名，對平常不太吃甜食的人來說，皇南麵包口味偏甜，比較適合搭配無糖或少糖的飲料一起享用，部分當地人說各家的口味差不多，可就近找有小包裝(10個以下或單個)的店家購買嘗鮮；但我覺得口味還是不太相同，例如想要保存時間長，就必須烤得較乾，還有手工或機器製作的差異、紅豆的口感等，都是影響口味的關鍵，手工製作的皇南麵包和大麥麵包，常溫保存期限僅3～7天，低溫冷凍最多也只能放一個月。

↑大麥麵包

皇南麵包老店

當地人公認的老店，師傅現場手工製作，傍晚之前有機會買到熱騰騰剛出爐的皇南麵包，可單個出售。

DATA

✉ 경주시 태종로 783번지(황오동 347-1번지)　📞 (054)749-7000　🕐 08:00～23:00　💲 皇南麵包每個800W，另有禮盒裝，可刷卡　📶 無　➡ ❶慶州火車站前面對馬路，左轉直走約5分鐘的路口右轉過馬路，再直走約5分鐘的路口 ❷高速巴士站前面對馬路，左轉直走約15分鐘，大陵苑後門的斜對面　🌐 www.hwangnam.co.kr(韓、英、日)　🗺 P.259

↑皇南麵包

大麥麵包

位在大陵苑附近的大麥麵包，好吃不甜膩，雖然一次最少要買10個，但隨手當點心或早餐都不錯。

DATA

✉ 경주시 원화로 163번지(인왕동 802-1번지)　📞 (054)749-0456　🕐 08:00～22:00，中秋節和農曆春節當天公休　💲 大麥麵包10個7,000W，現場只能付現　📶 無　➡ 慶州火車站前過馬路後，左轉直走約15分鐘可到，位於瞻星臺附近　🌐 www.gyeongjubread.co.kr(韓)　🗺 P.259

普門觀光園區 보문관광단지

　　普門湖是慶州東側的人工湖，從1979年陸續完工開放，園區內有多家觀光大飯店和國際會議中心、遊覽船碼頭、藝文娛樂場所、各式商店及高爾夫球場等設施，沿著普門湖也有規畫完備的散步道和自行車道，兩旁種有櫻花樹，每到4月櫻花滿開的時節，讓視覺和心靈都舒暢的粉嫩花兒總是令來賞花的遊客有豐富的收穫。

韓劇迷不可錯過的劇中景點

新羅千年公園 신라밀레니엄파크

　　以新羅時代為背景的民俗村，重現當時的建築物及日常生活情況，可以體驗韓國傳統文化工藝，特別是其他地方少見的新羅服飾體驗，另有和新羅時期有關的公演；園區內規畫了以西元8世紀、世界4大城市為背景的參觀區域，包括聖德大王神鐘塔、巴格

達、君士坦丁堡、華清池等，之後增建了新羅時期的宮殿，作為韓劇《大王的夢》(대왕의 꿈)的拍攝場地，此外也是韓劇《善德女王》(선덕여왕)、《花樣男子》(꽃보다 남자)、《金首露》(김수로)等的拍攝場地。

仿新羅時代的宮殿場景

韓劇《善德女王》裡「美室」的寢宮，《金首露》裡的新羅宮殿

DATA

✉ 경주시 엑스포로 55-12번지(신평동 719-70번지)　📞 (054)778-2000　🕐 10:00～20:30　💲 請參考下方票價表，可刷卡　📶 無　➡ Step1：❶從巴士站或火車站出發：搭10、700號公車，約20分鐘在世界文化Expo公園站下車 ❷ 從佛國寺出發：搭11、700號公車，約10分鐘在世界文化Expo公園站下車　Step2：下車後走過旁邊或對面的橋到對側，再穿過停車場後即可到達　🌐 www.smpark.co.kr(韓)　🗺 P.259

參觀票價

類別	日間	夜間(16:30以後)
大人	18,000₩	12,000₩
青少年	15,000₩	10,000₩
小孩	13,000₩	8,000₩

深入認識石窟庵的文物模型

新羅歷史科學館
신라역사과학관

展出並解說新羅時期慶州地區的文物模型，尤其是禁止拍照的石窟庵，從各種角度的模型來解說石窟庵的建築過程和構造，揭開石窟庵神祕的面紗。

DATA

✉ 경주시 하동공예촌길33번지(하동 201-1번지)　📞 (054)745-4998　🕐 13〜10月09:00〜18:00、11〜2月09:00〜17:30　💲 大人5,000₩、青少年3,500₩　📶 無　➡ **Step1**：❶ 從巴士站或火車站出發：搭10、700號等公車，約25分鐘在民俗工藝村(민속공예촌)站下車　❷ 從佛國寺出發：搭11、700號公車，約5分鐘在民俗工藝村(민속공예촌)站下車　**Step2**：下車後往工藝村的高處走，步行約300公尺可到達　🌐 www.sasm.or.kr(韓)　🗺 P.259

落櫻繽紛的湖畔風光

普門湖櫻花路 보문호벚꽃길

普門觀光園區周邊，是慶州櫻花樹密集區段，也是韓國東南部知名的賞櫻景點。這裡的特色，湖光美景搭配粉嫩櫻花，加上楊柳點綴，別有一番值得細細品味的特殊風情；每當4月初櫻花綻放，總是吸引各地遊客的目光，推薦從希爾頓飯店附近的湖邊區段開始，享受初春微風、繁櫻盛開的美好時節。

DATA

✉ 경주시 보문관광단지　🕐 24小時開放，慶州櫻花約每年4月初到中綻放　💲 免費入場　📶 無　➡ 搭公車在慶州世界樂園(경주월드)下車，往希爾頓飯店(힐튼호텔)方向過橋，步行約7分鐘(430公尺)，從傳統屋頂的星巴克附近開始沿普門湖賞櫻；離開時往大馬路方向走，搭乘公車即可　❶ 從巴士站或火車站出發：搭10、700號公車，車程時間約20分鐘　❷ 從佛國寺出發：搭11、700號公車，車程時間約10分鐘，下車後過馬路到對面　🗺 P.259

泰迪熊在慶州

慶州有兩個泰迪熊博物館，用泰迪熊娃娃或動畫來介紹新羅的歷史場景和人物，此外也分別結合不同的主題，讓可愛的泰迪熊來盡情地演出，兩家泰迪熊展館的位置只距離2個公車站，若有特定想去的地方，請稍微留意一下。

慶州泰迪熊博物館(경주테디베어박물관)

結合恐龍和海底世界，讓泰迪熊來協助介紹生物的演化，此外也用泰迪熊的動畫卡通來介紹新羅的歷史，以泰迪熊重現建築佛國寺、石窟庵等的場景，還有泰迪熊的藝術石雕，及結合立體影像和3D動畫影片的播放，希望提醒大家保護地球和生態的重要性，和濟州島拍攝韓劇「宮·野蠻王妃」是同一個體系的泰迪熊博物館，因此有展出相關的泰迪熊，紀念品店販售的商品也相同。

DATA

☒ 경주시 보문로280-34번지(북군동116번지)
📞 (054)742-7400　🕐 09:30～19:30，7、8月09:30～21:00，最後入場時間為營業截止前1小時　💲 大人10,000₩，青少年7,000₩，小孩6,000₩，可刷卡　📶無　➡ 慶州普門觀光園區現代飯店(현대호텔)旁
❶ 從巴士站或火車站出發：搭10、700號公車，約15分鐘在現代飯店(현대호텔)下車，往前走一下到路口右轉，可看到坐在恐龍

新羅的第一位女性君主「善德女王」

背上的泰迪熊，再往前直走約3分鐘可到大門口
❷ 從佛國寺出發：搭11和700號公車，約15分鐘在現代飯店(현대호텔)下車，往回走約3分鐘的路口右轉過馬路，可看到坐在恐龍背上的泰迪熊，再往前直走約3分鐘可到大門口 🌐www.teddybearmuseum.com(韓)　MAP P.259

用泰迪熊還原新羅時代，如建造佛國寺、石窟庵等歷史場景

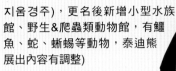

用泰迪熊來介紹小朋友們喜歡的恐龍和海底世界

Toy Village
(토이빌리지)

以世界為主題，展出各個時期的泰迪熊，用泰迪熊來介紹世界和新羅的歷史、場景和人物，因為慶州有名的歷史古蹟瞻星臺，所以規畫一區泰迪熊12星座，此外世界各國的舞蹈和戲劇專區，可愛的泰迪熊化身為各國的知名演員和舞蹈家，演出最精采的畫面，也有結合各國名人的造型泰迪熊，紀念品店的商品變化較多樣，但價格也比較高。(原名為泰迪熊TESEUM慶州(테

지움경주)，更名後新增小型水族館、野生&爬蟲類動物館，有鱷魚、蛇、蜥蜴等動物，泰迪熊展出內容有調整)

DATA

☒ 경주시 보문로 391번지(경주시 신평동 611-5번지) ☎(054)772-9000 ⏰平日10:00～19：00、週末10:00～20:00 💲大人12,000₩、青少年9,000₩、小孩9,000₩，可刷卡，售票處在3樓 wifi無 ➡①從巴士站或火車站出發：搭10、700號公車，約15分鐘在大明渡假村(대명리조트)或Concorde飯店(콩코드호텔)站下車，過馬路後再往回步行約2分鐘即到②從佛國寺出發：搭11、700號公車，約15分鐘在大明渡假村(대명리조트)或Concorde飯店(콩코드호텔)站下車，往回步行約2分鐘即到 http www.toyvillage.co.kr(韓) MAP P.259

韓劇《善德女王》裡的兩位主角

世界各國的舞蹈和戲劇

欣賞展覽、眺望慶州景色

慶州世界文化EXPO公園
경주 세계문화 엑스포 공원

　　慶州世界文化Expo公園內有各種常設或不定期的展覽，有新羅時代的各種介紹資料和複製品、3D戲劇和兒童木偶劇等，還有結合各種不同文化和物種的展覽，如世界化石博物館等，此外也有可以體驗韓國文化的活動，和大片綠地的戶外休閒空間，園區內仿造新羅皇龍寺9層木塔外型的慶州塔，在高82公尺的塔頂可看到慶州普門湖周邊的景色，旁邊的文化中心，為藝文戲劇演出的公演場。

DATA

✉ 경주시 경감로 614번지(천군동 130번지)
☎ (054)748-3011　🕐 09:00～18:00，年中無休
💲 公園免費入場，部分展覽和戲劇演出需另購票
📶 無　➡ ❶ 從巴士站或火車站出發：搭10、700號公車，約20分鐘在世界文化Expo公園站下車即到 ❷ 從佛國寺出發：搭11、700號公車，約10分鐘在世界文化Expo公園站下車，對面即到　🌐 www.cultureexpo.or.kr(韓)
🗺 P.259

文化公園內的藝文戲劇公演場

特色壁畫妝點的小漁村

邑川港壁畫村
읍천항벽화마을

遊客來到慶州，大多會以市區到佛國寺這中間的景點為主，映入眼簾的大多數是古蹟文物和綠色的「大饅頭」，較少有人會注意到，原來慶州也有如此藍天碧海的美景，慶州東邊的海岸線，雖然不是主要的旅遊區，但也因此更有一份恬靜悠閒的自然美，從邑川港的紅白燈塔開始，以海洋為特色的壁畫，點綴著這純樸的小漁港，帶領人們的腳步通往美麗的東海岸。

DATA

✉ 경주시 양남면 읍천항 해변 ☎ 海洋水產科 (054)779-6320 ⏰ 24小時 💲 免費入場 📶 無
➡ 在慶州市區搭150號公車往陽南方向(양남방향)，若從慶州火車站附近出發，約50分鐘在邑川(읍천)站下車後，往回走一下的斑馬線對面有小斜坡可往海邊的壁畫村，之後往去程的車行方向走可接海邊的波濤聲音路(P.284) 🗺 P.259

150號公車時刻表

製表：Helena

巴士站出發		陽南出發	
06:30	14:35	06:30	14:20
07:30	15:45	07:30	15:25
08:00	16:30	08:10	16:15
09:15	17:20	09:00	17:20
10:05	18:25	09:40	18:10
11:10	19:15	10:50	18:50
11:55	20:30	11:35	19:50
12:40	21:30	12:40	20:50
13:50		13:30	

以上資訊若有異動，依當地最新公布為準，前往時請務必再次確認。

不同節理的海岸線散步路

柱狀節理·波濤聲音路
주상절리·파도소리길

岩層因受力而產生的不規則位移稱為「節理」，火山噴發時由地表裂縫湧出的熔岩，因遇冷時的收縮龜裂，形成柱狀節理的自然景觀，熔岩噴發後因停留的位置不同，形成各種不同的樣式。慶州東海岸的邑川港和下西港之間，沿著海岸線分布有各種不同形狀的柱狀節理，搭配上被稱為「波濤聲音路」的海邊散步路，從邑川港的紅白燈塔公園開始，走過吊橋，經過各種柱狀節理地形，可

以看到岸邊舊海防哨所的遺跡，公廁只有在邑川港旁才有，前往參觀時請稍加留意。

DATA

✉ 경주시 양남면 주상절리 해변(읍천항) 📞 海洋水產科(054)779-6320 🕐 24小時，照明燈從日落之後點亮，夏天到21:30，冬天到20:00 💲 免費入場 **WiFi** 無 ➡ **Step1**：參考P.283邑川港壁畫村的交通方式 **Step2**：❶從邑川港步行約1.5～2小時可到下西港(하서항)，右轉穿過小巷弄到馬路邊的巷口，搭150號公車往慶州市區或文武大王陵(P.285)海邊 ❷回程150號公車從陽南總站出發，約5分鐘可到邑川的前後站，若看到公車建議可直接招手攔車，150號公車的時刻表請參考P.283 ❸從下西港搭計程車到文武大王陵的海邊，車程約10～15分鐘，車費約12,000₩ ℹ 回程方向的公車站沒有明顯標示，可在對向公車亭的相對位置等車即可 **MAP** P.259

美麗大海中的護國王陵

文武大王陵、奉吉海水浴場
문무대왕릉、봉길해수욕장

　　新羅第30代文武王(西元661～681年在位)統一了百濟和高句麗,創造朝鮮半島的三國一統時代,希望死後下葬於東海,成為守護新羅的護國龍,於是根據文武王的遺言,將其骨灰灑在現今慶州市陽北面奉吉里的海前岩石中,來到奉吉海水浴場邊,可以看到居民帶著貢品來此祭拜文武王,夏天也有到此戲水的遊客,天氣逐漸涼爽,也可以看到海鷗在此飛翔。

DATA

✉ 경주시 양북면 봉길리　📞 (054)779-6320　🕐 24小時　💲 免費入場　📶 無　➡ 在慶州市區搭150號公車,若從慶州火車站附近出發,約45分鐘在文武大王陵站下車,對面海邊即是奉吉海水浴場,150號公車時刻表請參考P.283　🗺 P.259

慶州旅館住宿

慶州住宿概況

　　慶州可住宿的區域和選擇很多，若要住一般旅館，到當地再找住宿即可，若要住韓屋或特定的住宿地點，則建議事先預訂，普門湖周邊的住宿，以星級觀光飯店和度假村為主，國際訂房網站資訊請參考P.307。

類型		一般旅館	平價旅館	一般民宿	韓屋民宿	觀光大飯店
主要區域		慶州巴士站周邊	慶州火車站對面	慶州主要市區	大陵院周邊	普門觀光園區
住宿價格 (2人一室)		約4～7萬W	約3～4萬W	約1.6萬～2萬W／每床(多人合宿房)	約5萬W	比照一般的星級飯店
假日加價		不一定，約5千～1萬W				
付費方式		現金+刷卡	現金為主	現金為主	現金為主	
基本設備		基本盥洗用品、電視、小冰箱、飲水機		不一定，大多是公用		
特別服務		房間內有提供免費的網路或飲料		供應吐司、雞蛋、果醬、咖啡等西式早餐	韓式傳統炕房地鋪	
預約訂房		不需要，特殊節慶除外		若有特定想住的地點，建議先預定		
優缺差異	優點	周邊環境較單純	周邊環境較熱鬧	有機會認識各國朋友	感受韓國傳統生活	設施最完備
	缺點	除了便利商店和麵包店外，少有購物商家	出入份子較複雜	較無私人空間(多人房)	部分公設需經過庭院前往	價格昂貴
特殊備註		有些業者並非每日提供打掃服務		數量較少	在古墳群周邊	通常大廳櫃檯可換韓幣，但匯率較差
選擇建議		搭巴士來往慶州	需要有可以逛街的地方	喜歡和人接觸	想要體驗韓屋	預算較高或是要享受度假

店家的營業內容，依當日實際情況為準。

製表：Helena

一應具備的超充足個人空間

慶州Guest House
경주 게스트하우스

位在慶州市區,距離慶州火車站僅需步行約3分鐘即可到達,步行約5分鐘可到慶州市中心的熱鬧區域,逛街或用餐都很方便,公共區域設有24小時的監視錄影機,1樓交誼廳提供液晶電視、桌上型電腦和無線上網,每個房間獨立空調,房間內有大型可上鎖的個人置物櫃,至少可放35～40公升的大背包,每個房間皆有衛浴,盥洗用品有牙膏、肥皂和吹風機,廚房內的鍋爐餐具等24小時都可使用(早餐時間06:00～10:00),另可免費使用洗衣機,房客可用半價租腳踏車,老闆熱情好客,喜歡和房客聊天。

DATA

✉ 경주시 원화로 240-3번지(황오동 138-2번지) 📞 (054)745-7100 🕐 **入住時間**:15:00～24:00,**退房時間**:10:00前 🛄 入住前或退房後可暫時寄放行李 💲 4人房(每人每晚)20,000₩,10人房(每人每晚) 18,000₩,雙人房50,000₩,3人房65,000₩,全年價格統一 ➡ 慶州火車站前對面馬路,左轉直走約3分鐘的巷子左轉進去即到 http www.gjguesthouse.com(韓、英) @ guesthouse1@hanmail.net ℹ 無電梯,室內禁煙 MAP P.259

鎮海 진해
韓國最有名的櫻花城市

「哇，全部都是櫻花耶！」這是我第一次到鎮海的第一個反應，充滿大街、深入小巷的櫻花樹，4月初滿開的櫻花幾乎遮蔽了天空，來賞花的人潮彷彿淹沒了街道；「鎮海」意指「鎮守海洋」，自古就是朝鮮半島的軍事要地，1904年日本駐軍在此，正式殖民期間為了摧毀朝鮮人民的愛國意志，在鎮海大量種植櫻花，光復後韓國原本要將櫻花樹全部移除，但因鎮海櫻花樹是來自濟州島原生種的論點，才保存下來。1976年朴正熙總統時期將原本10萬多株的櫻花樹，豐富到35萬株，造就了現在每年4月初韓國著名的櫻花慶典。

35萬株的櫻花樹，充滿鎮海的大街小巷

2010年7月鎮海市併入昌原市，成為昌原市鎮海區，但鎮海舊市區因殖民時期依日本海軍軍旗為城市輪廓的建造特色仍獨樹一格，以圓環路為中心的放射狀街道，筆直的餘佐川則象徵旗桿，此外還可看到百年前建造的韓國商業銀行(現為友利銀行)與俄羅斯風格的鎮海郵局舊址。如今的鎮海舊市區，

平時恬靜但不落寞，有連鎖餐飲店和大賣場進駐，而每年櫻花滿城綻放時，每個角落都充滿賞櫻人潮。櫻花美麗的外貌稍縱即逝，但留給我的震撼卻是深深烙印在腦海裡，不是照片可以輕易取代。親自來到鎮海賞櫻，可以感受到有別於吃喝玩買的韓國，讓你我流連忘返、追櫻築夢。

鎮海軍港節(진해군항제)

昌原市鎮海區的慶典，最初是為了紀念朝鮮護國英雄李舜臣將軍，之後規模逐漸擴大，結合市區約35萬株櫻花樹盛開的櫻花季，於每年4月1日到10日舉辦鎮海軍港節，在鎮海舊市區中原圓環一帶展開慶祝活動，除了賞櫻的著名景點外，鎮海區內隨處都可以看到美麗的櫻花，平常禁止外人進入的海軍士官學校和海軍鎮海基地司令部也開放給一般民眾前往賞花。

鎮海區地圖

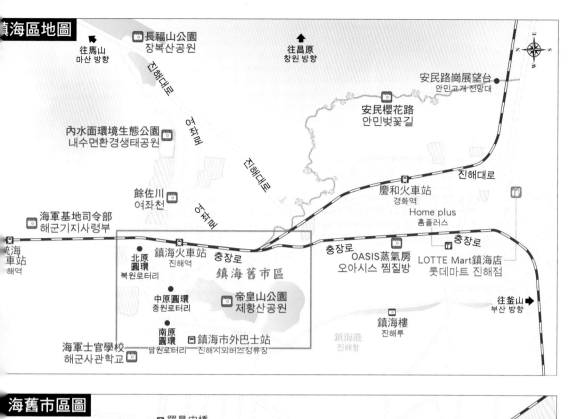

往馬山
마산 방향

長福山公園
장복산공원

往昌原
창원 방향

安民路崗展望台
안민고개 전망대

安民櫻花路
안민벚꽃 길

內水面環境生態公園
내수면환경생태공원

진해대로

여좌로

진해대로

여좌로

진해대로

慶和火車站
경화역

餘佐川
여좌천

Home plus
홈플러스

海軍基地司令部
해군기지사령부

충장로

충장로

OASIS蒸氣房
오아시스 찜질방

LOTTE Mart鎮海店
롯데마트 진해점

海 車站
해역

北原圓環
북원로터리

鎮海火車站
진해역

충장로

鎮海舊市區

中原圓環
중원로터리

帝皇山公園
제황산공원

往釜山
부산 방향

鎮海樓
진해루

鎮海港
진해항

海軍士官學校
해군사관학교

南原圓環
남원로터리

鎮海市外巴士站
진해시외버스정류장

海舊市區圖

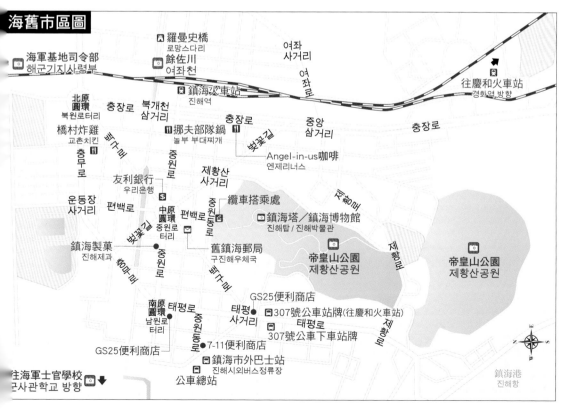

海軍基地司令部
해군기지사령부

羅曼史橋
로망스다리

餘佐川
여좌천

여좌
사거리

여좌로

鎮海火車站
진해역

往慶和火車站
경화역 방향

北原圓環
북원로터리

충장로

북개천
삼거리

충장로

중앙
삼거리

충장로

橋村炸雞
교촌치킨

뉴구로

挪夫部隊鍋
놀부 부대찌개

벚꽃길

충무로

중원로

제황산
사거리

Angel-in-us咖啡
엔제리너스

友利銀行
우리은행

運動場
사거리

편백로

纜車搭乘處
중원로

편백로

鎮海塔／鎮海博物館
진해탑 / 진해박물관

제황로

帝皇山公園
제황산공원

帝皇山公園
제황산공원

벚꽃길

中原圓環
중원로
터리

鎮海製菓
진해제과

중원로

舊鎮海郵局
구진해우체국

뉴구로

南原圓環
남원로
터리

태평로
중원로

GS25便利商店

太平
사거리

GS25便利商店

307號公車站牌(往慶和火車站)

태평로

제황로

7-11便利商店

307號公車下車站牌

往海軍士官學校
군사관학교 방향

鎮海市外巴士站
진해시외버스정류장

公車總站

鎮海港
진해항

🇰🇷 生活旅遊資訊

觀光案內所
(관광안내소)

鎮海軍港節的期間，在鎮海舊市區的主要會場區域裡，各處會設有臨時的觀光案內服務臺，服務時間約是早上9點到晚上6點。

鎮海相關網站

韓國觀光公社：www.visitkorea.or.kr(韓、中、英、日等多國語言)

昌原市：www.changwon.go.kr(韓、中、英、日、越)

鎮海區：jinhae.changwon.go.kr(韓)

昌原文化觀光：culture.changwon.go.kr(韓)

櫻花麵包(벚꽃빵)

櫻花麵包是由近70年歷史的鎮海製菓麵包店，利用櫻花當作主原料製作的點心，可享

受櫻花的香氣和口味，是鎮海製菓專利設計和製作的產品，被指定為鎮海的特產品，在鎮海軍港節期間，可於主會場的臨時攤販區購買到，或是前往鎮海製菓的店面購買，每個600₩，可單買或選擇盒裝樣式。

櫻花冰淇淋(벚꽃 아이스크림)

由CREAM FAIRY冰淇淋店所製作的櫻花冰淇淋，在鎮海軍港節的時候，可於主會場區的路邊攤位購買到，每支價格約3,500₩，來到鎮海賞櫻花，不妨試試看這獨特口味的冰品吧！

來往鎮海的交通

前往鎮海需要搭巴士(鎮海火車站已終止營運)，軍港節期間部分路線較難訂到車票，且到達鎮海的時間，大多是遊客密集前往的尖峰時段，為了可以更順利地前往鎮海，並在人潮湧入前，享有較好的賞櫻環境，建議可

釜山→鎮海

釜山出發	西部市外巴士站(沙上)		綜合巴士站(老圃洞)	
搭車位置	西部市外巴士站內	下端停靠站(地鐵102下端站1號出口往回走的候車亭)	綜合巴士站內	東萊市外巴士停靠站
到達鎮海	鎮海市外巴士站			
頭末班車	06:00～22:00(註)		09:10～19:10	09:30～19:30
班車間距	每20分鐘一班車		每天6班車	每天6班車
車資(大人票價)	5,100₩	5,100₩	7,500₩	6,400₩
行車時間	約1小時10分	約50分鐘	約1小時30分	約1小時10分

註：西部市外巴士站前往鎮海的市外巴士，約20分鐘會開到地鐵102下端站，若有需要搭乘頭末班車，建議提早10分鐘左右前往等車。以上資訊若有異動，依當地最新公布為準，前往時請務必再次確認。製表：Helena

鎮海→釜山

鎮海出發	鎮海市外巴士站(P.294)			
搭車位置	鎮海市外巴士站內			
到達釜山	西部市外巴士站	下端停靠站(地鐵102下端站2號出口旁公車專用道)	綜合巴士站	東萊市外巴士停靠站
頭末班車	06:00～21:30		11:20、13:10、18:00	
班車間距	每15～20分鐘一班車		每天3班車	
車資(大人票價)	5,100₩	5,100₩	7,500₩	6,400₩
行車時間	約1小時10分	約50分鐘	約1小時30分	約1小時10分

以上資訊若有異動，依當地最新公布為準，前往時請務必再次確認。製表：Helena

由釜山、馬山或大邱轉往鎮海，去回程的行車資訊差不多。

釜山來回鎮海

從釜山的西部市外巴士站(沙上)搭早班巴士往鎮海，可避開賞櫻人潮較密集的時段，此路線巴士也會經過地鐵102下端站旁邊的停靠站，但因不是起站而可能沒有座位，建議可依照釜山的住宿地點和行程規畫來選擇出發車站，此外於軍港節期間，班次有可能因人數較多而增班或機動發車。

首爾來回鎮海

首爾的南部巴士站往鎮海，班車時間07:00～23:10(末班車為深夜班次)，每天12班，車資26,100₩(深夜28,700₩)，行車時間約4小時20分鐘。

大邱來回鎮海

東大邱高速巴士站來往鎮海，班車時間06:00～22:00，每天16班，車資9,100₩，行車時間約2小時。

鎮海回釜山，建議可提早下車

在鎮海賞完櫻花，若後續行程是在釜山的地鐵1號線上，搭巴士往釜山時，建議可提早在地鐵102下端站旁邊的停靠站下車，之後轉搭地鐵，不用搭回沙上巴士總站(地鐵2號線)，減少交通來往的時間，直接和司機說要到下端(하단)即可。

首爾經馬山、釜山來回鎮海

若想更節省時間，建議可經由馬山或釜山轉往鎮海，若要從首爾當天來回，可搭高鐵的頭班車前往，軍港節期間建議預先訂票或購票，網路預定高鐵KTX或火車票請參考P.26、P.27，外國人目前無法網路預定巴士票，需於售票櫃檯直接購票。

首爾→馬山(首爾各車站的前往方式請參考P.29) 製表：Helena

首爾出發	首爾火車站			高速巴士站	東首爾綜合巴士站
交通工具	高鐵KTX	一般火車		高速巴士	
		新村號	無窮花號		
到達站	馬山火車站			馬山高速巴士站	
頭末班車	05:15～22:10	19:14	08:53、16:44	06:05～21:30 (深夜22:05、23:05、00:05、01:00)	07:10～19:30 (深夜22:00)
班車間距	每天11班	每天1班	每天2班	每25～35分一班	每60～80分一班 (每天9班)
車資 (大人票價)	特席74,600W 一般53,300W 自由50,600W	一般41,100W 自由39,000W	一般27,700W 自由23,500W	優等30,500W 一般20,600W 深夜33,500W	優等30,700W 深夜33,700W
行車時間	約2小時53分～3小時07分	約5小時02分	約5.5小時	約3小時55分	約4小時20分
轉乘公車 往鎮海(註)	馬山火車站前廣場的公車站牌			馬山高速巴士站對面的公車站牌	

註：從馬山的各交通站點，搭760號座席公車，行車時間約20～30分鐘，在鎮海火車站(진해역)下車，再轉往鎮海各景點。以上資訊若有異動，依當地最新公布為準，前往時務必再次確認。

馬山→首爾 (首爾各車站的前往方式請參考P.29) 製表：Helena

馬山出發	馬山火車站			馬山高速巴士站	
交通工具	高鐵KTX	一般火車		高速巴士	
		新村號	無窮花號		
到達站	首爾火車站			首爾高速巴士站	東首爾綜合巴士站
頭末班車	05:13～21:16	09:24	07:28、17:45	05:30～21:30 (深夜22:00～01:00)	06:40～19:35 (深夜22:20)
班車間距	每天11班	每天1班	每天2班	每20～40分(深夜每60分)一班車	每天9班
車資 (大人票價)	特席74,600W 一般53,300W 自由50,600W	一般41,100W 自由39,000W	一般27,700W 自由23,500W	優等30,500W 一般20,600W 深夜33,500W	優等30,700W 深夜33,700W
行車時間	約2小時54分～3小時12分	約4小時52分	約5.5小時	約3小時55分	約4小時20分
鎮海前往馬山 的公車下車位置	馬山火車站前廣場的公車站牌			馬山高速巴士站側的公車站牌	

註：從鎮海回程時，可沿原路線經馬山往首爾，在鎮海市區搭760號公車往馬山的各個車站，再轉搭火車或巴士即可。以上資訊若有異動，依當地最新公布為準，前往時請務必再次確認。

760號公車行車資訊

　　頭末班車05:34～23:20，每17分一班車，車資投現1,800W、刷交通卡1,750W。

760號公車的搭乘位置(往鎮海)：

馬山火車站：火車站前廣場的公車站

馬山市外巴士站：走出市外巴士站後，左轉直走約5～8分鐘的公車站牌(附近有兩個站牌，請確認公車號碼)

馬山高速巴士站：高速巴士站大門外左邊斜對面的公車站牌

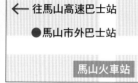

← 往馬山高速巴士站

● 馬山市外巴士站

馬山火車站

簡圖只標示方向，距離遠近請參考內文。

馬山的住宿和鬧區

　　馬山的市外巴士站和火車站，中間步行約15分鐘的範圍內，有蒸氣房和多家一般旅館，價位約在每晚4～6萬W左右，並且有電影院、小型農會超市和各式餐廳等，可以考慮在此住宿；出馬山火車站後直走穿越廣場過馬路，之後左轉再直走約10分鐘可到市外巴士站。

首爾經釜山轉鎮海

　　首爾往釜山的交通資訊，請參考本書P.29，到達釜山後，搭地鐵到227沙上站，於西部市外巴士站(P.23)轉乘市外巴士往鎮海。

首爾經馬山或釜山「搭高鐵KTX當天來回」鎮海
製表：Helena

首爾出發		首爾火車站		比較
抵達車站		馬山火車站	釜山火車站	往馬山的車資較便宜
高鐵KTX	首爾出發頭班車	05:15	05:15	往馬山的車資較便宜
	預計抵達時間	08:14	07:52	
	票價	53,300W(一般)	59,800W(一般)	
轉往鎮海	交通工具	公車	地鐵+市外巴士	從馬山火車站只要搭公車就可以前往鎮海
	行車時間	約30分鐘	約1小時35分	
	票價	1,800W	6,600W	
交通費用總計(單趟)		55,100W	66,400W	經馬山的路線較便宜
預計抵達鎮海時間		09:00～09:30	09:30～10:00	

以上資訊若有異動，依當地最新公布為準，前往時請務必再次確認。

首爾經馬山或釜山「搭夜車來回」鎮海
製表：Helena

首爾出發		高速巴士站	首爾火車站	比較
到達車站		馬山高速巴士站	釜山火車站	兩條路線都必須深夜在外，請小心安全，釜山路線需約1.5小時才有地鐵可轉往巴士站
交通工具		高速巴士	一般火車無窮花號	
往中轉車站	末班車出發時間	01:00	22:50	
	預計抵達時間	05:00	04:04	
	票價	33,500W(深夜)	28,600W(一般)	
轉往鎮海	交通工具	公車	地鐵+市外巴士	從馬山高速巴士站只要搭公車就可以往鎮海
	行車時間	約20分鐘	約1小時35分	
	票價	1,800W	6,600W	
交通費用總計(單趟)		35,300W	35,200W	走馬山可以較早到達鎮海
預計抵達鎮海時間		約早上6點	約早上7點半	

以上資訊若有異動，依當地最新公布為準，前往時請務必再次確認。

貼心小叮嚀

搭夜車來回請考量體力

如果旅遊時間較短，建議可以從首爾搭深夜末班車，於清晨到釜山或馬山再轉往鎮海，之後沿原路線回到首爾即可，此路線可節省交通時間和一晚的住宿費，但是會消耗較多的體力和精神，請先考量自身狀況後再作選擇。

鎮海周邊車站中韓對照

地區	車站	韓文(或英文)
昌原(창원) (Changwon)	昌原火車站	창원역(Changwon)
	昌原中央火車站	창원중앙역 (ChangwonJungang)
	昌原綜合巴士站	창원종합버스터미널
馬山(마산) (Masan)	馬山火車站	마산역(Masan)
	馬山高速巴士站	마산고속버스터미널
	馬山市外巴士站	마산시외버스터미널
鎮海(진해) (Jinhae)	鎮海火車站	진해역(Jinhae)
	慶和火車站	경화역(Gyeonghwa)
	鎮海市外巴士站	진해시외버스정류장

鎮海的交通車站

鎮海火車站已停止營運，目前從韓國各地須搭乘巴士來往鎮海。

鎮海市外巴士站
(진해시외버스정류장)

鎮海區的市外巴士停靠站，主要行駛路線為首爾的南部巴士站、釜山的西部市外巴士站(沙上)和綜合巴士站(老圃洞)，以及東大邱高速巴士站等，站體較小目前沒有物品保管箱。

DATA

✉ 창원시 진해구 태평로34번길 17번지(인의동 24-3번지) ☎ (055)547-8424 📶 無 ➡

軍港節期間部分路段交通管制、公車改道且人潮擁擠，建議從鎮海火車站附近步行約20分鐘前往 MAP P.289

鎮海的市內交通

公車

昌原市內(含鎮海、馬山)搭乘公車，可使用首爾的T-money卡和釜山的cash bee交通卡，車資一般公車單程投現1,300₩、刷卡1,250₩，座席公車(座位較多或路線較長)單

程投現1,800₩、刷卡1,750₩，建議在首爾或釜山預先儲值足額，使用交通卡搭乘(下車前要在後門刷卡)，半小時內換乘其他路線的公車可有優惠，軍港節期間部分公車會因交通管制而改道。

計程車

昌原市內(含鎮海、馬山)一般計程車的起跳價為2,800₩，部分景點如長福山公園和安民櫻花路，或多人一起旅遊、時間較趕等，可以考慮搭計程車。

鎮海賞櫻行程路線規畫

軍港節期間到鎮海賞櫻花的遊客眾多，若想有較好的拍照環境，建議早上7點就開始賞花行程，於早上9點前先參觀最熱門的慶和火車站和餘佐川。

抓住櫻花的尾巴

長福山公園和安民櫻花路因為地勢較高，櫻花的滿開時間會比平地稍晚一些，如果較晚才到鎮海，可以考慮前往這兩個地方賞櫻花。

鎮海賞櫻花名所

鎮海區內有約35萬顆的櫻花樹，每當開花的時節，大街小巷都是美麗的櫻花，隨便看都看不完，若時間充足，可按圖索驥的前往各個景點賞櫻，若旅行時間較為有限，建議在軍港節的主會場區域內走走看看，一樣是櫻花處處有喔！

行程路線規畫　超級精華版(當天來回)

早上出發 → 慶和火車站 → 餘佐川 → 海軍士官學校和海軍基地司令部 → 帝皇山公園 → 離開鎮海

2天1夜

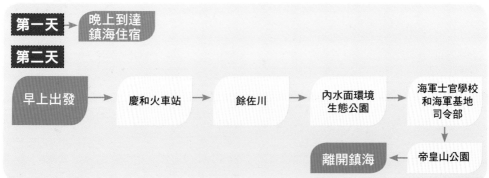

第一天 → 晚上到達鎮海住宿

第二天

早上出發 → 慶和火車站 → 餘佐川 → 內水面環境生態公園 → 海軍士官學校和海軍基地司令部 → 帝皇山公園 → 離開鎮海

韓劇拍攝景點─櫻花列車

慶和火車站 경화역

　　慶和火車站因行車需要和管理的問題，於2000年停止使用，後來配合鎮海軍港節賞櫻的運輸需求，開始在慶典期間運行連接韓國各地的櫻花列車，吸引許多攝影愛好者前來，2016年首度將火車直接停靠在此，方便大家拍照；火車軌道兩旁約800公尺的櫻花隧道，是韓國連續劇和電影的拍攝場景，也是鎮海賞櫻的必訪景點。

DATA

✉ 창원시 진해구 경화동 1200-1번지　📞 1544-7788(代表號)　🕐 24小時　💲 免費入場　📶 無
➡ 在鎮海市區搭307號公車，若從鎮海火車站對面出發，行車時間約12分鐘，在慶和火車站(경화역)下車，過馬路到對面即可　🔗 韓國鐵路公社 www.korail.com(韓、英)　🗺 P.289

攝影取景地人氣Top1

餘佐川 여좌천

　2002年的韓劇《羅曼史》，男女主角在櫻花盛開的餘佐川第一次相遇，從此這裡被暱稱為羅曼史橋，成為鎮海賞櫻的必去景點之一，浪漫的櫻花隧道替慶典揭開序幕，是賞櫻遊客流連忘返的夢幻仙境，也是攝影愛好者的人氣取景地。

DATA
✉ 항원시 진해구 여좌동　🕒 24小時　💲 免費入場　📶 無　➡ ❶鎮海火車站旁的巷口，直走穿過地下道就可以看見餘佐川上的木橋 ❷鎮海市區搭305、317號公車，在餘佐洞住民中心(여좌동주민센터)站下車，可從餘佐川中段開始賞櫻　🗺 P.289

日帝時期的防空洞遺跡

帝皇山公園 제황산공원

　又稱為貓頭鷹山或頭岩峰，日帝時期是海軍的通信基地，留有當時的防空洞遺跡，除了賞櫻的季節外，平常也是鎮海居民會前往運動的市民公園；搭乘纜車前往最高處，公園裡轟立著韓國海軍的象徵「鎮海塔」，塔內的鎮海博物館，展示在鎮海發掘的文史遺物，頂樓可以環視鎮海的新舊市區和周邊的海景。

DATA
✉ 창원시 진해구 제황산동 산28-6　🕒 24小時，鎮海博物館開放時間3～10月09:00～18:00，11～2月09:00～17:00，每週一和法定假日的隔天為公休日，軍港節期間纜車營運時間09:00～22:00　💲 免費入場，空中纜車票價來回3,000₩、單程2,000₩，可刷卡　📶 無　➡ 請參考P.289地圖，到中原圓環後，往帝皇山方向走到山邊可看到纜車搭乘處　🌐 纜車網站：monorail.cwsisul.or.kr(韓)　🗺 P.289

←前往帝皇山公園，運動步行或搭乘纜車皆可

海軍基地也有的櫻花大道

海軍士官學校和海軍基地司令部 해군사관학교 및 해군기지사령부

平常禁止一般人出入的軍事單位，在軍港節的期間，學校的部分設施和司令部的櫻花大道開放給大眾參觀，還可以登上仿造的李舜臣將軍戰艦「烏龜船」和大型軍艦參觀，港邊展示朝鮮時代的武官軍服和海軍士官學校的制服等，可以散步、搭接駁車或計程車前往。

DATA

🕒 軍港節期間平日08:30～16:30、假日08:30～17:00，最後入場時間為開放截止前30分 💲 接駁車1日自由券2,000₩、往返一回1,000₩ 📶 無 ➡ 於學校或司令部門口附近，搭乘接駁車進入 ℹ 參觀時間、規則和前往方式，每年可能略有不同，建議詢問會場內的觀光案內服務臺；海軍基地司令部櫻花道可步行參觀，但若搭計程車僅可在車上看，不能在司令部裡下車 🌐 海軍士官學校www.navy.ac.kr(韓、英) 🗺 P.289

士官學校 ✉ 창원시 진해구 중원로 1번지(앵곡동 88-1번지) 📞 (055)549-1367

司令部 ✉ 창원시 진해구 현동 19번지 📞 (055)549-4388

鎮海其他賞櫻名所推薦

內水面環境生態公園(내수면환경생태공원)

位在餘佐川旁，是2009年鎮海內水面環境研究所建造的生態濕地公園，在環境優美的園區內，除了可以觀察鳥類和濕地生態之外，鎮海的招牌櫻花也在此綻放，搭配松樹、柏樹和楓葉等的加持，走在公園裡的環湖散步道路上，有大樹提供的洋傘，更顯得輕鬆自在、怡然自得。

DATA

✉ 창원시 진해구 여좌동 📞 (055)548-2766 🕒 06:00～18:00 💲 免費入場 📶 無 ➡ 沿餘佐川往鎮海火車站的反方向，步行約15分鐘可到入口 🗺 P.289

長福山公園(장복산공원)

長福山是代表鎮海的名山，有長約1.5公里的櫻花隧道和充滿芬多精的松樹林外，也有便利商店、運動遊戲設施和休息空間等，平常是鎮海市民闔家野餐郊遊的好去處，每當櫻花滿開的時節，更是充滿賞櫻客的腳步，但因為地勢較高，櫻花滿開的時間會比平地來得晚。

DATA

✉ 창원시 진해구 태백동 산52-1 📞 (055)548-2043 🕒 24小時 💲 免費入場 📶 無 ➡ ❶在鎮海市區搭760號公車，在隧道入口(터널입구)站下車，之後往前直走，路口右轉往山上步行(另有

鎮海旅館住宿

軍港節主會場區域有多家一般旅館，平時價格約在每晚40,000～50,000₩，慶典期間會有一定的漲幅，且遊客眾多，不一定找的到合意的住宿，建議可考慮釜山西部市外巴士站(P.23)或馬山市外巴士站周邊(P.293)的旅館，或是可在鎮海的蒸氣房休息過夜。

交通便捷平價蒸氣房

OASIS蒸氣房
오아시스 찜질방

　　距離鎮海賞櫻熱點慶和火車站只有約600公尺，步行約10分鐘即可來往，是當地人也會去的一般蒸氣房，雖然設備較為樸實，但對於休息一晚的賞櫻遊客來説綽綽有餘；需要注意的是，軍港節慶典期間的週末假日，

有可能會相當擁擠難睡，建議提早前往占位較佳。

實用韓文

從這裡到安民路崗的車費是多少錢呢？	여기에서 안민고개까지 얼마예요?
請到安民路崗前的展望台涼亭，謝謝。	안민고개 앞 전망대 쉼터 가주세요. 고맙습니다.

DATA

✉ 창원시 진해구 충장로 325번지 B1(경화동 32-1)　☎ (055)544-0600　🕐 24小時　💲 蒸氣房過夜1萬₩　WIFI 無　➡ 軍港節期間建議搭計程車前往，若從鎮海市外巴士站出發，車程約10分、車費約5,200₩；走出蒸氣房1樓入口，左轉直走方向可往慶和火車站　MAP P.289

150、160、751號公車可到)　❷搭計程車前往，車程約10～15分鐘，車資約6,000₩　❸對向沒有隧道入口站，回程時需往市區方向步行約10分鐘才有公車站牌　MAP P.289

安民櫻花路 (안민벚꽃길)

　　位於長福山山腰的安民櫻花路，兩側多有櫻花樹的蹤影，櫻花滿開時成為夢幻般的櫻花隧道，沿路大部分區段蓋有木頭步道，登上高點的展望台涼亭，可以欣賞到比鎮海塔上更寬闊的鎮海景色，但因為交通稍有不便，建議搭計程車前往較為適合。

DATA

✉ 창원시 진해구 태백동、경화동、석동　🕐 24小時　💲 免費入場　WIFI 無　➡ 去程：從軍港節主會場區搭計程車往安民路崗，車程約15分鐘，車資約8,000₩(軍港節期間有可能會塞車)。回程：沿安民櫻花路的登山步道往下步行賞櫻花，總長約4公里，約需1.5～2小時，下山後可搭309號公車回軍港節主會場區，或到對向搭309號公車往慶和火車站　MAP P.289

濟州島 제주도
世界自然遺產的美景

韓國最大的島嶼，位於朝鮮半島的西南方，全島90%以上被玄武岩覆蓋，是知名的火山島、世界自然遺產的所在地，2011年也被選為世界新7大自然奇觀，地理位置上距離韓國的木浦市較為接近，但是從釜山卻更為方便前往。

釜山擁有便利的交通，加上地理位置鄰近濟州島，因此有價格較低且班次密集的航班來往，在行程規畫上，建議可以安排順遊！

釜山來往濟州島

雖然另有每天一班的過夜船（有時會中斷或暫停），但航程約需12小時，相較之下，每天班次眾多的國內線飛機，飛行時間只需1小時，讓釜山和濟州島之間有更方便的往來交通，通常每週二～四的票價較便宜，也不時會有「早鳥票」等的優惠票價，可以利用信用卡先在網路上購票，到達濟州機場後，1樓有觀光案內所可以索取住宿和旅遊的資料。(韓國國內航空公司網址和資訊請參考P.19)

濟洲島地圖

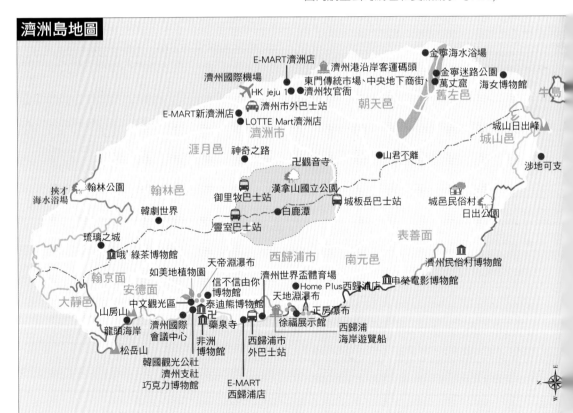

必逛景點

濟州島上的景點，類型豐富多樣，無論是自然地理、歷史人文、各式博物館或伴手禮購物等，可以滿足不同喜好的需求。

東門傳統市場(동문재래시장)

濟州牧官衙(제주목관아)

**濟州市
(제주시)**

中央地下商街(중앙지하상가)

琉璃之城(유리의성)

喔！雪綠茶博物館
(오설록 티뮤지엄)

西海岸
(서해안)

韓劇世界(로케디오 월드)

龍頭海岸(용머리해안)

挾才海水浴場(협재해수욕장)

金寧迷路公園(김녕미로공원)

金寧海水浴場(김녕해수욕장)

東海岸
(동해안)

萬丈窟(만장굴)

城山日出峰(성산일출봉)

信不信由你博物館(믿거나말거나 박물관)

中文
觀光園區
(중문관광
단지)

泰迪熊博物館
(테디베어박물관)

天帝淵瀑布(천제연폭포)

🇰🇷 特推美食

四面環海的濟州島，除了韓國的各種常見飲食外，豐富新鮮的海產類美食是當然不會缺少的，此外還有著名的烤黑毛豬肉，來到濟州島也可以吃得很開心喔！

Doniko(도니꾜) 水晶板烤黑豬肉

DATA

⊠ 제주도 제주시 관덕로15길 22번지(일도1동 1276-26번지) 📞 (064)723-5491、010-4660-5491 🕐 15:00～凌晨03:00 💲 各式烤黑豬肉每份11,000～15,000W，菜單附有中、日文，可刷卡 🍴 可(烤肉需點2份以上) 🪑 西式座椅座位 📶 無 ➡ 濟州市塔洞麥當勞斜對面的「黑豬肉一條街」(흑돼지거리)內(近東門傳統市場)

東海魚刺身室(동해수산회센타)

DATA

✉ 제주시 동문공설시장 주차빌딩 내 1층 📞 (064)755-4745、(010)7533-0117 🕐 09:30～22:30 💲 綜合生魚片(모듬회)小25,000₩(2人份)、中30,000₩(3～4人份)、大50,000₩(4～5人份)、特大70,000₩(5～6人份),可刷卡 💳 可 🪑 西式座椅和韓式地板座位 📶 無 ➡ 濟州市東門公共市場的入口進去,直走到第一個叉路口右轉,靠左側門口有斜坡道的建築物內1樓

🇰🇷 濟州島旅館住宿

　　濟州島是度假型的島嶼,島上各種類型的住宿俱全,可以依照各自的旅遊需求或預算來選擇,建議出發前可在國際訂房網站上先預訂住宿。(訂房網站資訊請參考P.307)

生活機能一應俱全

HK jeju 1 民宿
호스텔 코리아 제주 1

　　位於濟州市的北海岸區,鄰近濟州國際機場、大型賣場E-MART、逛街商圈中央地下商街、黑豬肉一條街和東門傳統市場等,公共區域有24小時的監視錄影機,提供桌上電腦,民宿全區可無線上網,每個房間獨立空調和衛浴,房間外提供可上鎖的個人置物櫃(一般大小,可放置體積小的貴重物品),住宿費用含早餐。

DATA

✉ 제주시 탑동로 17번지(삼도2동 1192-14번지) 📞 (064)727-0027 🕐 入住時間:14:00後,退房時間:10:00前,早餐時間:08:00～10:00 🧳 入住前或退房後可暫時寄放行李 💲 單人～4人房(每晚)39,000～80,000₩,多人4～6人房(每人每晚)15,000～19,000₩ ➡ 位於濟州島北部、濟州市區E-MART超市的斜對面,從濟州機場搭計程車前往,車程時間約10分鐘,車費約4,000₩ 🌐 www.hkjeju.com(韓、中、英、日、泰) 🗺 P.300

如何搭計程車前往

請停在塔洞E-mart斜對面、橋村炸雞旁邊的建築物(牆上有圖案)。탑동 이마트 건너편 교촌치킨 옆 건물 (그림있는 건물)에 세워 주세요.

釜山住宿推薦

INDY HOUSE
인디게스트하우스

釜山的住宿選擇很多樣化，從特級飯店到平價民宿，可以符合各種不同的需求，建議依照預算或來往的交通方式選擇，例如海雲臺旁的景觀飯店，或是釜山火車站周邊的民宿旅館；此外，因為釜山是個度假多於商務的地方，所以住宿價格會有平假日或淡旺季之分，一般來說7～8月、國際電影節、國際煙火節和聖誕節到跨年等有可能會是旺季價格，預訂之前建議多做比較。

住宿行前準備

外國遊客在韓國以外的地區時，建議可用國際訂房網站來預訂住宿，以信用卡線上支付費用，可節省昂貴的國際匯款手續費，不時也會有一些優惠活動，有機會訂到比定價還便宜的房間，預訂確認前，除了住宿點本身的條件狀況外，也請留意更改行程時的相關手續費用和規定。

如何在韓國找住宿

韓國滿多的車站周邊都是旅館的聚集地區，除非是有特殊的節日活動，不然只要對照一下招牌的關鍵圖案和關鍵字，通常都可以找到住宿的地方喔！

溫泉的圖案，通常是指可住宿的旅館或蒸汽房　　　MOTEL

看清楚是HOTEL還是MOTEL

호텔＝HOTEL
모텔＝MOTEL

韓國釜山住宿現況

住宿費用計算方式

韓國的飯店和旅館，若無特別註明，每晚每間房價為2人基準，民宿多人房(通常4人以上)為單人每晚的價格；服務費和稅金，部分飯店為外加，旅館和民宿則多為內含，但有時刷卡付費需加%。

公用的整罐沐浴用品

韓國的住宿點，除了特級飯店外，旅館和民宿大多不提供單包沐浴用品，而是以提供整罐的沐浴用品為主。

類似蒸氣房的浴室

釜山部分民宿採用類似蒸氣房或游泳池淋浴間的浴室，雖然會男女分開，但有可能會和其他房客在浴室裡相遇，若無法接受，預訂住宿時請稍加注意。

桌上電腦／無線網路

民宿大多會提供免費的無線網路和桌上電腦，旅館則多以桌上電腦為主，有些旅館會以房間內有無電腦來區分房價，特級飯店不一定會提供電腦，或是上網須額外收費。

使用洗衣機、乾衣機

飯店和商務旅館大多有洗衣、乾衣的服務，費用請洽詢服務櫃檯，一般旅館則是大多沒有，而民宿通常會有洗衣、乾衣機，部分不收費，其餘洗衣每次約1,000₩，乾衣每次約3,000₩。

好用訂房網站推薦

Agoda(雅高達)：www.agoda.com.hk(中文等多國語言)

HOSTELWORD.com：www.chinese.hostelworld.com(中文等多國語言)

Booking.com：www.booking.com(中文等多國語言)

特級五星飯店

　　釜山的特級飯店以海雲臺周邊最多，除了完整的設備和服務，美麗的海景也是一大賣點，通常面海和面山的房間價格會不同；韓國的飯店依照設施和規模分為五個等級，由高到低依序為特一級、特二級、一級、二級和三級，前兩者約為5星等級，後面則為4～2星的等級。

國際級品質的高級設備

▌WESTIN朝鮮飯店
◀웨스틴조선호텔

　　位於海雲臺旁冬柏島上的釜山WESTIN朝鮮飯店，是2005年APEC會議時的指定飯店，部分房型有分面海或冬柏公園，周邊的日夜景色都很美麗，飯店內各種高級的設備

圖片提供／Joey Yao

和名不虛傳的好睡名床等，都有國際級的飯店品質，是享受休閒度假的首選之一，但是離地鐵站和熱鬧區域較遠，建議搭計程車出入為佳，除了高房價外，飯店內的其他消費也較高，部分房間上網需另外付費。

DATA

✉ 부산시 해운대구 동백로 67번지(우동 737번지)
☎ (051)749-7000　⏰ 入住時間：15:00後，**退房時間：12:00前**，**早餐時間**：06:30～10:00　🛄 退房後可暫時寄放行李　💲 房價每晚450,000～10,000,000₩，部分房型有分面海或冬柏公園的不同價格，服務費和稅金為外加，可刷卡　➡ ❶地鐵204冬柏站1號出口直走約10分鐘可到前門 ❷地鐵203海雲臺站5號出口直走約8分鐘到海邊，再右轉沿海邊走約15分鐘可到後門 ❸金海機場搭乘機場巴士海雲臺路線約60分鐘　🌐 twcb.echosunhotel.com/busan.action　🗺 P.209

圖片提供／Joey Yao

商務連鎖飯店

提供給商務人士到外地洽公時的住宿，有類似飯店式的環境、設備和服務，以簡潔方便為主，雖然沒有如飯店的豪華裝潢和附加設施，但價格卻更為經濟，大多位於交通便利的市中心區域，因此也深受觀光客的歡迎。

整齊舒適的日本平價飯店

▌東橫INN 釜山站2
▌토요코인 부산역2

日本的連鎖平價飯店體系，釜山站2號店位於釜山火車站和地鐵中央站中間步行約5～10分鐘的位置，飯店前就是機場巴士停靠站，對於來往機場和南浦洞光復路鬧區等都很方便，全棟有電梯，飯店體系的相似內裝，房間不大但乾淨整齊，房間內有小液晶電視、小冰箱、瓶裝礦泉水、保險箱、熱水壺、網路線、吹風機、拖鞋和台灣扁平式插頭可用的插座，旅館全區域可無線上網，浴室附有沐浴乳、洗髮精、護髮乳等罐裝沐浴用品和毛巾，每日皆會打掃、補充備品，公共空間提供洗衣、熨燙、睡衣、桌上電腦和列印等服務設備，住宿費用含早餐。

DATA

✉ 부산시 중구 중앙대로 125번지(대창동1가 22-4번지) ☎ (051)442-1045 ⏰ 入住時間：16:00後，退房時間：10:00前，早餐時間：07:00～09:30 🛄 可暫放於大廳，請洽詢櫃檯 💲 單人房55,000₩，雙人房66,000～132,000₩，會員和非會員價格不同，可刷卡 ➡ ❶地鐵112中央站17號出口直走約5～6分鐘 ❷釜山火車站過馬路到對面後，左轉直走約10分鐘 🌐 www.toyoko-inn.com(韓、中、英、日等外文) 🗺 P.123、後折口裡

圖片提供／Joey Yao

圖片提供／Joey Yao

主題設計旅館

釡山地鐵沙上站、西部市外巴士站附近，雖距離主要市區稍遠，但近金海機場，也可搭市外巴士前往鎮海等其他城市，周邊有各式餐廳、百貨商場和兩間大型賣場，並且是旅館集中的地區，其中不乏近幾年全新裝潢的主題設計旅館，平時每晚約**40,000～50,000**W，假日旺季約有**20,000～30,000**萬W的漲幅，若可接受較晚的時間入住，通常價格會較便宜，缺點是有可能需要每天早上退房，晚上再重新入住。

超現實風格，空間寬敞
▌MAX Motel
◀맥스 모텔

近地鐵沙上站和西部市外巴士站，附近有各式餐廳、百貨商場和大賣場，全棟有電

梯，室內空間充足，每個房間有不同風格的裝潢，房間內有液晶電視、桌上電腦、微波爐、熱水壺、茶包咖啡、小冰箱、礦泉水和飲料，每層樓電梯口有飲水機，衛浴分離，附有沐浴乳、洗髮乳、潤髮乳、吹風機、肥皂和牙刷等，部分較小的房型沒有浴缸，每日會打掃補充備品。

DATA
✉ 부산시 사상구 사상로211번길 62번지(괘법동 527-6번지)　☎ (051)311-4224　🕐 **入住時間：**每日不同，有時較晚入住可節省費用，**退房時間：**中午12:00前　🛄 入住前或退房後可暫時寄放行李　💲 平日50,000W起，假日或旺季約7～8萬W，刷卡需加1成　➡ 地鐵227沙上站5號出口往前直走的第一個巷口左轉，再直走約5分鐘的右側　🗺 P.38

現代感十足，環境乾淨明亮
▌MU Motel
◀뮤 모텔

近地鐵沙上站和西部市外巴士站，附近有各式餐廳、百貨商場和大賣場，全棟有電梯，每個房間有不同風格的裝潢，房間內有液晶電視、

桌上電腦、熱水壺、茶包咖啡、小冰箱、礦泉水和飲料，衛浴分離，附有沐浴乳、洗髮乳、潤髮乳、吹風機、肥皂和牙刷等，因為設計的關係，使用浴缸易弄濕室內空間，建議使用淋浴間，每日會打掃補充備品。

DATA
✉ 부산시 사상구 사상로211번길 46번지(괘법동 526-13번지)　☎ (051)324-2345　🕐 **入住時間：**每日不同，有時較晚入住可節省費用，**退房時間：**中午12:00前　🛄 入住前或退房後可暫時寄放行李　💲 平日50,000W起，假日或旺季約7～8萬W，刷卡需加1成　➡ 地鐵227沙上站5號出口往前直走的第一個巷口左轉，再直走約4分鐘的右側　🗺 P.38

平價汽車旅館

釜山火車站周邊是釜山港碼頭和商務辦公室聚集的地區，延伸到札嘎其市場的周邊，是釜山的觀光重點區域之一，聚集了多家旅館和民宿，如果是搭火車、經由釜山火車站來往釜山，建議可直接住在車站附近，如果很喜歡逛街和熱鬧的環境，則可選擇住在南浦洞的周邊。

具有玄關門設計、隔音設備

▍東陽旅館Dong Yang Motel
▍동양모텔

位在地鐵釜山站和釜山火車站旁邊，來往機場或平常外出都很方便，附近有韓式路邊攤、各式餐廳和中型超市等，全棟有電梯，室內空間寬敞，有液晶電視、冷氣、電扇、桌上電腦、DVD播放機、飲水機、茶包咖啡、吹風機、小冰箱和飲料等，旅館全區域可無線上網，浴室附有沐浴乳、洗髮精、護髮乳和牙膏(牙刷需自備)，另有毛巾和浴袍，每日皆會打掃、補充備品，房間有玄關門設計，窗戶為兩層式，關上後可隔絕大部分的噪音，不影響休息，預付日後住宿費用，可過夜寄放行李(訂房時請先洽詢業者)。

圖片提供／windko

DATA

✉ 부산시 동구 중앙대로 196번길 16-10번지 (초량동 1203-6번지) ☎ (051)442-1248～9

🕐 入住時間：15:00後，退房時間：12:00前

🛏 入住前或退房後可暫時寄放行李 💲 一般房40,000₩、特室50,000₩(週末各加5,000₩)，旺季7/25～8/20價格會有1.5～2萬₩的調整，另有團體韓式地板房 ➡ ❶地鐵113釜山站6、8、10號出口步行約1～2分鐘到釜山火車站前，右邊巷子直走約1～2分鐘的右側 ❷釜山火車站1號出口左轉，直走約1～2分鐘的右側 🌐 www.bsmt.co.kr(可用簡單英文詢問或訂房) ℹ 為汽車旅館的經營模式 🗺 P.127

圖片提供／windko

女性專屬民宿

女性專屬的民宿，除了環境較單純外，會有專屬女生的貼心設計或用品，安心自在兼具。多人宿舍房(Dorm)，經濟實惠，但較無私人空間，淺眠者容易受干擾，建議自備耳塞和眼罩，部分業者另有提供獨立單人房或雙人房的多樣選擇。

女孩心目中的夢幻公主風

▌BLUE BOAT GUEST HOUSE
▌블루보트 게스트하우스

女生專用民宿，近地鐵海雲臺站，像藝廊般的公共空間，民宿全區可無線上網，每個房間獨立空調，房間外有可上鎖的個人置物櫃(較小)，入住時提供毛巾、衛浴分離、有基本沐浴用品，另有梳妝空間、提供吹風機等用品，可使用廚房的簡易調味料、杯盤鍋具和小冰箱，住宿費用含早餐。

DATA

✉ 부산시 해운대구 중동1로 13-4번지(우동)2층 ☎ 010-2990-9049 ⏰ 入住：14:00～22:00、退房：11:00前，入住前或退房後可暫時寄放行李 💲 雙人房59,000₩起，4～6人房每人24,000₩起，旺季7/15～8/24、釜山國際電影節和煙火節等舉辦期間價格會調整 ➡ 地鐵203海雲臺站1號出口直走約2分路口，過馬路後右轉，再直走約2分的巷子內右側2、3樓(沒電梯) http bluboat-hostel.com/haeundae(韓、中、英、日) ℹ 無電梯，全區禁菸，食物禁止攜入房間內，使用洗衣、乾衣機須另付費，浴室為3個蓮蓬頭的公用環境，有浴簾和毛玻璃相隔，外門可上鎖，2樓為男女和家族皆可入住的樓層，3樓為女生專用樓層 MAP P.191

其他女性專用民宿

民宿	價位	最近地鐵站	網址	注意事項	地圖
Mint house(민트하우스)	多人房28,000₩起	112中央站	www.theminthouse.co.kr	全區禁菸 無電梯	P.123
星球民宿(The Planet Guest house)	多人房20,000₩起	203海雲臺站	www.theplanetguesthouse.com	全區禁菸	P.191

經濟實惠民宿

多人合宿房(Dorm)，住宿費用以每人每晚計費，對於獨自旅遊的人來說，可節省旅費，並且有機會和各國旅人接觸交流，但缺點是較無私人的獨立空間，大部分為公用設備，淺眠者容易受到干擾，建議自備耳塞和眼罩。

白藍色的設計猶如徜徉海中

▌Guest House inn
▌게스트하우스 인

近地鐵海雲臺站，公共空間明亮寬敞，民宿全區可無線上網，每個房間獨立空調，房間外有大型可上鎖個人置物櫃，入住時提供毛巾，衛浴分離、浴室內提供基本清潔用

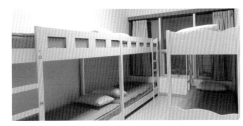

品，浴室外有梳化妝台，提供吹風機和棉花棒，住宿費用含早餐。

DATA

✉ 부산시 해운대구 구남로12번길 11(우동)5층
📞 (051)744-7740　🕐 入住：15:00～22:00、退房：11:00前，入住前或退房後可暫時寄放行李
💲 雙人房50,000W起、4～10人房每人20,000W起　➡ 地鐵203海雲臺站5號出口直走，約2分的巷口右轉，再直走約2分的左側建築物5樓(有電梯)　http www.innguesthouse.com(韓、中、英、日)　ℹ 全區禁菸，使用洗衣、乾衣機須另付費
MAP P.191

彷彿走入可愛小熊的森林民宿

▌SUM民宿 南浦店
▌숨 게스트하우스 남포점

位於南浦洞光復路鬧區內，近地鐵南浦站，提供桌上電腦，民宿全區可無線上網，每個房間獨立空調和衛浴，房間內提供可上鎖的個人置物櫃(一般大小，可放置體積小的貴重物品)，

入住時提供毛巾，浴室內有沐浴乳、洗髮精、護髮乳和吹風機等，每天晚上9～10點提供每位房客一瓶啤酒，住宿費用含早餐。

DATA

✉ 부산시 중구 광복로 85번길 5-5(광복동)　📞 070-8837-0700　🕐 入住：15:00～22:00，退房：11:00前，入住前或退房後可暫時寄放行李　💲 雙人房50,000W起、4～8人房每人23,000W起，旺季7/1～8/31、釜山國際電影節和煙火節舉辦期間價格不同　➡ 地鐵111南浦站7號出口左轉沿右側直走，約2分的巷口右轉，再直走到巷口後左轉，上小斜坡即到　http nampo.sumhostel.com(韓)　@ sumhostel@naver.com　ℹ 無電梯，室內全面禁菸，使用洗衣機需另付費　MAP P.101、P.107

擁有戶外露台的活動空間

▌HELLO Guest House
◀헬로우 게스트하우스

近地鐵海雲臺站和海雲臺海水浴場，提供桌上電腦和液晶電視，民宿全區可無線上網，另有戶外露台可活動、用餐或抽菸等，每個房間獨立空調，房間內有可上鎖的個人置物櫃(一般大小，可放置體積小的貴重物品)，浴室內提供沐浴乳、洗髮精、潤髮乳、牙膏和吹風機等，住宿費用含早餐。

DATA

✉ 부산시 해운대구 구남로24번길 39번지 2,3층(우1동 635-6번지) 📞 (051)746-8590、(010)5585-8590 🕐 **入住時間：**14:00～22:00、**退房時間：**11:00前、**早餐時間：**09:00～11:00 🛏 寄放行李需收費1,000₩ 💲 雙人房平日60,000₩、旺季70,000₩，4～8人房(每人每晚)

平日21,000₩起、旺季25,000₩起(旺季為每年7/15～8/31) ➡ 地鐵203海雲臺站5號出口直走，約3分鐘的巷口右轉，再直走約3分鐘的右側2、3樓(無電梯) 🌐 cafe.naver.com/hell0house(韓) @dlgiddal@naver.com ℹ 無電梯，室內空間禁菸，使用洗衣機每次1,000₩，浴室為三個蓮蓬頭的公用環境，外門可上鎖，民宿內有飼養民宿主人的寵物，迷你小白狗和小白兔各一隻，乾淨無特殊異味 🗺 P.191

附小廚房吧檯、空間寬敞

▌iNDY HOUSE
◀인디하우스

近地鐵海雲臺站和海雲臺海水浴場，公共空間明亮寬敞，另有戶外露台可活動、用餐或抽菸等，提供桌上電腦和液晶電視，民宿全區可無線上網，每個房間獨立空調和衛浴，房間內附有可上鎖的個人置物櫃(一般大小，可放置體積小的貴重物品)，入住時提供毛巾，浴室內有肥皂和吹風機，可使用廚房的簡易調味料、杯盤鍋具和冰箱，住宿費用含早餐。

DATA

✉ 부산시 해운대구 중동1로 45번지(중1동 1394-337번지) 📞 (070)8615-6442(聯絡時間 09:00～23:00) 🕐 **入住時間：**15:00～22:00、**退房時間：**11:00前、**早餐時間：**08:00～10:00 🛏 入住前或退房後可暫時寄放行李 💲 雙人房40,000₩，3人房50,000₩，4～8人房(每人每晚)15,000₩起(旺季價格另計) ➡ 地鐵203海雲臺站1號出口直走約2分的路口，過馬路後右轉，再直走約6分鐘的巷子左轉，靠右側的2～4樓(無電梯) 🌐 www.indyhouse.net(韓、英) @indyhouse@naver.com ℹ 無電梯，室內空間禁菸，使用洗衣機須另付費 🗺 P.191

每個房間獨立空調、地熱

▌愛在釜山民宿
▌러브 인 부산 게스트하우스

　　近地鐵釜山大站和釜山大學，周邊有各式餐廳和商店，民宿內空間寬敞，可使用桌上電腦和液晶電視，民宿全區可無限上網，免費使用洗衣機，每個房間獨立空調和地熱，房間內附有大型可上鎖的個人置物櫃，可放入約35公

升的大背包，衛浴分離，浴室空間足夠，附有沐浴乳、洗髮精、潤髮乳和牙膏，另

提供毛巾，女生浴室旁有簡易梳妝台，提供吹風機、梳子和棉花棒等用品，可使用廚房的簡易調味料、杯盤鍋具和冰箱，住宿費用含早餐，早餐內容豐富。

DATA

✉ 부산시 금정구 금정로 71(장전동) 4층　☎ 010-9053-6647、070-7364-6647　🕐 入住：13:00後，**退房**：11:00前，入住前或退房後可暫時寄放行李　💲 雙人房50,000₩、三人房70,000₩、4～6人房20,000₩起　➡ 地鐵128釜山大站3號出口對面的巷子直走約5分到路口，往右斜對面的4樓方向就可看到(無電梯) http www.loveinbusan.co.kr(韓、英、日)　ℹ 無電梯，全區禁菸　MAP P.167

簡單空間、交通便捷

▌蘋果民宿
▌애플 게스트하우스

　　近札嘎其市場和BIFF廣場，提供公用筆記電腦，民宿全區可無線上網，可使用小冰箱，每個房間獨立空調，房間外有可上鎖的

個人置物櫃(一般大小，可放置體積小的貴重物品)，衛浴分離，浴室提供肥皂、洗髮精、搓澡布和牙膏，浴室旁梳化妝空間有吹風機和梳子。

DATA

✉ 부산시 중구 구덕로 43번지 5층(남포동4가 6-1번지)　☎ (070)7379-5333　🕐 入住時間：15:00～22:00，**退房時間**：11:00前，**早餐時間**：無提供早餐　🛄 入住前或退房後可暫時寄放行李　💲 雙人房50,000～60,000₩，4～6人房(每人每晚)22,000～24,000₩，節慶、週末價格不同(旺季為每年7/1～8/31)　➡ ❶地鐵111南浦站2號出口，或110札嘎其站10號出口，直走約4～5分鐘可到 ❷南浦洞地下購物商街6號出口(雙向手扶梯)直走約2分鐘，或10號出口(就在民宿樓下)旁的建築物5樓 http www.appleguest.com(韓、英)　@ aptitude66@naver.com　ℹ 全區禁菸，使用洗衣機須另付費，無提供早餐，位在鬧區的大馬路邊，1樓電梯外地面不平整，進出電梯時請小心　MAP P.101、P.107

釜山旅遊行程規畫

想在有限的時間內遊覽釜山，最重要的訣竅就是將景點分區，鄰近的安排在同一天前往，如此可以節省交通時間，行程也會更為順暢，若有景點要在特殊時間前往，例如看日落或夜景等，則在中間做穿插安排。

2天1夜

第一天 中午 → 迎月嶺 → 海雲臺海水浴場 → 冬柏島 → 西面商圈 → 廣安里海水浴場(夜景) → 光復路時裝街

第二天 早上 → 甘川洞文化村 → 札嘎其魚市場 → 國際市場 → BIFF廣場 → 太宗臺 → 龍頭山公園、釜山塔

3天2夜

第一天 下午 → 國際市場、BIFF廣場 → 樂天百貨音樂噴泉、頂樓公園展望台 → 光復路時裝街

第二天 早上 → 海東龍宮寺 → 迎月嶺 → 海雲臺海水浴場 → 海雲臺周邊 → 西面商圈 → 廣安里海水浴場(夜景)

第三天 早上 → 甘川洞文化村 → 札嘎其魚市場 → 影島、太宗臺 → 龍頭山公園、釜山塔 → 釜山大學商圈

4天3夜

第一天 中午 → 海雲臺市場 → 迎月嶺 → 海雲臺海水浴場 → 冬柏島 → 廣安里海水浴場(夜景)

第二天 早上 → 甘川洞文化村 → 札嘎其魚市場 → 國際市場BIFF廣場 → 太宗臺 → 龍頭山公園、釜山塔 → 光復路時裝街

第三天 早上 → 海東龍宮寺 → 機張市場(吃螃蟹) → 釜山博物館、文化體驗 → 西面商圈 → 慶星大‧釜慶大商圈

第四天 早上 → 梵魚寺 → 金井山城纜車 → 東萊蔥煎餅街 → 東萊溫泉 → 溫泉川 → 釜山大學商圈

5天4夜

第一天 下午 → 西面商圈 → 多大浦夢之噴泉

第二天 早上 → 海東龍宮寺 → 機張市場(吃螃蟹) → 迎月嶺 → 海雲臺海水浴場 → 海雲臺周邊 → 廣安里海水浴場(夜景)

第三天 早上 → 甘川洞文化村 → 國際市場BIFF廣場 → 龍頭山公園、釜山塔 → 太宗臺 → 札嘎其市場 → 光復路時裝街

第四天 早上 → 釜山博物館、文化體驗 → 門峴洞壁畫村 → 釜田Market Town → 平和批發市場、釜山鎮市場 → 慶星大‧釜慶大商圈

第五天 早上 → 梵魚寺 → 溫泉川 → 東萊蔥煎餅街 → 金井山城纜車 → 東萊溫泉 → 釜山大學商圈

必備實用韓文

常用短句

你好嗎？	안녕하세요？	在哪裡？	어디에 있어요？
謝謝	감사합니다.	怎麼去？	어떻게 가요？
對不起	미안합니다.	什麼時候？	언제예요？
沒關係	괜찮아요.	請給我這個	이거 주세요.
請稍等一下	잠깐만 기다려 주세요.	請幫助我	도와 주세요.
請問有會說中文的人嗎？		중국어 할 수 있는 분 있어요？	
請問有中文菜單嗎？		중국어 메뉴판이 있어요？	

詢問

附近的觀光案內所在哪裡？		이 근처에 관광안내소가 어디에 있어요？	
有中文旅遊資料嗎？		중국어 여행 자료가 있어요？	
可以拿走這個東西嗎？		이거 가져가도 돼요？	
廁所在哪裡？	화장실이 어디에 있어요？	請問匯率是多少？	환율이 얼마예요？
有寄物櫃嗎？	보관함이 있어요？	可以照相嗎？	사진을 찍어도 돼요？

用餐

可以只點___人份的嗎？		___인분만 주문해도 돼요？	
最好吃(最好喝)的是哪個？		뭐가 가장 맛있어요？	
請多給我一點(追加)		더 많이 주세요.	
請問有小圍兜嗎？(防衣服弄髒)		앞치마가 있어요？	
請問有大塑膠袋嗎？(防外套包包沾到味道)		큰 봉지가 있어요？	
請幫我換烤盤。(烤肉店使用)		불판 좀 갈아주세요.	
請給我一樣的	같은 것으로 주세요.	請幫我加湯	국물 좀 더 주세요.
我是素食者	저는 채식주의자예요.	請幫我打包	포장해 주세요.

口味

什麼食物是不___的？		辣	맵다
어떤 음식이 ___지 않아요？		酸	시다
___一點。	___게 해 주세요.	甜	달다
一點___。	조금 만 ___게 주세요.	苦	쓰다
不要辣。	맵지 않게 주세요.	鹹	짜다
請幫忙去掉_____。	_____빼고 주세요.	蔥／蒜／洋蔥	파／마늘／양파

交通

請給我(數量)張到(地點)的票。	(地點)까지 (數量)장 주세요.
請問下班車到達的時間？	다음 차 언제 와요？
往＿＿＿的車要在哪裡搭？	＿＿＿에 가는 차 어디서 타면 돼요？
到站時請告訴我。	도착하면 알려 주세요.
請問要怎麼去＿＿＿？	＿＿＿ 어떻게 가야 돼요？
請問有中文地圖嗎？	중국어 지도 있어요？
請問票價最便宜的時間是什麼時候？	표값이 가장 싼 시간대가 언제예요？
請幫我儲值。	충전해 주세요.
請幫我退款。	환불 부탁드려요.
請把T-money卡還給我。	T-money카드를 되돌려 주세요.

購物

請問多少錢？	얼마예요？
可以試穿嗎？	입어봐(신어봐)도 돼요？
有其他顏色嗎？	다른 색 있어요？
請給我一個新的。	새 걸로 하나주세요.
請幫我打折。	좀 깎아 주세요.
請問今天營業到幾點？	오늘 몇시까지 영업해요？
請問有退稅的服務嗎？	외국인 TAX-FREE 있어요？
請給我收據。	영수증 주세요.

住宿

有空房間嗎？	빈 방 있어요？
住一晚多少錢？	하루에 얼마예요？
可以先看看房間嗎？	방 좀 봐도 돼요？
我再考慮看看。	좀 더 생각해 볼게요.
有這裡的名片嗎？	여기 명함 있어요？
好像壞掉了。	고장난 것 같아요.
沒有熱水(飲用水)。	뜨거운 물이 없어요.
沒有熱水(洗澡用)。	뜨거운 물이 안 나와요.
請多給我一個棉被／枕頭。	이불 / 베개 한개 더 주세요.
可以幫我保管嗎？	좀 보관해 주실래요？

這次購買的書名是：

搭地鐵玩遍釜山 附慶州‧鎮海‧濟州島 (世界主題之旅 82)

＊01 姓名：＿＿＿＿＿＿＿＿＿＿＿＿＿＿＿＿　性別：□男 □女　生日：民國＿＿＿＿＿年

＊02 手機(或市話)：＿＿＿＿＿＿＿＿＿＿＿＿＿＿＿＿＿＿＿＿＿＿＿＿＿＿＿

＊03 E-Mail：＿＿＿＿＿＿＿＿＿＿＿＿＿＿＿＿＿＿＿＿＿＿＿＿＿＿＿

＊04 地址：□□□□□ ＿＿＿＿＿＿＿＿＿＿＿＿＿＿＿＿＿＿＿＿＿＿＿＿

＊05 你時常關注並固定追蹤，與旅遊相關的Facebook頁面為何？(請至少填2個)

1.＿＿＿＿＿＿＿＿＿＿＿＿　　2.＿＿＿＿＿＿＿＿＿＿＿＿

3.＿＿＿＿＿＿＿＿＿＿＿＿　　4.＿＿＿＿＿＿＿＿＿＿＿＿

5.＿＿＿＿＿＿＿＿＿＿＿＿　　6.＿＿＿＿＿＿＿＿＿＿＿＿

06 你是否已經帶著本書去旅行了？請分享你的使用心得。

＿＿＿＿＿＿＿＿＿＿＿＿＿＿＿＿＿＿＿＿＿＿＿＿＿＿＿＿＿＿＿＿＿＿＿＿

＿＿＿＿＿＿＿＿＿＿＿＿＿＿＿＿＿＿＿＿＿＿＿＿＿＿＿＿＿＿＿＿＿＿＿＿

＿＿＿＿＿＿＿＿＿＿＿＿＿＿＿＿＿＿＿＿＿＿＿＿＿＿＿＿＿＿＿＿＿＿＿＿

＿＿＿＿＿＿＿＿＿＿＿＿＿＿＿＿＿＿＿＿＿＿＿＿＿＿＿＿＿＿＿＿＿＿＿＿

很高興你選擇了太雅出版品，將資料填妥寄回或傳真，就能收到：1. 最新的太雅出版情報 2. 太雅講座消息 3. 晨星網路書店旅遊類電子報。

填問卷，抽好書 (限台灣本島)

凡填妥問卷 (星號＊者必填) 寄回、或完成「線上讀者情報上傳表單」的讀者，將能收到最新出版的電子報訊息，並有機會獲得太雅的精選套書！每單數月抽出 10 名幸運讀者，得獎名單將於該月 10 號公布於太雅部落格。太雅出版社有權利變更獎品的內容，若贈書消息有改變，請以部落格公布的為主。參加活動需寄回函正本始有效 (傳真無效)。活動時間為即日起～ 2017/12/31

以下 3 組贈書隨機挑選 1 組

放眼設計系列2本

居家烹飪2本

黑色喜劇小說2本

太雅出版部落格
taiya.morningstar.com.tw

太雅愛看書粉絲團
www.facebook.com/taiyafans

旅遊書王(太雅旅遊全書目)
goo.gl/m4B3Sy

線上讀者情報上傳表單
https://goo.gl/kLMn6g

填表日期：＿＿＿＿＿年＿＿＿＿月＿＿＿＿日

(請沿此虛線壓摺)

廣　告　回　信	
台灣北區郵政管理局登記證	
北 台 字 第 1 2 8 9 6 號	
免　貼　郵　票	

太雅出版社　編輯部收

台北郵政53-1291號信箱
電話：(02)2882-0755
傳真：(02)2882-1500
(若用傳真回覆，請先放大影印再傳真，謝謝！)

(請沿此虛線壓摺)

太雅

太雅部落格 http://taiya.morningstar.com.tw

有 行 動 力 的 旅 行 ， 從 太 雅 出 版 社 開 始